公路路域生态工程技术

ECOLOGICAL ENGINEERING TECHNOLOGY OF ROAD REGION

沈 毅 晏晓林 编著

内 容 提 要

本书是公路路域科学系列丛书之一，以交通运输部西部交通建设科技项目“公路路域生态工程技术研究”课题为依托，全书共分九章。第一章介绍了公路路域生态工程实施范围和国内外公路路域生态工程技术发展概况；第二章介绍了公路路域生态工程技术研究的主要内容；第三章至第八章具体阐述了：边坡与中央分隔带生态设计研究、边坡和中央分隔带植被建植技术研究、乡土植物筛选研究、边坡综合防护技术研究、公路水土流失规律及水土保持技术研究和公路路域生态工程效果评估研究；第九章介绍了典型公路路域生态工程案例。本书将科研与具体工程实践紧密结合，具有较强的实用性，对其他开发建设项目的生态环境保护有一定借鉴作用。

本书可供公路、铁路及相关工程建设行业从事生态环境保护研究、设计和施工等人员学习参考。

图书在版编目（CIP）数据

公路路域生态工程技术/沈毅，晏晓林编著 .–北京：人民交通出版社，2009.3

ISBN 978-7-114-07546-9

Ⅰ.公… Ⅱ.①沈…②晏… Ⅲ.公路—路侧地带—生态环境—研究 Ⅳ.U418.9

中国版本图书馆CIP数据核字（2009）第004654号

书　　名：公路路域生态工程技术
著 作 者：沈　毅　晏晓林
责任编辑：韩亚楠
出版发行：人民交通出版社
地　　址：(100011) 北京市朝阳区安定门外外馆斜街 3 号
网　　址：http://www.ccpress.com.cn
销售电话：010－59757969，59757973，85285656
总 经 销：北京中交盛世书刊有限公司
经　　销：各地新华书店
印　　刷：北京鑫正大印刷有限公司
开　　本：787×960　1/16
印　　张：16.75
字　　数：256 千
版　　次：2009 年 3 月第 1 版
印　　次：2009 年 3 月第 1 次印刷
书　　号：ISBN 978-7-114-07546-9
印　　数：0001－3000 册
定　　价：42.00 元

序

交通运输是国民经济的基础性、先导性产业。1998年以来,国家加大了对公路建设的投资力度,公路建设进入前所未有的飞速发展时期。“十五”期间，共建成高速公路2.8万公里,超过过去15年的总和；新改建农村公路130万公里,超过过去53年的总和。然而，由于目前我国交通增长方式还比较粗放,资源消耗较多,与环境友好型的发展要求还有一定差距，因此，交通建设要在不断满足我国经济、社会、人民群众生活需要的同时,需充分考虑资源和环境等制约因素,切实保护、合理开发和节约使用各种自然资源。

高速公路是国家交通建设中最重要的运输动脉，在《国民经济和社会发展第十一个五年规划纲要》中，明确把交通运输定位为服务业,并作为服务业中优先发展的领域，可以预见交通基础建设特别是高速公路建设的任务依旧会十分艰巨。由此联系到我国正在实施的西部大开发计划,交通建设将进一步向中西部地区特别是西部地区倾斜，然而西部地区生态环境脆弱，水土流失面积的80%在西部，每年新增荒漠化面积的90%以上也在西部，若无法对西部自然生态环境的可持续发展做出缜密的思考，那么越是大规模的公路建设越容易造成对地理景观和生物栖地的分割，更有可能造成对西部自然生态环境不可逆的破坏。

为了不走西方“先破坏,后治理”的老路，国家提出西部地区开发要与生态保护并举的方针，交通环境保护工作已提到了一个十分重要的位置。交通行业自1973年开展行业环境保护工作以来，随着经济发展与时代进步，交通环保在交通可持续发展战略中的地位进一步加强，越来越多的人们认识到交通环保不仅关系到交通自身发展，也关系到国民经济和社会的全面进步。交通环保开展20多年来，交通环保理念和环保技术逐渐得到了认可和广泛的应用，道路建设相关的设计准则与考虑的重点也随之转变，从以前以人为中心、以人类获得最大利益为公路建设的出发点，转变到重视自然环境与公路和谐，谋求两者之间的平衡，建设资源节约和环境友好的道路工程。

本书作者沈毅等长期工作在交通环保第一线，从事交通环保科研和推广应用，在不断总结提高的基础上，他与其他参编人员参阅了大量有关科研文献资料，吸取了国内外交通环保科研方面的新成就，并结合我国西部公路建设中的实践创新，编著了《公路路域生态工程技术》一书。我认为，他们编著此书有着丰富的实践基础和一定的理论依托，难能可贵，值得一读。

本书以公路路域生态工程技术为主线，从国内外公路路域生态工程技术发展回顾、植被群落选择、植被建植技术适用性、乡土植物资源筛选和利用、路域土壤改良技术、边坡和中央分隔带植被建植技术、边坡综合防护技术、公路水土流失规律及水土保持技术、公路路域生态工程效果评估等方面，全面系统地研究了各种公路生态工程技术，为我国公路，特别是西部公路生态建设提供了技术支撑。本书既有对我国交通环保工作者多年实践经验的总结，也有对路域生态工程技术的创新。这些经验和成果的推广，势必会对我国公路生态建设起到积极的借鉴意义和推动作用。当然，科学技术的发展是没有终点的，摆在我国交通环保工作者面前的任务依旧十分艰巨复杂，许多新问题需要我们进一步去发现、去探索、去解决。当代社会经济的可持续发展越来越依靠科学技术的进步，公路路域生态工程作为综合性极强的应用技术也不例外。相信本书的出版，将有益于交通环保战线上的广大工作者，并对促进我国交通又好又快发展，实现公路建设与环境保护之间的双赢发挥应有的作用。

周伟

交通运输部公路科学研究院院长

2009年2月1日于北京

《公路路域生态工程技术》编写组名单

主　　编：沈　毅　晏晓林

编　　委：顾　卫　江　源　李一为　孟　强　王　丹
杨志峰　戴泉玉　梁爱学　江玉林　陈学平
王新民

统　　稿：沈　毅　晏晓林

前 言

随着我国改革开放事业的进一步深入和西部大开发战略的逐步实施，我国公路交通建设进入了高速发展的快车道。经济要发展，交通基础设施应先行，公路的建设营运对促进西部地区经济又好又快发展无疑起着举足轻重的作用，更是实施西部大开发的重要保障。但同时，公路建设对公路沿线自然环境和生态系统会造成不同程度的负面影响，如生境分割、水土流失加剧、生物多样性降低、植被类型与结构改变、土壤结构与质地改变、大气与水体污染和噪声污染等。公路工程对沿线自然环境的破坏和生态环境的影响范围在路线两侧300m左右，而且一般来说，路线越长，通过地区生态系统越复杂，其影响和破坏的程度就越大。因此，若不实施相应的保护措施，不仅公路行车安全得不到保障，还将对周边地区生态环境带来不利影响，因此路域生态环境的恢复与重建，将成为今后公路工程中不可缺少的重要内容。

植被的恢复与重建是西部公路生态建设最突出的问题，如果西部公路沿线的生态环境能够得到很好的治理，与之相关的水土流失问题、行车环境问题、道路灾害问题等就能基本得到解决。要达到这个目标，就要坚持“科技兴交”战略，把握国内外公路科学技术的发展潮流，开发西部交通建设亟需的边坡保护及植被恢复技术，积极推广应用先进成熟的新材料和新工艺。另外，我国西部地区从西南到西北横跨多个自然带，生态环境十分复杂，只使用某种单一的生态工程技术并不能解决所有西部公路建设中遇到的生态环境问题，究竟哪些生态工程技术可以用于西部公路建设，还需要开发或引进哪些新技术，这些都需要通过对比研究筛选才能搞清。因此，建立适用于西部公路建设的生态工程技术体系，是解决西部公路生态环境问题的当务之急。

本书以交通部西部交通建设科技项目“公路路域生态工程技术”课题为依托，系统分析了目前国内公路建设中存在的主要生态问题，结合西部不同区域、不同路域条件，重点阐述了公路路域生物工程和路域生态工程效果评价等相关技术，提出了适合西部不同生态环境区域的公路路域生态工程技术体系和工程技术指南，并通过示范工程，为西部地区公路环境保护与生态建设的实施提供技术支持。

全书共九个章节，第一章界定了公路路域及其生态工程技术的范围，回顾了国内外公路路域生态工程技术，提出了我国公路路域生态工程技术存在的问题。第二章介绍了公路路域生态工程技术研究的目的、意义、主要研究内容，研究实施方案和主要研究成果。第三章概括了当前生态设计的一些新理念及主要理论，从路域植被群落设计、路域土壤改良和调控技术以及路域植被建植技术适用性等三个方面，论述了边坡与中央分隔带生态设计技术。第四章系统地论述了边坡和中央分隔带植被建植技术。第五章提出了西南区、西北黄土高原及干旱与半干旱区、青藏高原区路域生态恢复适用的乡土植物种。第六章分别论述了边坡防护技术的适用性、边坡灌木化技术、硬岩和软岩边坡综合防护技术。第七章分析了公路边坡水力和风力侵蚀规律以及公路取弃土场水土流失特点，提出了公路建设水土资源管理的综合措施。 第八章分析了路域小气候特点及小气候效应、路域土壤改良效果、路域护坡植被恢复效果和路域植被护坡工程表土保护效果，对公路路域生态工程及行车环境景观改善效果和路域植被护坡工程生态效果进行了综合评价。第九章介绍了内蒙古草原区、黄土高原区、青藏高原区和西南区等四个地区典型公路路域生态工程案例。

参加本书编写工作的单位有交通运输部公路科学研究院、北京师范大学资源学院和交通部科学研究院。全书由交通运输部公路科学研究院沈毅教授级高级工程师和晏晓林副研究员主编。其他参加编写工作的人员主要有：顾卫、江源、李一为、孟强、王丹、杨志峰、戴泉玉、梁爱学、江玉林、陈学平、王新民等。

本书的出版得到了交通运输部公路科学研究院、人民交通出版社相关领导的大力支持，同时本书在编写过程中参考了许多专家、学者的理论、研究成果及资料，在此一并表示诚挚的感谢！

由于作者水平有限，疏漏之处在所难免，敬请广大读者批评指正。

作　者

2009年1月于北京

目　录

第一章
公路路域生态工程技术概述

第一节　公路路域生态工程技术范围界定

一、公路路域的界定

公路路域是指公路永久性征地和临时占地范围之内的所有区域，包括公路路基边坡、中央分隔带、取弃土场、互通立交、公路沿线附属设施等。

二、公路路域生态工程技术范围的界定

公路路域生态工程技术是指根据公路建设和养护的特点，遵循系统优化原理和生态学原理，综合运用工程措施、生物措施与农艺措施，在完成公路工程建设的同时，对路域生态环境进行保护、恢复或重建，使公路基础设施作为一种人文景观与周围环境在更大范围内融为一体的工程方法。公路路域生态工程是以路域的植被恢复为核心，以路域生态系统的保护和恢复为目的，以公路景观的美化和与周边自然环境的融合为特色，通过生态技术和土木工程技术的有机结合，使公路路域生态系统得到保护，使公路交通服务功能和交通安全得到保障。

第二节　国内外公路路域生态工程技术回顾

一、发达国家公路路域生态工程技术

生态保护与建设研究是世界各国的热门研究领域。在20世纪50年代，发达国家就开始关注公路建设所造成的影响。到20世纪80年代后期，开始重视公路沿线自然资源的保护和生态系统的恢复，并建立了相应的公路环保法律体系和管理机制。近10年来，人们开始重新审视公路施工过程中对环境影响和破坏，建立了融于公路工程建设过程中的环境保护技术。例如，美国的《地面交通效率方案》（1991年）和《21世纪交通权法案》（1998年）均要求在公路设计、施工和运营过程中充分考虑环境保护问题。在相关的公路工程施工规范中，也明确提出了环境保护的技术措施和操作工艺，这样既有利于《森林法》、《草原法》、《湿地保护法》等自然资源保护法律、法规的贯彻落实，也使施工过程中的生态保护有可能变成施工单位的自觉行动。1992年，在《美国土木工程施工指南》中增加了生物工程技术篇章，从而促进了植物在公路工程中的推广和应用。

1995年以来，美国开发了一批适用性的生态工程技术，强调了乡土植物和野外植物的生态景观功能。为了减少外来物种的入侵，美国交通部规定：凡是在公路生态恢复中，采用乡土植物的项目，将追加相当于工程总额0.05%的补助费用于生态工程建设。日本也将公路边坡的生物防护作为水土流失治理的重点，在客土喷播技术和乡土植物利用方面很有特色，强调生物工程技术与公路工程技术的有机结合。

国际上有关道路防护与加固技术的研究，多年来一直是广大道路工作者关注的热点之一。有的研究已开始将降水对边坡的侵蚀定量化，根据降水侵蚀力系数，土壤固有的侵蚀性参数、地形分类及侵蚀控制参数等计算边坡的平均土壤流失，从而更科学地选择合适的边坡防护措施。日本、美国等国家在相关设计规范中明确了防护设计和公路园林的设计重点、原则和具体措施，如日本《高等级公路设计规范》中用比较大的篇幅对护坡的方法、分类、方案设计，以及公路园林设计的基本原则、不同物种在本地区的适应性作了详细的规定，具有很强的设计指导作用。在边坡防护的系统设计中，国际上特别是发达国家尤为重视植物防护或植物与圬工防护相

结合的方法，以使其同时发挥防护与美化的作用。

在公路路域生态工程技术研发方面，日本做了大量的工作。日本是一个多山的国家，第二次世界大战结束后大部分的国土处于荒芜的状态，加之公路多数修建在山岭之间，绿化国土、保护坡面就成为国土建设的重要组成部分。从20世纪50年代仓田益二郎首次提出“绿化工程”的概念，到20世纪80年代山寺喜成等对绿化工程理论和技术体系的不断发展和提高，大量绿化新技术在工程实践中不断涌现，例如：吹附工法、摊壁工法、筋袋工法、网垫工法、连续纤维工法等。这些新技术不仅具有绿化速度快、坡面保护效果好等特点，还强调了道路与自然的协调、景观与生态的统一。近年来，日本又开发出了厚层基质挂网喷附、水泥混凝土框格喷附和生态水泥喷附等技术，使以往难以解决的高陡岩石边坡的绿化问题也得到解决。

日本在发展绿化工程技术时，并不只是单纯地追求施工技术的改变，而是在施工技术创新的同时，与之相配套的生态技术也在研究中同步发展。例如在大量理论研究和科学实验的基础上，客土技术、人工土壤技术、菌根技术、植被设计技术不断完善和充实，使绿化工程质量得到保证。山寺喜成指出绿化工程要以恢复木本群落为目标，要以播种为主、移栽为辅，要积极使用先锋树种，过厚的客土和移栽会诱发灾害；佐久间护分析了绿化水泥的主要问题和改进方案；筐原则之研究了不同地带所适用的绿化技术；安保昭探讨了坡面绿化的基本原则和存在的问题，这些研究成果对日本绿化技术的发展起到了重要的指导作用。绿化工程技术在日本不断提高进步的原因之一是重视对施工效果的监测和评价。例如喷播技术在施工初期有较快的绿化效果，20世纪80年代曾在日本被广泛使用，但经过后期的监测研究发现，喷播的基质层自身的稳定性有限，在水蚀和风化作用下会逐渐流失，最终难以防治土壤侵蚀，造成坡面裸露。这一研究结论对施工技术的改进起到了促进作用，棉网状植生带技术就是在这种背景条件下产生的。

总之，从当今国外发达国家公路生态环境保护与恢复的先进技术来看，主要有两个类型：一是以美欧为代表的最小破坏型。公路生态工程着重在于“防”，公路建设避免高填深挖，对环境破坏小，生态恢复难度小，景观建设效果好，充足的养护经费使路域生态环境建设质量具有了雄厚的经济保障。二是以日本为代表最大恢复型。公路建设对环境破坏较大，恢复难度大，边坡生态防护率高，植被建植投资大、建成时间长。

二、我国公路路域生态工程技术

我国的公路路域生态工程技术，经历了从简单到多样、从传统技术到现代技术的发展过程，这种发展变化与公路绿化的模式和公路建设规模直接相关。我国最初的公路绿化模式就是种行道树，绿化技术主要借鉴林业部门的造林技术。随着全国公路网的初步形成，绿化的范围扩展到公路边坡，园林部门的种草和铺草皮技术被引入公路领域，并与植树技术相结合，形成了公路绿化的传统技术模式。高等级公路的建设，促使我国公路路域生态工程技术开始向现代化发展，以机械喷附为代表的新型植被建植技术在国内许多高速公路建设中被尝试应用，绿化范围也从公路普通土质边坡延伸到岩石边坡，从边坡绿化扩展到中央分隔带、互通立交和服务区景观美化，全方位、立体式、多功能、景观生态的设计理念和绿化模式正成为我国公路路域生态建设的指导思想。可以说，具有中国特色的公路路域生态工程技术体系已经初步形成。

第三节　我国公路路域生态工程技术存在的问题

一、针对公路路域生态环境的影响机理及其退化、演变、恢复与重建过程缺乏系统、全面的研究

虽然各行各业的有识之士针对西部大开发对宏观生态环境的影响机制、恢复和重建技术进行了各种各样的研究，但现有的研究成果大多集中在区域性或点状建设工程（如农业开发、水利建设、矿山开采、城镇建设等）的生态环境演化及其恢复重建中，研究对象的生态环境特征要么过于宏观，要么囿于单一。由于公路线路长，跨越多种地形、地貌、气候、水文，生态环境涉及面广、研究难度大，因而直至目前尚没有对公路路域生态环境的影响机理及其退化、演变、恢复与重建过程进行系统、全面的研究。正是由于缺乏路域生态环境退化、演变过程的系统研究成果，导致了现有路域生态系统恢复和重建技术的片面性和盲目性，生态工程技术水平大大落后于国外发达国家，生态工程投资过大，而环境效应低下。

二、各种生态工程技术在公路路域应用的适应性研究不够

目前，公路边坡植被防护的技术多种多样，但大多数措施的采用均存在一定的盲目性，缺乏不同防护措施在不同生态环境区域应用的适用性分析和评价，缺乏边坡防护中生态技术与工程技术的综合系统研究，缺乏系统的防护方案、措施研究和综合设计，由此造成工程防护不当，引发工程病害，影响行车安全。

再者，路域生态恢复工程是在公路施工后期进行，随着通车日期的临近，路域生态工程往往面对工期短、任务重、标准高的问题，这使得传统的道路植物防护措施很难满足现代化公路建设的需要，如何开发、引进、完善新的路域生态工程技术，已成为我国公路建设亟待解决的问题。

三、缺乏对各种单一技术综合应用的集成研究

目前各种生态工程技术在国内一些高速公路建设中已经得到比较广泛地应用，但也存在着许多问题。例如：片面强调机械植草技术，而对与之配套的植被设计问题、客土养分配比问题缺乏系统研究；片面强调短期效果，大量使用进口草种，忽略植物群落的稳定性、自我更新能力；不考虑区域差异、路段差异，盲目使用某种技术，造成工程返工或后期养护困难；不能将扦插、移栽等传统技术与现代技术有机地结合，造成景观单一，水土流失防治效果不理想等等。面对这些实际问题，有必要通过专门的研究对各种技术进行总结、归纳和整合，建立针对不同自然地带的路域生态工程技术体系，并通过示范工程使之进一步完善，并与公路建设更好地结合，增强实用性。

四、对路域生态工程实施后的效果缺乏系统的评价、分析与研究

目前我国公路路域生态工程正处在大发展时期，许多路域生态工程技术方兴未艾，其中不少已应用到实际公路工程当中，并取得了良好的应用和示范效果。如道路边坡防护技术、声屏障技术等。但是如何评价这些生态工程的实施效果，究竟这些生态工程在何种程度上改善了路域和行车环境，目前尚无明确的研究结果。已有研究大都集中于定性评价，而在定量评价方面指标选择都希望面面俱到，导致指标选取过多、数据获取困难，指标叠置性较高；在具体的评价方法方面，目前尚无统一的评价方法，而

且评价过程较为复杂。以上这些问题，导致评价结果不能较好的反映生态工程效果，也不利于实际操作。由于缺少生态效果评估体系，导致验收标准单一，难以有效衡量路域生态工程的生态效果并保证路域生态工程效益的最大发挥。因此，提出适合我国西部公路路域生态工程效果评价的指标体系及评价方法是十分必要和迫切的。

第二章
公路路域生态工程技术研究

第一节　公路路域生态工程技术研究的目的和意义

一、研究目的

通过综合考察和调研把握西部公路生态建设中具有普遍意义的主要技术问题，从坡面保护、生态恢复和后期养护三方面提出解决坡面保护与水土流失防治、植物群落设计与土壤养分供给、植被养护与节水抗旱技术、不同自然地带路域生态工程技术体系与生态恢复效果评价等问题的技术原则、设计标准和施工工艺，并通过典型路段工程展示工艺流程和工程效果，进而提出有关技术参数和施工技术指南，以推动西部公路路域生态建设水平的提高，促进西部公路建设的优化实施。

二、研究意义

如果在公路工程建设的同时，也确定相应的生态建设目标并予以实施，变单一的公路建设工程为复合的公路生态建设工程，则可以收到提高交通工程质量，美化和保护生态环境的双重效果。公路路域生态工程作为实现公路交通、社会经济与生态环境可持续发展目标的战略措施，具有广泛与深刻的内涵。在公路基础设施建设与养护工程中，生态工程不再是作为美化环境的局部点缀和作为生态补救措施而出现的附带措施，而是作为公路工程的一个重要组成部分与另一组成部分的紧密结合。公路工程建设与生态建设在系统分析、规划设计乃至施工组织与施工过程中的有机统一。

在公路生态工程技术研究方面，由于恢复技术实践性较强，植物生长条件一般十分恶劣，试验机械设备大多为工程施工设备，单一机构的研究能力十分薄弱，而通过综合研究西部公路在公路生态恢复理论与实践技术方面取得创新性成果，推动公路生态恢复学学科发展。

第二节　公路路域生态工程技术主要研究内容

一、边坡与中央分隔带生态设计研究

（一）植物群落设计

根据公路建设对路域植被系统提出的保护、绿化、美化、诱导等相关要求，遵循植物生理学和生态学原理，研究路域植被系统建立的理念，提出物种选取、组合的原则和方法，通过西部不同地区植物群落设计案例分析，建立边坡与中央分隔带植物群落设计模式。

（二）路域土壤肥力调控

分析路域边坡和中央分隔带土壤的理化特征和路域生态恢复对土壤的基本要求，研究不同区域路域生态恢复用土（客土、人工土壤、喷播基质）的肥力标准和调控技术，调研国内肥料市场状况，提出适用于路域生态工程的土壤肥料种类和使用方法。由于不同自然区域对土壤肥力调控技术的要求差异并不十分明显，因此土壤肥力调控技术更重要的是根据路域生境差异实施相应的调控技术。

（三）路域生态工程技术适用性分析

根据西部公路自然分区和各种植被建植技术的特点，总结传统建植技术和新型建植技术在国内公路建设中应用的经验教训，分析各种植被建植技术在不同地区、不同路段的适用程度。在此基础上进行西部公路路域生态工程技术适用性区划，在每一个区划单元中，对适宜于该区域的生态工程技术，或通过适当改进能够适用于该区域的生态工程技术及其改进途径进行分析研究，提出不同地区、不同路段适用的植被建植技术类型和组合

方案。

二、边坡与中央分隔带植被建植技术研究

（一）边坡植被建植技术研究

边坡植被建植是路域生态恢复与重建的重点和难点。根据边坡的位置、坡度、坡质等特点，比较分析不同技术的应用效果和相关技术问题。

1. 路堑边坡（挖方边坡）植被建植技术研究

（1）土质边坡植被建植技术。土质边坡植被建植技术以客土喷播技术为核心，研究不同材质、形状网材的使用方法，喷播厚度与客土层防冲蚀问题，客土喷播机压力、水分的调节。

（2）石质土边坡、岩石边坡植被建植技术。石质土边坡、岩石边坡植被建植技术以有机质喷播技术为核心，研究不同材质、形状网材的使用方法，不同地区、不同坡度条件下的基质配比方案和最佳喷播厚度。

2. 路堤边坡（填方边坡）植被建植技术研究

（1）土质边坡植被建植技术。土质边坡植被建植技术以棉网状植生带技术为核心，研究棉网状植生带中植生层（物种、人工土壤、各种添加成分）的设计方案，棉网状植生带的材质、制作工艺和施工技术以及与其他建植技术的并用问题。

（2）石质土边坡植被建植技术。石质土边坡植被建植技术以客土喷播技术为核心，研究不同材质、形状网材的使用方法，喷播厚度与客土层防冲蚀问题，客土喷播机压力、水分的调节。

3.干旱区边坡植被建植技术

干旱区自然植被覆盖率很低，难以推广坡面全覆盖型植被建植技术，针对干旱区少雨、低覆盖的特点，引进多层结构植生袋技术，分析植生袋的生物岛效应，研究干旱区公路边坡岛状草灌植被建植方案和施工方法。

（二）中央分隔带植被建植技术研究

中央分隔带植被建植槽（台）的底部和两侧多数为硬化物或水泥预制件，使得在中央分隔带种植的植物的水分和养分补给存在困难。针对这一问题，中央分隔带植被建植技术研究包括三方面：一是植物物种选取，二是改土方案，三是植物生长促进物质（土壤微生物等）的使用。

三、路用乡土植物资源筛选研究

以采用大量当地适用的野生植物恢复公路路域植被为核心，按区域收集、筛选和利用一批有潜力的野生植物，研究关键物种在坡面植被建植中的功能和作用，提出适合不同地区边坡防护的最优植物组合、植被营建技术、管养方法、客土基质配方、配套岩土工程措施、施工工艺和实施条件。

推广应用一批新的适用于亚热带和温带地区公路路域的植物材料，并进行优化配置与繁殖技术研究，重点研究野生灌木和野生花卉植物材料的收集和筛选。在西北地区主要是筛选抗旱、耐盐碱植物，而在西南地区主要是速生豆科灌木的筛选和利用。提出适用于坡面植被恢复的先锋植物和增肥植物（藤本、草花、小乔木和灌木材料），优化培植方式、养护措施以及材料规模生产的关键技术，为公路生态工程实施提供物质基础。

四、边坡综合防护技术研究

（一）边坡灌木化技术研究

在西南地区，针对急、陡、硬岩石边坡，通过草本与速生灌木混播的方式，实现坡面快速灌丛化，以达到稳定边坡的目的。

（二）坡面生物综合防护工程技术研究

研究“岩土工程+生物工程”的生物综合防护工程技术措施，如坡面植物排水沟、绿篱、灌木栽植等。研究内容涉及材料选择、材料组合方式、工程地质环境、实施工艺等。试验材料包括：土工网、植物三维网、植生带、木桩、木纤维、稻草以及新型的可降解塑料制品等。

五、路域水土流失规律及其防治技术研究

该研究是以防治公路路域取弃土场水土流失为重点，研究减少公路路域水土流失的公路工程措施和生物措施。依据降雨量和地形的不同，提出不同坡面截、排、蓄水的综合措施。在西南地区重点是确定选择取弃土场位置的原则以及相关的工程防护和植物防护技术；在西北地区关键是取土场选取原则及其生态恢复技术、路域水截流和泥土沉降方法等。分别在以上典型区域内，研究公路路基施工过程、公路边坡、取土场和弃土场的土壤侵蚀方式和侵蚀强度，了解侵蚀的时空分布规律、关键影响因素以及不同工程措施

防治侵蚀的效果。

（一）路基施工过程中水土流失源识别和减少表土流失的工程措施研究

从路基稳定和水土保持的角度，研究路基施工过程中可能造成水土流失的环节、程度，并有针对性地提出相应预防和治理措施。

（二）取土场、弃土场生态恢复技术研究

围绕弃土场的治理，在西南地区开展沟道治理，修建挡土墙、拦沙坝，以拦截泥沙，防止弃土下泄；修建截水沟、排洪沟、引水渠和沉沙池。在坡面上采取工程防护与生物防护相结合的方法，构成坡底到坡顶的引水、排水和表面防护相结合的系统。

在西北地区，弃土场治理的关键是通过坡面改造、林草结合的方式治理弃土场。在极其恶劣的自然环境下，采用压实等非植被覆盖方式防治风蚀。对塬面大弃土场可通过表土回填和种植豆科植物等方式复垦还田。

围绕取土场的治理，在调研取土场位置、大小、防治水土流失和景观恢复效果的基础上，提出取土场选择的基本原则和取土场恢复的有效措施。

六、公路路域生态工程效果评估研究

（一）路域生态工程对路域小气候调节作用研究

对比生态工程实施前后，路域小气候特征的变化。对比不同类型边坡工程以及不同路域生态工程对小气候影响的特征。

（二）植被盖度与边坡表面侵蚀关系研究

选择不同的地面植被覆盖度、不同的物种组成特征和不同建植技术，研究植被在减少边坡表面侵蚀方面的作用。确立边坡侵蚀评价模型，用于评价生态恢复技术对坡面侵蚀的作用。

（三）路域生态恢复技术对边坡植被—土壤系统作用的评价

选择不同的地面植被覆盖度、不同的物种组成特征和不同建植技术，研究它们对边坡植被—土壤系统的影响，通过植物群落、物种组成、生物多样性、生物量、土壤理化和生物特征的变化，揭示生态恢复技术对边坡植被—土壤系统的作用。

（四）路域生态工程对路域行车环境景观改善效果评价研究

总结路域生态工程在改善局地气候、大气环境、景观特征等方面的作用，根据公路行车对路域条件的需求，探索路域生态工程对路域行车环境适宜度改善效果评价指标体系和评价方法。

七、典型公路路域生态工程技术应用示范工程

针对上述研究内容，分别在西南区、黄土高原区、内蒙古草原区和青藏高原区各选择一个典型路段进行路域生态工程技术示范工程的研究。

第三节　公路路域生态工程技术研究实施方案

（1）调查收集西部地区植被、土壤、气候和水文过程等资料，调查收集西部公路路域生态工程技术种类、应用现状和存在问题，分析传统技术和现代技术优缺点，提取技术参数，确认施工工艺。

（2）选择西部地区已建公路的典型路段，对路域生态环境的保护、恢复和重建过程及情况进行调查和回溯分析研究。

（3）选择西部地区在建公路的典型路段，在一个完整的施工期内全程跟踪各种施工行为，对路域生态环境的变化过程实行全过程动态监测，调研、考察路域植被、土壤等生态环境的背景及其变化、影响等情况。

（4）根据取样地的坡度、坡质（土质）等特征研究各技术的基质和植被层设计方案，并在实验室（场）内完成各方案的模拟试验和效果分析测试。

（5）考察典型路段，结合示范工程建立试验场地，完善试验条件，开展示范区原生植物资源调查，路域土壤理化性质分析，获取关键技术参数。

（6）了解目前路域植被管护存在的问题，提出解决方案和技术措施。

（7）提出各种生态工程技术在示范路段生态恢复工程应用的技术方案，参与施工过程，对施工效果进行动态监测，根据效果监测的结果，发现问题，总结经验，修改和完善有关技术参数。

（8）建立生态工程效果评价指标体系，实施生态工程效果评价，指导生态工程技术研究，开展示范工程施工，实施后期养护试验。

（9）总结施工工艺，编写《生态工程技术手册》，完成总结报告。

第四节　主要研究成果

西部路域生态工程技术主要研究成果汇总如下：

一、研究报告

（1）《公路路域生态工程技术研究总报告》；

（2）《边坡与中央分隔带生态设计技术研究报告》；

（3）《边坡与中央分隔带植被建植技术研究报告》；

（4）《公路路域生物工程技术研究报告》；

（5）《公路路域水土保持技术研究报告》；

（6）《路域生态工程效果评估研究报告》；

（7）《典型路域生态工程技术应用示范工程研究报告》。

二、技术指南

（1）《边坡与中央分隔带生态工程技术指南》；

（2）《路域生态工程效果评估技术指南》；

（3）《公路路域生物工程技术指南》；

（4）《公路路域水土保持工程技术指南》。

三、示范工程

分别在西南区、西北黄土高原区、西北草原区和青藏高原区等4个区域建立了示范工程。

第三章
边坡与中央分隔带生态设计研究

第一节　生态设计新理念及主要理论

一、生态设计新理念

（一）以人为本

提供安全、舒适、快捷的服务是公路行业立足之本，应突出体现公路设计的服务主体为“使用者”，处处从方便人的使用角度考虑。公路设计应体现对人的关怀，处理好人、车、路的关系。公路与车辆是人的活动的延伸，公路设计理念应由“以车为本”转向“以人为本”，不应片面追求效率与速度，而造成对人的不尊重与伤害。

（二）可持续发展

可持续发展是指“既能满足当代人的需求，又不对后代人的需求构成危害的发展”。可持续发展理念已经成为环境保护的核心理念之一。公路建设与可持续发展的关系，主要为公路建设与自然资源利用和环境保护之间的关系，表现在生态设计及方案决策方面，就是必须注重资源合理利用，避免耗资或规模不切实际的“大而不当”的所谓生态工程。

（三）尊重自然　师法自然

公路生态绿化应尽可能地模仿自然，减小人为的痕迹，将设计和施工过程中对自然的干扰、破坏，努力控制在最小的限度内。例如，国外发达国家在从边坡防护方式到互通立交区的绿化栽植，从绿化植物种的选择到标志、护栏材料的使用等方面均体现出对周围自然环境的尊重，使公路工程充分融入到周围自然环境当中，公路使用者甚至无法感觉到公路的存在，仿佛公路本身就是自然的一部分，而非后天修建。

（四）指标灵活　形式自由

公路从选线开始便应充分体现出自由灵活、形式服从功能的原则，尤其是在技术指标的掌握上灵活自由，尊重客观实际，不盲目地追求高指标、高标准；公路断面形式应灵活多样，山区公路的断面形式更应结合具体地形地貌与环境特点灵活掌握，这样既减轻了对环境的负面影响，又达到了节省投资的目的。

国外发达国家公路线形选择时充分体现灵活多样的原则，尤其高速公路线形指标的选用很多都低于我国高速公路，但线形与环境的结合非常和谐，选线顺其自然，设计因地制宜，较少大填大挖现象，基本是顺地形布线，自由起伏。山区公路选线更是注意对原有地貌的保护与利用，路线基本沿着山势地形流畅延伸，达到了“峰回路转”的效果，最大限度减少了对地貌的破坏。

（五）和谐统一

公路作为一种构造物，既要满足车辆通行的基本要求，又要达到自然景观与再造景观的和谐统一。从某种程度上讲，“和谐”是公路生态设计的终极目的，即通过精心的设计达到变化的植被、人工恢复的生态环境与公路沿线的山岭、坡地、河流相融合，构成和体现了一种自然美。

二、生态设计新手法

（一）自然式设计

自然式设计与传统的规则式设计相对应，通过植物群落设计和地形起伏处理，从形式上表现自然，立足于将公路景观充分融入自然环境当中，创造和谐、自然的景观。自然式设计的核心是根据地域特征运用生态学的原理和技术，借鉴地域植物群落的种类组成、结构特点和演替规律，以植物群落为绿化的基本单元，利用修复技术构建多层次、结构复杂和功能多样的植物群落，科学并艺术地再现地带性群落特征的公路路域生态景观，实现与周围环境的协调统一和低密度的人工管理。

（二）乡土化设计

乡土化设计是通过对拟建公路周围植被状况和自然史的调查研究，使设计符合当地的自然条件并反映当地的景观特色。乡土化设计反映在公路生态设计中主要是在植物选择上需要遵循“乡土树种为主”、“适地适树”的原则，对于绿化树种的选择来说，是绿化施工成败的关键，因为绿化树种一旦选择、引种不当可能会对原有自然生态系统产生“灾难性”的影响。

（三）保护性设计

保护性设计是指对公路路域内的生态因子和生态关系进行科学的研究分析，通过合理设计减少公路建设对生态环境的破坏，以保护现状良好的生态系统。当高速公路在植被良好的林区通过时，设计人员应当树立“不破坏就是最大的保护”的理念，在设计时应强调对原有植被的保护与利用，同时对有历史及景观价值的古树名木、文物古迹等更应该妥善保护，合理利用。

（四）恢复性设计

恢复性设计是指在公路生态设计中运用多种科技手段来恢复已遭破坏的生态环境。针对高速公路建设过程中形成的大量边坡，传统的做法往往是建植种类较单一的草皮而达到固土护坡、减少水土流失的目的，但是人工建植的看似景观整洁优美的草皮却不符合自然规律的内在要求，经过一定时间后，不是枯黄消失重新形成裸露的边坡，便是被当地野生的植物吞噬殆尽，效果并不理想。

在边坡植物防护技术较为领先的日本，一种新的边坡植物防护理论逐渐成为工程设计中的主导，该理论的核心便是“恢复设计”。设计人员在确定一处边坡的施工工艺时，首先要对该边坡的地质条件、当地气候、水文条件及周围原有植被的情况等诸多因素进行全面的调查；在此基础上，提出模拟原有植被类型的边坡绿化植物选择方案。

该方案不仅要考虑草本地被植物的使用，更重要的是合理配置当地原有的乔木及灌木植物种子，目的就是恢复原有的植被类型，依照这种设计方案而形成的边坡植被类型能较快地与原有植被融合而不会因原有植被系统对其产生“免疫”而失败。

三、路域生态设计理论

（一）生态学理论

1. 演替理论

植物群落演替是指在某一地段上一个植物群落为另一个植物群落所取代的过程，是植物群落动态的一个最重要的特征，演替导向稳定性，是植被生态学的一个首要的和共同的法则。顶级群落则是演替最终形成的成熟群落，无论在区系植物结构上，以及它们相互之间的关系和与环境相互间的关系，都趋于稳定。

2. 限制因子原理

生物的生存和繁殖依赖于各种生态因子的综合作用，其中限制生物生存和繁殖的关键性因子就是限制因子。任何一种生态因子接近或超过生物的耐受范围，它就会成为这种生物的限制因子。当一个生态系统被破坏之后，在进行生态恢复时必须找出该系统的限制因子，找准切入点，才能进行恢复工作。例如，盐碱化较严重的生态系统中土壤的碱度偏高，一般植物难以生长，此时土壤的碱度就是该生态系统的限制因子，只有将土壤中碱度降低后，植物才能正常生长，植被才能恢复。明确生态系统的限制因子，有利于路域植被恢复工程的设计，有利于技术手段的确定，缩短生态恢复所需的时间。

3. 生态位原理

生态位是指生态系统中各种生态因子具有明显的变化梯度，这种变化梯度中能被某种生物占据利用或适应的部分。在生态工程设计、调控过程中，合理运用生态位原理，可以构成一个具有多样化种群的稳定而高效的生态系统。在特定的生态区域内，自然资源是相对恒定的，如何通过生物种群匹配，利用生物对环境的影响，使有限资源得到合理利用，增加转化固定效率，减少资源浪费，是提高人工生态系统效益的关键。当前常说的乔灌草结合，实际就是按照不同植物种群地上地下部分的分层布局，充分利用多层次空间生态位，使有限的光、气、热、水、肥资源得到合理利用，最大限度地减少资源浪费，增加生物产量和发挥防护效益。

根据生态位原理，要避免引进生态位相同的物种，尽可能使各物种的生态位错开，使各种种群具有各自的生态位，避免种群之间的直接竞争，保证群落的稳定。

4. 生物多样性原理

自然群落的稳定性取决于两个方面的因素，一是物种的多少，二是物种间相互作用的大小，而物种的多少对稳定性的作用是最基本的。一个物种较多的群落就可能保持稳定。退化生态系统的恢复与重建，总朝向生态多样性的方向构建，而关键就是植物多样性的构建，并同时考虑种间竞争与种间互惠关系对植物多样性构建的影响。

（二）路域生态设计的土壤学理论

路域生态恢复的根本便是植被的恢复，而坡面和中央分隔带植物的健康持续生长，必须以公路路域具有适宜植物生长的土壤环境为前提。因此，路域生态设计必须遵循土壤学的基本理论，在公路路域范围内营造出适宜植物生长的土壤环境。

（三）路域生态设计的植被护坡理论

1. 植被护坡的基本原理

边坡生态工程技术是基于生态工程学、工程力学、植物学、水力学等学科的基本原理，利用活性植物材料，结合其他工程材料在边坡上构建具有生态功能的护坡系统。通过生态工程自维持、自组织与自我修复等功能来实现边坡的抗冲蚀、抗滑动和生态恢复，以达到减少水土流失、维持生物多样性和生态平衡及美化环境等目的。一般认为生物防护的主要作用机理是植物根系对边坡土体起三维锚固的作用。植物的垂直根系穿过坡体浅表的松散风化层，锚固到稳定层，起到锚杆作用，而盘根错节的根系可视为三维加筋材料，增加土体的凝聚力。另外，植被的蒸腾作用对地下水系的影响以及微生物对土体的自我调节功能也对边坡防护起着不可忽视的作用。

2. 植物根系加筋原理

植物的根系在边坡表层岩土体中盘根错节，使表层岩土体在根系延伸范围之内形成由根系连接的整体，可有效防止表层的溜坍。根系提高表层岩土体的抗剪强度主要是通过根系和岩土体接触面的摩擦力把岩土体中的剪应力转换成根的拉应力来实现的。假设根的表面受到足够的摩擦力和约束力使根不至于被拉出，则当岩土体中有剪应力发生时，根的错动位移使根伸长从而使根内产生拉力，拉力沿剪切面切线方向的分力可直接抵抗剪切力变形，拉力沿法线方向的分力可增加剪切面上的正应力。

3. 不同结构岩体边坡植被护坡机制

不同结构的岩体边坡的表层岩土体直接影响到植物根系的生长状态，进而影响到植物防护的护坡效果。不同结构岩体边坡植被护坡机制主要包括整体结构岩质边坡表层植被防护机制、块状结构岩质边坡表层植被防护机制、碎裂结构岩质边坡表层植被防护机制和散体结构岩质边坡表层植被防护机制。

4. 植被的水文效应

水文效应指植被的降雨截留作用、削弱溅蚀功能和抑制地表径流功能。一部分降雨在到达坡面之前就被植被茎叶截留并暂时储存在其中，截留作用降低了到达坡面的有效雨量，从而减弱了雨水对坡面土体的侵蚀。同时，植被能够通过地上茎叶的缓冲作用拦截高速落下的雨滴，从而把雨滴的动能大大降低，削弱甚至消除雨滴的溅蚀。在抑制地表径流对坡面的冲蚀方面，由于草本植物分蘖多，丛状生长，能够有效地分散、减弱径流，改变径流形态，增大流程，减慢流速，增加雨水入渗，从而有效减弱土体受到的冲蚀。

（四）路域生态设计的其他理论

1. 景观美学理论

公路景观是由地貌过程和人为干扰作用而形成的具有特定生态结构功能和动态特征的宏观系统。它体现了人对环境的影响及环境对人的约束，是一种文化与自然的交流，景观的美不仅是形式的美，更是体现了生态系统结构、功能和生命力的美，它是建立在环境秩序与生态系统良性运转之上的。

生态恢复在公路环境改善和景观创作方面的主要贡献表现在创造安全运输环境及优美的公路景观；保护与协调公路沿线生态环境，尽力改善人类修筑公路活动带给自然景观及生态环境的破坏。

2. 交通安全理论

景观优美舒适、功能科学合理的公路生态绿化不仅能起到美化公路交通环境、保护自然环境的目的，也能对良好的交通安全环境的营造起到积极作用。良好、舒适、安全的公路交通环境不仅要求有良好的公路线形、稳定的工程构造物，同样也要求有景观宜人的绿色交通环境。同时，由于功能要求的差异，公路生态绿化与交通安全之间又存在相互制约的方面，不合理的公路生态绿化或施工养护行为会对公路交通安全造成不利的影响，同时出于某些功能方面的考虑，往往也会对公路生态绿化提出具体的要求。

第二节　路域植被群落设计研究

一、路域植物生态区划

在公路边坡和中央分隔带植被恢复中选择适宜的乔灌草种，本质就是将有可能在西部地区生长良好、固土效果较好的乔灌草种按其生态适宜程度和潜在分布范围实行“对号入座”。换言之，按区域分异做出生态适宜性区划是正确遴选公路路域生态恢复适宜乔灌草种的基础，然后根据各生态区域内乔、灌、草种生长与分布的主要影响因子及公路路域生态恢复的需求，对适于各区广泛栽种的生态恢复植物进行筛选，并提出各生态区域适宜推广的物种组合。

（一）公路路域植物生态区划的原则

1. 以水热因素的地域分异规律为依据

自然因素（如气候、土壤等）特别是温度、降水及因地形影响而产生的再分配即水热组成是影响乔灌草种生长与分布的决定性因素，而且植被本身的自然特性也与所在地区的水热条件具有密切的联系。因此，在确定适宜的乔灌草生态分区时，应首先考虑水热因素的地域分异。

2. 以整体植被景观为参照

环境因子（如气候和土壤）的地带性决定了植被类型的地带性，这种地带性特征在很大尺度上决定了物种选择的基本对象。因此，在进行植物物种生态区划时，应以当地的整体植被景观为基本的实物参照。

3. 以局部环境背景为基础

植物的生长与分布除受地带性因素的影响，地形地貌等非地带性因素也会起一定作用。山地、丘陵、盆地等地貌类型会形成一定的局部环境或微环境，从而改变植被的地带性分布规律。因此，乔灌草种的生态分区应以整体自然景观中的局部差异为基础。

4. 服务于公路路域生态设计

公路路域植被的生态区划是为公路路域生态环境建设及恢复服务的，因此，区划工作应有利于植被恢复工程的生态设计要求。

5. 参考行政区划确定区域界线

各级区划的界限应与县级行政界限相吻合，并适当考虑省（区）

归属，保持行政区域的完整性，从而使生态区划在实际应用中能够政令通行。

（二）植物生态区划分级标准与命名方法

公路路域植被生态区划分为多少级，应以能反映植物资源空间上的分异规律且易于在公路建设实践中推广应用为原则，因此分级不宜过多，一般以二至三级为宜。本区划采用区、亚区和小区三级分区体系。各级分区标准和命名方法归纳如下：

区：根据以水热状况为主导因素的综合自然条件差异，将西部地区分为四大区域，并以地理位置+气候类型（干湿条件）命名，即西北暖温带干旱、半干旱区（简称西北区）、青藏高原高寒区（简称青藏区）、西南亚热带、暖温带温润区（简称西南区）和东北温带半湿润区（东北区）。

亚区：在区内，将自然植被景观的差异作为标准，结合省（区）级行政区划进一步划分亚区。根据这一标准，西部地区可以划分为14个亚区。亚区的命名方式为地名（地理名称或省区行政名称）+植被景观类型。

小区：在亚区内，根据地形条件引起的水热差异进一步划分小区。西部地区可以划分为42个小区。小区的命名方式为地名（地理名称或省区行政名称）+地形条件。

（三）公路路域植物生态区划

根据生态区划的原则、分级标准和命名方法，西部公路路域生态恢复植物生态区划结果如下。

I—西北温带、暖温带干旱半干旱区（西北区）

IA　黄土高原典型草原亚区

IA1　陕北黄土丘陵沟壑小区

IA2　宁南、陇东黄土丘陵小区

IA3　陇中及青海高原东部黄土丘陵小区

IB　蒙古高原典型草原亚区

IB1　浑善达克沙地小区

IB2　锡林郭勒高平原小区

IB3　黄土丘陵北部小区

IC　蒙宁甘荒漠草原亚区

IC1　乌兰察布高平原小区

IC2　蒙宁河套平原小区

IC3　鄂尔多斯西部高原、宁西北、陇中高平原小区

ID　蒙甘新荒漠戈壁亚区

ID1　阿拉善高平原小区

ID2　河西走廊平原山地小区

ID3　准格尔盆地小区

ID4　吐鲁番、哈密盆地小区

ID5　塔里木盆地小区

IE　西北干旱山地森林、灌丛、草甸亚区

IE1　阿尔泰山地小区

IE2　天山山地小区

IE3　昆仑山地小区

IE4　伊犁谷地小区

II　青藏高原高寒区（青藏区）

IIA　青藏高原高寒草甸、灌丛亚区

IIA1　藏东南高原山地小区

IIA2　藏北高原山地小区

IIA3　藏东高原山地小区

IIA4　川西北高原山地小区

IIA5　滇西北高原山地小区

IIA6　青南高原山地小区

IIA7　甘南高原山地小区

IIA8　祁连山山地小区

IIB　青藏高原高寒草原亚区

IIB1　藏西北高原小区

IIB2　藏西南山原湖盆小区

IIB3　环青海湖盆地小区

IIC　青藏高原高寒荒漠亚区

IIC1　可可西里高原小区

IIC2　柴达木盆地小区

III　西南亚热带、暖温带温润区（西南区）

IIIA　云贵高原常绿阔叶林亚区

IIIA1　滇东部山地小区

IIIA2　滇中部山地小区

IIIA3　贵州高原山地小区

IIIB　四川盆地及周围山地森林草原亚区

IIIB1　四川盆地小区

IIIB2　川西南山地河谷小区

IIIB3　川陕甘边境山地小区

IIIC　滇西南高山峡谷热性灌草丛亚区

IIIC1　西双版纳山地小区

IIID　广西山地丘陵热性灌丛亚区

IIID1　北部低山山地小区

IIID2　南部山地丘陵小区

IV　东北温带半湿润区（东北区）

IVA　内蒙古东部山地丘陵草甸草原亚区

IVA1　兴安岭山地丘陵小区

IVB　内蒙古东北部高平原草甸草原亚区

IVB1　呼伦贝尔高平原小区

各生态分区的主要环境特征见表3-1。区划图见附图1。

生态分区主要特征一览表　　表3-1

小区	海拔（m）	年均温（℃）	>10℃年积温（℃）	年降水量（mm）	气候类型	主要土壤类型
IA1	600~1 700	6~9	2 600~3 400	350~550（650）	温暖、半干旱	黄绵土、黑垆土、淡栗钙土
IA2	1 300~2 700	5~8	2 900~3 200	350~550	温暖、半干旱	黄绵土、黑垆土
IA3	1 500~3 000	-1~6	1 500~2 600	300~450（550）	寒温、半干旱	栗钙土、灰钙土
IB1	600~1 600（2 300）	1.3~3.1	1 800~2 300	250~350	温暖、半干旱—干旱	栗钙土、黑钙土、暗栗钙土
IB2	900~1 200	-1~2	1 800~2 200	250~350	寒温、半干旱—干旱	栗钙土、黑钙土、暗栗钙土
IB3	1 300~1 600	1.3~3.1	1 800~2 300	250~350	温暖、半干旱—干旱	栗钙土、黑钙土、暗栗钙土
IC1	1 100~1 400	1~4.7	2 000~2 600	180~280	温暖、干旱	棕钙土、盐化草甸土
IC2	1 000~1 100	6.1~7.6	2 800~3 200	138~224	温暖、干旱	棕钙土、盐化草甸土

续上表

小区	海拔（m）	年均温（℃）	>10℃年积温（℃）	年降水量（mm）	气候类型	主要土壤类型
IC3	1 100~2 000	5~9	2 600~3 300	150~250	温暖、干旱	棕钙土、灰钙土、风沙土
ID1	800~1 300	6~9	2 200~3 500	100（30）~200（40）	温暖、极干旱	灰漠土、灰棕漠土
ID2	1 000~1 500（2 000~3 400）	2~8（<2）	3 000~3 500	200~250（<40）	温暖、干旱	灰棕漠土、棕漠土、风沙土
ID3	200~400	5~7	2 500~3 500	100~200	温暖、干旱	棕钙土、灰钙土、灰漠土
ID4	1 200~1 400	>10	>4 000	50~70	温暖、极干旱	棕漠土、风沙土
ID5	900~1 200	>10	>4 000	20~50	温暖、极干旱	棕漠土、风沙土
IE1	800~1 000	1~6	2 000~2 500	400~600	温暖、半湿润	棕钙土、栗钙土、黑钙土
IE2	3 000~5 000	-1~4.5	1 600~2 400	400~600	寒温、半湿润	棕钙土、栗钙土、黑钙土
IE3	3 500~6 000	-2~3.5	1 300~2 200	350~500	寒温、半干旱	棕钙土、栗钙土、黑钙土
IE4	200~400	5~7	2 500~3 500	600~1 000	温暖、半湿润	灰钙土、栗钙土、草甸土
IIA1	>4 000	-2~6	1 500~2 200	700~900	寒冷、半湿润	高山草甸土
IIA2	>4 000	-2~4	<1 700	350~450	寒冷、半干旱	高山草甸土
IIA3	>4 000	-2~6	<1 700	400~700	寒冷、半湿润	高山草甸土
IIA4	3 700~4 800	-1~6	1 500~2 400	800~1 100	寒冷、湿润	高山草甸土
IIA5	2 800~4 300	0~8	1 700~32 000	900~1 200	寒温、湿润	栗钙土、亚高山草甸土
IIA6	>4 000	-2~4	<1 700	350~450	寒冷、半干旱	高山草甸土
IIA7	3 000~4 500	-1~4	<1 700	400~600	寒冷、半湿润	亚高山、高山草甸土
IIA8	2 500~4 000	-1~4	<1 700	350~500	寒冷、半干旱	亚高山、高山草甸土
IIB1	>4 000	-1~5	<1 700	250~350	寒冷、半干旱—干旱	高山草原土
IIB2	>4 000（2 900~4 400）	-0.5~8	<1 700	250~400	寒冷、半干旱—干旱	高山草原土
IIB3	1 700~3 100	0~8.7	<1 700	200~600	寒温、半干旱	亚高山草原土
IIC1	>4 000	-1~5	<1 700	<200	寒冷、干旱	高山寒漠土
IIC2	2 600~3 100（5 000）	5~8	1 500~2 300	50~170	寒冷、干旱	棕钙土、灰棕漠土
IIIA1	1 500~2 000	10~15	3 500~4 500	1 200~1 500	暖热、湿润	黄棕壤、黄壤、石灰土
IIIA2	2 000~2 500	6~10	3 000~4 000	1 000~1 200	暖热、湿润	黄棕壤、黄壤、石灰土

续上表

小区	海拔（m）	年均温（℃）	>10℃年积温（℃）	年降水量（mm）	气候类型	主要土壤类型
IIIA3	1 000~1 500	12~18	3 500~5 000	1 100~1 500	暖热、湿润	红壤、黄壤、黄棕壤
IIIB1	200~700（1 000）	12~18	>5 000	900~1 200	炎热、湿润	紫色土
IIIB2	1 400~3 500	10 ~19.5	4 000~5 500	850~1 500	暖热、湿润	红壤、红棕壤、红褐土
IIIB3	1 000~2 500	12~18	4 500~5 500	900~1 200	暖热、湿润	黄壤、黄棕壤、棕壤
IIIC1	900~2 000	16~22	6 500~8 000	1 000~2 000	暖热、湿润	砖红壤、赤红壤、红壤
IIID1	<500	15~19	5 300~6 500	1 300~1 900	暖热、湿润	红壤、黄壤、赤红壤、黄棕壤
IIID2	500~1 000	19~23	6 500~8 000	1 600~3 000	暖热、湿润	赤红壤、红壤、黄壤、黄棕壤
IVA1	<2000	-6~0.4	1 200~2 400	450~650	寒冷、半湿润	暗棕壤、暗棕黑土、黑钙土、栗钙土
IVB1	650~1 000	-3~0	1 800~2 300	250~400	寒冷、半湿润	山地灰色森林土、黑钙土、栗钙土、草甸土

二、植物种类选择分析

（一）边坡植物种类选择原则

1. 乡土化和地带性原则

优先选用乡土植物、地带性植物对植物群落的健康发展、加快生态系统的恢复有着重要的意义，可以避免由于引进物种而带来的一系列问题。世界各国在引进物种方面都有很惨痛的教训，现在关于国际间的物种流通已经有严格的法律限制，外来物种入侵的问题也越来越引起人们的注意。特别是近几年发生的一系列外来物种造成的严重生态灾难，促使我国加强了对物种引进的监管，以防止外来生物入侵。因此，利用乡土物种和地带性植物，营造多样的、本土化的生态系统应是物种选择的基础。

2. 物种多样性原则

物种选择时应注意乔、灌、草、藤相结合，以便施工时进行多层配置，因为物种多样性是生态系统稳定的基础，拥有多种植物的生态系统远比仅拥有单种或几种植物的生态系统的抗逆能力更强。

3. 抗性物种优先原则

边坡生态系统一般在土壤营养和物理条件、水分保持及管理养护等方面存在一定的不足，优先选用抗性物种有助于防止生态系统的进一步退化，并成功恢复被破坏的生态系统。

4. 群落稳定性原则

边坡生态系统的恢复应该关注绿地植物的群落稳定性，建立一个多元的管理目标并维持草地和灌木混合的空间异质性，提高群落的相对稳定性。应以大尺度空间为依据，在尽量减小对大尺度群落稳定性的干扰下进行生态恢复设计。

5. 系统性原则

只有以全局的远见来指导边坡的生态恢复，进行系统的规划，并在此指导下进行物种选择才更具有科学性。同时要以系统分析的方法采用数学建模的手段来获得最优的物种搭配。

6. 经济性原则

物种选择具有多样性，采取的措施也必须考虑具有多样性、经济性、可行性原则。

（二）中央分隔带植物种类选择原则

中央分隔带具有分隔交通、诱导视线、防止眩光、保障高速行车安全等重要作用，是高速公路绿化的重点，尤其是在景观美化方面，对路基两侧和边坡绿化有着补充和完善作用。物种选择应遵循以下原则：

（1）中央分隔带的绿化要做到四季常绿，尽量减少落叶，冠形整齐，不仅形成明显的节奏感和韵律感，而且能够渲染和调节单调的行车环境。

（2）公路行车速度快，决定了高速公路的绿化风格应力求明快，而不求精雕细琢，同时应在整体统一风格下适当变化。

（3）中央分隔带绿化植物色彩不宜太艳丽，以免分散驾驶员的注意力，影响行车安全，同时应注意每隔一定距离增加一些跳跃性的色彩，使局部色彩丰富，以调节驾驶员的视线。

（三）植物种类选择

根据物种选择的原则，以西部地区所做的相关工作为基础，对有关西部各生态分区内适宜生长的乔、灌、草种类进行了甄别和选择，并将结果列于表3-2中。

表3-2

各生态区域可供选择的乔、灌、草种类一览表

适生区域	适宜乔木（野生种及栽培种）	适宜灌木（野生种及栽培种）	草本植物
IA1	阳坡：刺槐（*Robinia pseodoacacia*），侧柏（*Platycladus orientalis*）；阴坡：油松（*Pinus tabulaeformis*），河北杨（*Populus hopeiensis*）；梁、峁：杜梨（*Pyrus betulaefolia*），杏树（*Prunus armeniaca*）；沟谷、河滩：小叶杨（*Populus simonii*），青杨（*Populus pseudo*）；川地：北京杨（*Populus nigra var. italica × cathayana*），楸树（*Catalpa bungei*），花椒（*Zanthoxylum bungeanum*），柿树（*Diospyros kaki*），枣树（*Zizyphus jujuba*）	阳坡：柠条（*Caragana korshinskii*），柽柳（*Tamarix chinensis*），二色胡枝子（*Lespedeza bicolor*），多花胡枝子（*Lespedeza floribunda*）；梁、峁：紫穗槐（*Amorpha fruiticosa*），荆条（*Vitex negundo*），虎榛子（*Ostryopsis davidiana*）；阴坡：沙棘（*Hippophae rhamnoides*），岩黄芪（*Hedysarum spp.*），杠柳（*Periploca sepium*），杞柳（*Salix purpurea*）	长芒草（*Stipa bungeana*），短花针茅（*S. breviflora*），克氏针茅（*S. krylorii*），冰草（*Agropyron cristatum*），扁穗冰草（*A. pectiniforme*），无芒雀麦（*Bromus inermis*），沙打旺（*Astragalus adsurgens*），草木樨状黄芪（*A. melilotoides*），鹰嘴紫云英（*A. sinicus*），红豆草（*Onobrychis viciaefolia*），小冠花（*Coronilla varia*），陕北苜蓿（*Medicago sativa cv. Shaanbei*），甘农2号苜蓿（*M. varia cv. Gennong No.2*）
IA2	阳坡：侧柏，刺槐；阴坡：油松，白桦（*Betula platyphylla*）（六盘山地区），山杨（*Populus davidiana*），辽东栎（*Quercus liaotungensis*）；谷地、川地：槐树（*Sophora japonica*），榆树（*Ulmus pumila*），桑树（*Morus alba*），香椿（*Toona sinensis*），元宝枫（*Acer truncatum*），花椒，楸树，箭杆杨，泡桐（*Paulownia catalpifolia*），箭杆杨（*Populus nigra var. thevestina*）	阳坡：柠条，小叶锦鸡儿（*Caragana. microphylla*），柽柳，二色胡枝子；阴坡：沙棘，岩黄芪（*Hedysarum spp.*），虎榛子，杞柳，紫穗槐，木地肤（*Kochia prostrata*）	长芒草，短花针茅，冰草，扁穗冰草，无芒雀麦，中间偃麦草（*Elytrigia intermedia*），老芒麦（*Elymus sibiricus*），苇状羊茅（*Festuca arundinacea*），沙打旺（*Astragalus adsurgens*），草木樨状黄芪（*A. melilotoides*），白花草木樨（*Melilotus albus*），黄花草木樨（*M. officinalis*），鹰嘴紫云英，红豆草，陇东苜蓿（*Medicago sativa cv. Longdong*），甘农2号苜蓿
IA3	青海云杉（*Picea crassifolia*），侧柏，青杆（*Picea wilsonii*），油松，青杨，银白杨（*Populus alba*），花椒，北京杨，小黑杨（*Populus simonii P. nigra*），群众杨（*Populus simonii nigra var. italica*），旱柳（*Salix matsudana*）	沙棘，野枸杞，柠条，小叶锦鸡儿，柽柳，青海柳（*Salix qinghaiensis*），杯腺柳（*Salix cupularis*）	披碱草（*Elymus dahuricus*），垂穗披碱草（*Elymus nutans*），老芒麦，扁穗冰草，西伯利亚冰草（*Agropyron sibiricus*），中间偃麦草，纤毛鹅冠草（*Roegneria cilliaris*），草地早熟禾（*Poa pratensis*），中华羊茅（*Festuca chinensis*），芨芨草（*Achnatherum splendens*），赖草（*Leymus secalinus*），黄花苜蓿（*M. falcata*），草原1号苜蓿（*M. varia cv. Caoyuan No.1*），草原2号（*M. varia cv. Caoyuan No.2*），甘农1号苜蓿（*M. varia cv. Gannong No.1*），甘农2号苜蓿

续上表

适生区域	适宜乔木（野生种及栽培种）	适宜灌木（野生种及栽培种）	草本植物
IB1	黑皮油松（*Pinus tabulaeformis var. mukdensis*），小青杨（*Populus pseudo-simonii*），小黑杨，白城杨（小美杨，*Populus simonii nigra var. italica*），加杨（*Populus canadensis P. euramericana*），小叶杨，白柳（*Salix alba*），榆树，黄榆（*U. macrocarpa*），文冠果（*Xanthoceras sorbifolia*），山杏（*Prunus sibirica*），沙枣（*Elaeagnus angustifolia*）	紫穗槐，沙柳（*Salix mongolica*），柠条，小叶锦鸡儿，山竹岩黄芪（*Hedysarum fruticosum*），杨柴（*H. laeve*），花棒（*H. scoparium*）	克氏针茅，沙生针茅（*Stipa glareosa*），沙生冰草（*Agropyron desertorum*），扁穗冰草（*A. cristatum*），蒙古冰草（*A. mongolicum*），赖草，沙打旺（*Astragalus adsurgens*），草木樨状黄芪（*A. melilotoides*），扁蓿豆（*Melilotoides ruthenicus*），糙隐子草（*Cleistogenes squarrosa*），沙蒿（*Artemisia desertorum*），冷蒿（*A. frigida*），铁杆蒿（*A. gmelini*）
IB2	油松，樟子松，华北落叶松（*Larix principis-rupprechtii*）（大青山地区），小叶杨，群众杨，小黑杨，北京杨，箭杆杨（*Populus nigra var. thevestina*），旱柳，榆树，文冠果	柽柳，沙柳，小叶锦鸡儿，虎榛子，柠条，二色胡枝子，多花胡枝子，岩黄芪	大针茅，克氏针茅，沙生针茅，沙生冰草，扁穗冰草，西伯利亚冰草，蒙古冰草，中间偃麦草，披碱草，老芒麦，星星草，糙隐子草，赖草，草原1号苜蓿，草原2号苜蓿，内蒙准格尔苜蓿（*M.sativa cv. Neimeng Zhungeer*），甘农2号苜蓿，沙打旺，蒙古岩黄芪（*Astragalus membranaceus cv. mongolicus*），草木樨状黄芪（*A. melilotoides*），达乌里胡枝子（*Lespedeza davurica*），尖叶胡枝子（*L. hedysaroides*），冷蒿，铁杆蒿，线叶菊（*Filifolium sibricum*）
IB3	油松，华北落叶松（局部高海拔处），侧柏，杜松（*Juniperus rigida*），刺槐，槐树，臭椿，榆树，小叶杨，小黑杨，青杨，杜梨，旱柳，香椿，元宝枫，花椒，枣树，楸树，文冠果	柽柳，紫穗槐，沙棘，杞柳，柠条，枸杞，野枸杞，虎榛子，山杏，油蒿，木地肤，岩黄芪	短花针茅，克氏针茅，冰草，蒙古冰草，扁穗冰草，无芒雀麦，中间偃麦草，老芒麦，赖草，沙打旺，草木樨状黄芪，蒙古岩黄芪，鹰嘴紫云英，红豆草，小冠花，陕北苜蓿，草原1号苜蓿，草原2号苜蓿
IC1	油松，青海云杉（高海拔处），侧柏，杜松，樟子松（*Pinus sylvestris var. mongolica*），山杨，小叶杨，群众杨，小黑杨，北京杨，旱柳，榆树，文冠果	柽柳，柠条，沙柳，小叶锦鸡儿，虎榛子，紫穗槐，沙棘，岩黄芪	石生针茅（*Stipa klemenzii*），戈壁针茅（*S. gobica*），克氏针茅，沙生针茅，沙生冰草，蒙古冰草，无芒隐子草（*Cleistogenes songorica*），赖草，沙打旺，蒙古岩黄芪，准格尔苜蓿，沙蒿，冷蒿，铁杆蒿，蒙古蒿（*Artemisia mongolica*），女蒿（*Hippolytia trifida*）
IC2	山地：青海云杉，华北落叶松（高海拔处），油松，侧柏，樟子松，白桦，山杨；平原：小叶杨，群众杨，北京杨，箭杆杨，旱柳，榆树	柽柳，沙棘，柠条，沙柳，虎榛子，紫穗槐，岩黄芪	短花针茅，克氏针茅，芨芨草，碱茅（*Puccinellia distans*），拂子茅（*Calamagrostis epigejos*），吉生1号羊草（*Leymus chinensis Jisheng No.1*），吉生2号羊草（*Leymus chinensis Jisheng No.2*），赖草，草原1号苜蓿，草原2号苜蓿，碱蓬（*Suaeda glauca*），碱蒿（*Artemisia anethifolia*），沙蒿
IC3	樟子松，油松，小叶杨，二白杨（*Populus nigra var. thevestina × P. simonii*），群众杨，小黑杨，新疆杨（*Populus bolleana*），旱柳，榆树	爬地柏（*Sabina vulgaris*），柠条，花棒，沙柳，柽柳，沙棘（*Hippophae rhamnoides*），枸杞，籽蒿（*Artemisia sphaerocephala*）	短花针茅，克氏针茅，芨芨草，无芒雀麦，沙生冰草，扁穗冰草，苇状羊茅，披碱草，赖草，百脉根（*Lotus corniculatus*），沙打旺，草原1号苜蓿，草原2号苜蓿，甘农1号苜蓿，甘农2号苜蓿，线叶菊

续上表

适生区域	适宜乔木（野生种及栽培种）	适宜灌木（野生种及栽培种）	草本植物
ID1	沙区:胡杨（*Populus cuphratica*），梭梭（*Haloxylon ammodendron*），沙枣;绿洲、滩地:白榆（*U. pumila*），银白杨（*Populus alba*），美国白蜡（*Fraxinus americana*）	沙拐枣（*Calligonum arborescens*），沙冬青（*Ammopiptanthus mongolicus*），黑沙蒿（*Artemisia ordosica*），白沙蒿（*Artemisia sphaerocephala*），多枝柽柳（*Tamarix ramosissima*），沙柳，柠条，花棒，合头草（*Cympegma regelii*），假木贼（*Anabasis*），猪毛菜（*Salsola collina*）	沙鞭（*Psammochloa villosa*），沙米（*Agriophyllum Squarrosum*），戈壁针茅，沙生针茅，沙生冰草，无芒隐子草，红砂（*Reaumurica soongorica*）
ID2	沙区:胡杨，梭梭，白梭梭（*Haloxylon persicum*）;平原:樟子松，油松，小叶杨，二白杨（河西走廊）（*Populus nigra var. thevestina* × *P. simonii*），旱柳，白榆，新疆大叶榆（*Ulmus laevis*）	黑沙蒿（*Artemisia ordosica*），白沙蒿（*Artemisia sphaerocephala*），沙柳，柽柳，柠条，花棒，白刺（*Nitraria tangutorum*），泡泡刺（*Nitraria sphaerocarpa*），合头草，假木贼，猪毛菜，红砂，盐爪爪（*Kalidium foliatum*）	短花针茅，戈壁针茅，沙生冰草，芨芨草，沙生针茅，沙鞭，沙米，红砂
ID3	新疆大叶榆，白榆，胡杨，梭梭，白梭梭，白刺，新疆杨（*Populus bolleana*），银白杨，旱柳	沙拐枣，沙蒿（*Artemisia soongorica*），白沙蒿，沙柳，多枝柽柳（*Tamarix ramosissima*），花棒，泡泡刺，裸果木（*Gymnocarpos przewalskii*），膜果麻黄（*Ephedra przewalskii*），戈壁藜（*Ilinia regelii*），假木贼，合头草，盐节木（*Halocnemum strobilaceum*），盐爪爪	戈壁针茅，沙生针茅，芨芨草，沙鞭，沙米，红砂
ID4	胡杨，梭梭，白梭梭，白刺，罗布麻（*Apocynum venetum*）	沙拐枣，沙蒿，沙柳，柽柳，泡果白刺（*Nitraria sibirica*），裸果木，膜果麻黄，木霸王（*Zygophyllum xanthoxylon*），合头草，假木贼，	戈壁针茅，沙生针茅，芨芨草，沙鞭，沙米，盐生草（*Halogeton glomeratus*）
ID5	胡杨，梭梭，白梭梭，白刺，盐豆木（*Halimodendron holodendron*）	沙拐枣，沙蒿，沙柳，多枝柽柳，泡果白刺，膜果麻黄，合头草，假木贼，盐节木，盐爪爪	戈壁针茅，沙生针茅，芨芨草，沙鞭，沙米，红砂，盐生草
IE1	林区:新疆落叶松（*Larix sibirica*），新疆五针松（*Pinus sibirica*），新疆云杉（*Picea obovata*），新疆冷杉（*Abies sibirica*），疣枝桦（*Betula pendula*）;平原地区:新疆大叶榆，银白杨，新疆杨	白柳，沙棘，柽柳，新疆绢蒿（*Seriphidium kaschgaricum*），驼绒藜（*Ceratoides latens*），假木贼，木地肤（*Kochia prostrata*）	沙生针茅，镰芒针茅（*Stipa caucasica*），冰草，无芒雀麦，披碱草，老芒麦，羊茅（*Festuca ovina*），新疆大叶苜蓿（*Medicago sativa cv. Xinjiang Daye*），新牧1号杂花苜蓿
IE2	林区:天山云杉（*Picea schrenkiana*），新疆落叶松，疣枝桦，天山桦（*Betula tianschanica*），新疆桦（*B. turkestanica*）;平原地区:新疆大叶榆，羽叶槭（*Acer negundo*），银白杨，新疆杨，白榆，箭杆杨，群众杨，沙枣	白柳，沙棘，柽柳，花棒，合头草，新疆绢蒿，驼绒藜，假木贼，红砂，木地肤，白刺	山地针茅，冰草，芨芨草，无芒雀麦，披碱草，老芒麦，羊茅，新疆大叶苜蓿，新牧1号杂花苜蓿

续上表

适生区域	适宜乔木（野生种及栽培种）	适宜灌木（野生种及栽培种）	草本植物
IE3	青海云杉，天山云杉，油松，青杨，银白杨，群众杨，旱柳，新疆大叶榆	沙棘，柠条，花棒，柽柳，合头草，垫状驼绒藜（*Ceratoides campacta*）	紫花针茅（*Stipa purpurea*），沙生针茅，芨芨草，赖草（*Leymus secalinus*），冰草，和田苜蓿（*Medicago sativa cv. Hetian*）
IE4	油松，侧柏，樟子松，杏树，核桃（*Juglans regia*），沙枣，银白杨，新疆杨，白榆，箭杆杨，群众杨	白柳，沙棘，柽柳，新疆绢蒿	镰芒针茅，戈壁针茅，沙生针茅，冰草，无芒雀麦，披碱草，老芒麦，新牧1号杂花苜蓿
IIA1	林芝云杉（*Picea linzhiensis*）（仅限墨脱、米林、林芝地区）	金露梅（*Potentilla fruticosa*），箭叶锦鸡儿（*Caragana jubata*），高山柳（*Salix alpina*），理塘杜鹃（*Rhododendron litangense*）	高山早熟禾（*Poa alpina*），胎生早熟禾（*P. attenuata var. vivipara*），垂穗披碱草，老芒麦，无芒雀麦，高山嵩草（*Kobresia pygmaea*），矮生嵩草（*K. humilis*），珠芽蓼（*Polygonum viviparum*），圆穗蓼（*P. macrophyllum*）
IIA2	—	金露梅，高山柳，狭叶鲜卑花（*Sibiraea angustata*），高山绣线菊（*Spiraea alpina*），箭叶锦鸡儿，头花杜鹃（*R. capitatum*）	紫花针茅，垂穗鹅冠草（*Roegneria nutans*），高原早熟禾（*Poa alpigena*），垂穗披碱草，老芒麦，高山嵩草，大花嵩草（*Kobresia macrantha*），黑褐苔草（*Carex atrofusca*），珠芽蓼，圆穗蓼
IIA3	低海拔地区阴坡：川西云杉（*Picea balfouriana*），冷杉（*Abies fabri*），鳞皮冷杉（*Abies squamata*）；低海拔地区阳坡：川滇高山栎（*Quercus aquifolioides*），大果圆柏（*Sabina tibetica*）	金露梅，川西锦鸡儿（*Caragana erinacea*），高山柳，紫丁杜鹃（*Rhododendron violaccum*）	高山早熟禾，垂穗披碱草，老芒麦，披碱草，高山嵩草，矮生嵩草，四川嵩草（*Kobresia setchwanensis*），黑褐苔草，珠芽蓼，圆穗蓼
IIA4	低海拔地区阴坡：川西云杉，鳞皮冷杉，川滇冷杉（*Abies forrestii*）；低海拔地区阳坡：川滇高山栎，大果圆柏	高山柳，金露梅，川西锦鸡儿，紫丁杜鹃	高山早熟禾，垂穗披碱草，老芒麦，披碱草，高山嵩草，矮生嵩草，四川嵩草，粗壮嵩草（*Kobresia robusta*），黑褐苔草，珠芽蓼，圆穗蓼
IIA5	低海拔地区阴坡：丽江云杉（*Picea likiangensis*）、川西云杉，鳞皮冷杉，川滇冷杉；低海拔地区阳坡：川滇高山栎	高山柳，金露梅，川西锦鸡儿	草地早熟禾（*Poa pratensis*），垂穗披碱草，垂穗鹅冠草，老芒麦，异针茅（*Stipa aliena*），云南羊茅（*Festuca vierhapperi*），羊茅（*F. Ovina*），四川嵩草，黑褐苔草，珠芽蓼，圆穗蓼
IIA6	—	金露梅，箭叶锦鸡儿，高山柳，百里香杜鹃（*Rhododendron thymifolium*），头花杜鹃，高山绣线菊	高山早熟禾，高原早熟禾，黑褐苔草，垂穗披碱草，垂穗鹅冠草，老芒麦，中华羊茅（*Festuca sinensis*），高山嵩草，矮生嵩草，线叶嵩草（*Kobresia capilifolia*），珠芽蓼，圆穗蓼

续上表

适生区域	适宜乔木（野生种及栽培种）	适宜灌木（野生种及栽培种）	草本植物
IIA7	—	金露梅，箭叶锦鸡儿，高山柳，高山绣线菊	草地早熟禾，垂穗披碱草，垂穗鹅冠草，老芒麦，异针茅，短柄草（*Brachypodium sylvaricum*），洽草（*Koeleria cristata*），嵩草（*Kobresia vidua*），黑褐苔草，密生苔草（*Carex crebra*），珠芽蓼，圆穗蓼
IIA8	部分地区：青海云杉（阴坡），祁连圆柏（阳坡）	金露梅，箭叶锦鸡儿，高山柳，百里香杜鹃（*Rhododendron thymifolium*），青海杜鹃，头花杜鹃，高山绣线菊	草地早熟禾，垂穗披碱草，垂穗鹅冠草，老芒麦，紫羊茅（*Festuca rubra*），羊茅，异针茅，短柄草，线叶嵩草，嵩草，黑褐苔草，密生苔草，珠芽蓼，圆穗蓼
IIB1	—	金露梅（部分地区），驼绒藜（*Ceratoides latens*），灌木亚菊（*Ajania fruticulosa*），变色锦鸡儿（*Caragana versicolor*）	高山早熟禾，冷地早熟禾（*Poa crymophila*），羊茅，西藏鹅冠草（*Roegneria tibetica*），紫花针茅，羽状针茅（*Stipa subsessiliflora var. basiplumosa*），异针茅，羊茅，醉马草（*Achnatherum inebrians*），青藏苔草（*Carex moorcroftii*），藏黄芪（*Astragalus tibetanus*）
IIB2	—	变色锦鸡儿，矮麻黄（*Ephdera gerardiana*），驼绒藜	高山早熟禾，紫羊茅，垂穗鹅冠草，西藏鹅冠草，紫花针茅，沙生针茅，羽状针茅，青藏苔草，藏黄芪（*Astragalus tibetanus*），西伯利亚蓼（*Polygonum sibiricum*）
IIB3	—	变色锦鸡儿，小叶锦鸡儿（*Caragana microphylla*），驼绒藜	长稃早熟禾（*Poa dolichachyra*），冰草，异针茅，克氏针茅，醉马草，中华羊茅，短芒洽草（*Koeleria litwinowii*），青藏苔草，多茎委陵菜（*Potentilla multicaulis*）
IIC1	—	垫状驼绒藜（*Ceratoides compacta*），西藏亚菊（*Ajania tibetica*），小叶锦鸡儿	固沙草（*Orinus thoroldii*），藏白蒿（*Artemisia younghusbandii*），藏沙蒿（*A. wellbyi*），沙生针茅，冰草，青藏苔草
IIC2	—	垫状驼绒藜，唐古特红景天（*Rhodiola algida var. tangutica*），小叶锦鸡儿	固沙草，沙生针茅，冰草，青藏苔草

续上表

适生区域	适宜乔木（野生种及栽培种）	适宜灌木（野生种及栽培种）	草本植物
IIIA1	云南松（*Pinus yunnanensis*），华山松（*P. armandii*），云南油杉（*Keteleeria evelyniana*），滇青冈（*Cyclobalanopsis glaucoides*），高山栲（*Castanopsis delavayi*），灰背栎（*Quercus senescens*），锥连栎（*Q. franchetii*），蓝桉（*Eucalyptus globulus*），漆树（*Toxicodendron Vernicifluum*）	矮山栎（*Quercus monimotricha*），垂柳（*Salix babylonica*），坡柳（*Dodonaea viscosa*），假虎刺（*Carissa spinarum*），金合欢（*Acacia farnesiana*），霸王鞭（*Euphorbia royleana*）	白茅（*Imperata cylindrical var. major*），金茅（*Eulalia speciosa*），白健杆（*Eulalia pallens*），穗序野古草（*Arundinella chenii*），黄背草（*Themeda triandra var. japonica*），鸭茅（*Dactylis glomerata*），黑麦草（*Lolium perenne*），白三叶（*Trifolium repens*），红三叶（*T. pratense*）
IIIA2	云南松，黄毛青冈（*Cyclobalanopsis delavayi*），高山栲，华山松，滇油杉（*Keteleeria evelyniana*），冲天柏（*Cupressus duclouxiana*），刺柏（*Juniperus formosana*），蓝桉，滇合欢（*Albizia mollis*），滇杨（*Populus yunnanensis*），银桦（*Grevillea robusta*）	坡柳，垂柳，金花小檗（*Berberis wilsonae*），铁仔（*Myrsine africana*），盐肤木（*Rhus chinensis*）	白健杆（*Eulalia pallens*），刺芒野古草（*Arundinella setosa*），穗序野古草，白茅，金茅，牛筋草（*Eleusine indica*），黄背草
IIIA3	云南松，马尾松（*Pinus massoniana*），青冈（*Cyclobalanopsis delavayi*），细叶青冈（*Cyclobalanopsis delavayi*），云南樟（*Cinnamomum glanduliferum*），大果花楸（*Sorbus megalocarpa*），漆树，油桐，油茶	黄荆（*Vitex negundo*），全缘火棘（*Pyracantha atalanticides*），小果蔷薇（*Rosa cymosa*），金竹（*Phyllostachys sulphurea*），龙须藤（*Bauhinia championii*）	芒（*Miscanthus sinensis*），白茅，野古草（*Arundinella hirta*），细柄茅（*Capillipedium parviflorum*），野青茅（*Deyeuxia arundinacea*），荩草（*Arthraxon hispidus*），黑穗画眉草（*Eragrostis nigra*），金茅
IIIB1	杉木（*Cunninghamia lanceolata*），水杉（*Metasequoia glyptostroboides*），云南松，马尾松，大叶槭（*Acer franchetii*），川泡桐（*Paulownia fargesii*），麻栎（*Quercus acutissima*），柏木（*Cupressus funebris*），红豆树（*Ormosia hosiei*），帧楠（*Phoebe zennan*），小叶帧楠（*P. hui*）	黄荆，垂柳，马桑（*Coriaria sinica*），马鞍叶羊蹄甲（*Bauhinia faberi*），全缘火棘，盐肤木，毛竹（*Phyllostachys pubescens*）	白茅，狗芽根（*Cynodon dactylon*），鸭茅，荩草，细柄茅，马唐（*Digitaria sanguinalis*），雀稗（*Paspalum thunbergii*），鸡眼草（*Kummerowia striata*），黑麦草，苇状羊茅（*Festuca arundinaceus*），白三叶，红三叶
IIIB2	云南松，云南油杉，冲天柏，黄毛青冈，高山栲，滇楸（*Catalpa duclouxii*），皂荚（*Gleditsia sinensis*），楠木（*Phoebe bournei*），檫树（*Sassafras tzumu*），川楝（*Melia toosendan*），滇杨	垂柳，马桑，全缘火棘，麻竹（*Sinocalamus giganteus*），条竹（*Thyrsostachyum siamensis*）	扭黄茅（*Heteropogon contortus*），刺芒野古草，云南裂稃草（*Schizachyrium delavayi*），黄背草，白茅，金茅，羊茅，紫羊茅，黑穗画眉草

续上表

适生区域	适宜乔木（野生种及栽培种）	适宜灌木（野生种及栽培种）	草本植物
IIIB3	华山松，红杉（*Larix potaninii*），云杉（*Picea asperata*），柏木（*Cupressus funebris*），小叶杨（*Populus simonii*），四川泡桐（*Paulownia fargesii*），川楝，槐树（*Sophora japonica*），红豆树，油橄榄（*Olea europaea*），杜仲（*Eucommia ulmoides*）	油茶（*Camellia oleifera*），沙棘，垂柳，二色胡枝子（*Lespedeza bicolor*），杜鹃（映山红，*Rhododendron simsii*）	芒，白茅，野古草，纤毛鸭嘴草，荩草，野青茅，拂子茅（*Calamagrostis epigejos*），白草（*Pennisetum flaccidum*），铁芒萁（*Dicranopteris linearis*）
IIIC1	思茅松（*Pinus kesiya*），铁刀木（*Cassia siamea*），山桂花（*Paramichelia baillonii*），西南桦（*Betula alnoides*），柠檬桉（*Eucalyptus citriodora*），红椿（*Toona sureni*），樟树（*Cinnamomum camphora*）	儿茶（*Acacia catechu*），牛肋巴（*Dalbergia obtusifolia*），毛竹，藤竹（*Dinochloa*），荔枝（*Litchi chinensis*）	扭黄茅（*Heteropogon contortus*），云南裂稃，拟金茅（*Eulaliopsis binata*），纤毛鸭嘴草（*Ischaemum indicum*），刺芒野古草，华须芒草（*Andrpogon chinensis*），金发草（*Pogonatherum binata*）
IIID1	杉木，马尾松，窿缘桉（*Eucalyptus exserta*），柠檬桉，榕树（*Ficus microcarpa*），枧木（*Burretiodendron hsienmu*），红椿（*Toona sureni*），麻栎，柚木（*Tectona grandis*）	羊蹄甲（*Bauhinia purpurea*），山茶（*Camellia japonica*），木芙蓉（*Hibiscus mutabilis*），棕竹（*Rhapis excelsa*），撑篙竹（*Bambusa pervariabilis*）	扭黄茅，青香茅（*Cymbopogon caesius*），白茅，纤毛鸭嘴草 芒，五节芒（*Miscanthus floridulus*），野古草
IIID2	马尾松，南洋杉（*Araucaria cunninghamii*），赤桉（*Eucalyptus camaldulensis*），楹树（*Albizzia chinensis*），大叶合欢（*A. lebbeck*），华南栲（*Castanopsis concinna*），黄桐（*Endospermun chinensis*），阴香（*Cinnamomum burmani*），南岭黄檀（*Dalbergia balansae*），秋枫（*Bischofia javanica*），柚木	羊蹄甲（*Bauhinia purpurea*），山茶（*Camellia japonica*），洋紫荆（*Bauhinia variegata*），撑篙竹	芒，五节芒，扭黄茅，白茅，蜈蚣草（*Eremochloa cilialis*），纤毛鸭嘴草，野古草，狼尾草（*Pennise tum alopecuroides*）
IVA1	兴安落叶松（*Larix gmelini*），樟子松（*Pinus sylvestris var. mongolica*），白桦，小青杨，小黑杨，白城杨	珍珠梅（*Sorbaria sorbifolia*），小叶锦鸡儿，耧斗叶绣线菊（*Spiraea aquilegifolia*），达乌里胡枝子（*Lespedeza davurica*），尖叶胡枝子（*L. hedysaroides*）	大针茅，贝加尔针茅（*S. baicalensis*），披碱草，羊草，吉林老芒麦（*Elymus sibiricus cv. Jilin*），扁蓿豆（*Melilotoides ruthenicus*），线叶菊（*Filifolium sibricum*）肇东紫花苜蓿（*Medicago sativa cv. Zhaodong*）
IVB1	兴安落叶松，黑皮油松，樟子松，白桦，小青杨，小黑杨，白城杨，加杨（*Populus canadensis × P. euramericana*），北京杨	柠条，小叶锦鸡儿，达乌里胡枝子，多色胡枝子，岩黄芪，沙棘	贝加尔针茅，大针茅，羊草，拂子茅（*Calamagrostis epigejos*），脚苔草（*Carex*），无芒雀麦，糙隐子草，冷蒿，线叶菊，扁蓿豆，肇东苜蓿

三、公路路域植物群落设计研究

路域植物群落设计是指运用植物群落学原理，针对不同的路域裸地类型提出相应的植物配置组合方案，以达到保持水土、保护环境、促进公路交通安全并协调路域景观的作用。植物群落设计是路域生态恢复的最关键技术之一。植物群落设计技术的核心是如何针对施工路段选择拟种植的植物物种及其组合结构。

（一）路域植物群落设计的原则

路域生态恢复对植物群落的最基本要求有两点：一是要保证在路域裸地内建植的植物群落有较高的成活率；二是要使恢复后的植物群落具有稳定性以及自我维持和更新的能力。要达到这样的要求，植物群落设计要遵循以下原则：

1. 因地制宜、适地适种原则

一是要遵循植物地带性规律，按照当地的大气候特征和土壤特性选择物种，尽量选择乡土物种。二是要根据坡面的地形地貌及物质组成特征选择物种，如阳坡和阴坡应分别选择喜光耐旱和喜阴不耐旱的物种；在坡度较陡的岩石坡面可选择藤本植物；在不同坡度的边坡设计不同类型的群落。三是要考虑到后期管护的问题，选择耐干旱、耐贫瘠等抗逆性强的物种。

2. 物种多样性原则

把握物种多样性原则应注重三个问题：一是避免单一种的大量使用，尽可能地采用混播，如采取禾本科与豆科、菊科混播，乔、灌、草混播等。二是注重区域（大范围）物种的"绝对"丰富和地段（小范围）物种的"相对"丰富，并要有周围环境中的物种，以便和谐统一，即整个区域的群落类型和物种数目尽可能的多，局部路段的物种数目相对稳定。例如植草的边坡，物种数目以3~5种为宜，这样可避免由于种间竞争，导致初期投入的很多物种发芽后难以存活。初期投入适量的物种作为先锋种，达到覆盖地表、为整个生态系统恢复创造条件的目的，然后经过4～5年时间的自然竞争淘汰，邻近的本地群落的物种不断侵入，最终逐渐形成适合当地地带性特征的植物群落。三是对外来种的引入要特别注意，确保生态安全。

当然，对于公路中央分隔带的植物群落设计而言，由于土壤环境狭窄，对植物群落的交通功能要求比较单一，不可能实现较多物种的组合，只能建立起较为单一的灌木和草本的植物群落。

3. 功能性原则

公路作为向社会公众提供公共服务的一种特殊产品，功能性是其基本属性之一，而作为公路组成内容的路域植物群落同样要求满足公路功能性的基本要求，包括满足交通安全功能、工程安全功能、生态安全功能及环境保护功能等。

4. 经济性原则

与城市人工绿地、采伐后恢复植被的林区等其他人工群落不同，公路路域植物群落具有立地条件差（土壤扰动、土壤贫瘠、坡度陡、水气肥条件差）、群落沿公路线性分布、中央分隔带等部分区域后期维护困难、投入资金有限等特点，这就决定了建植路域植物群落时要充分考虑经济投入，既要考虑初期的一次性成本投入，又要综合考虑建成后的后期维护费用之间的合理平衡，应当引入生命周期成本的理念来对待路域植被的建植问题，兼顾近远期的经济、社会与环境的综合效益。

5. 景观性原则

路域植物群落的景观性原则是指要考虑路域植被群落设计对公路的绿化美化作用。公路作为一种现代气息很浓的工业化产品，在提供便捷、安全的交通运输服务的同时，还应满足公路使用者的舒适性要求和观赏要求，某种程度上是一种人工景观，具有视觉形象上的美学要求，为实现这种观赏要求，可以利用植物的形状、颜色、花期、绿期、空间布局等特点，使恢复后的路域植被既能与周围环境景观相融合，达到满足司乘人员的视觉要求，又能对道路起到指示、诱导、遮蔽、减小空气污染等作用。

6. 植物自然驯化原则

这是目前公路绿化大的趋势，由于自然驯化时间漫长，可以先进行人工导入，为高等植物生长创造良好的生存环境，可人为地加快植物自然驯化的进程，一般经过人工干预后，自然驯化可直接从草本阶段开始。

（二）各生态区路域植物群落组合分析

在公路路域植物生态区划及物种选择的基础上，结合前述有关路域植物群落设计的有关研究内容，并参照本课题及其他有关课题已有的研究工作和文献报道，将部分适于我国西部各生态分区广泛推广的物种组合作为优先选择予以推荐（乔木主要用于路肩绿化和坡底固土，未进行物种组合），详见表3-3。

各生态区域适宜推广的物种组合　　表3-3

生态区域	适宜的物种组合
IA1	阳坡：柠条＋二色胡枝子＋长芒草＋克氏针茅＋冰草＋沙打旺；阴坡：沙棘＋岩黄芪＋短花针茅＋无芒雀麦＋小冠花（侧柏、油松为路肩绿化植物或坡底固土植物）
IA2	阳坡：柠条＋二色胡枝子＋长芒草＋克氏针茅＋冰草＋沙打旺；阴坡：沙棘＋虎榛子＋无芒雀麦＋中间偃麦草＋苇状羊茅＋陇东苜蓿（侧柏、油松为路肩绿化植物或坡地固土植物）
IA3	柠条＋披碱草＋中华羊茅＋老芒麦＋扁穗冰草＋甘农1号苜蓿（侧柏、青杨为路肩绿化植物）
IB1	柠条＋沙柳＋山竹岩黄芪＋沙生针茅＋沙生冰草＋沙打旺（小叶杨为路肩绿化植物）
IB2	柠条＋沙柳＋岩黄芪＋大针茅＋蒙古冰草＋赖草＋草原1号苜蓿＋达乌里胡枝子（小叶杨为路肩绿化植物）
IB3	柠条＋野枸杞＋山杏＋克氏针茅＋蒙古冰草＋赖草＋蒙古岩黄芪＋陕北苜蓿（小叶杨为路肩绿化植物）
IC1	柠条＋沙柳＋戈壁针茅＋沙生冰草＋准格尔苜蓿＋无芒隐子草（榆树为路肩绿化植物）
IC2	柠条＋沙柳＋岩黄芪＋克氏针茅＋芨芨草＋吉生1号羊草＋草原1号苜蓿＋碱蓬（旱柳、榆树为路肩绿化植物）
IC3	柠条＋沙柳＋克氏针茅＋沙生冰草＋苇状羊茅＋百脉根＋甘农2号苜蓿＋油蒿（旱柳、榆树为路肩绿化植物）
ID1	沙拐枣＋花棒＋沙蒿＋猪毛菜＋沙鞭＋沙米＋戈壁针茅＋红砂
ID2	泡泡刺＋假木贼＋花棒＋猪毛菜＋沙蒿＋红砂＋戈壁针茅＋沙鞭＋沙米＋盐爪爪
ID3	沙拐枣＋多枝柽柳＋裸果木＋盐节木＋沙蒿＋戈壁藜＋戈壁针茅＋芨芨草
ID4	沙拐枣＋木霸王＋泡果白刺＋沙蒿＋合头草＋戈壁针茅＋沙鞭＋盐生草
ID5	沙拐枣＋盐节木＋多枝柽柳＋合头草＋盐爪爪＋戈壁针茅＋沙鞭＋红砂
IE1	白柳＋柽柳＋新疆绢蒿＋木地肤＋沙生针茅＋镰芒针茅＋冰草＋新疆大叶苜蓿
IE2	白柳＋柽柳＋花棒＋木地肤＋白刺＋红砂＋芨芨草＋披碱草
IE3	柠条＋花棒＋合头草＋沙生针茅＋冰草＋和田苜蓿
IE4	白柳＋新疆绢蒿＋镰芒针茅＋冰草＋披碱草
IIA1	金露梅＋箭叶锦鸡儿＋高山早熟禾＋垂穗披碱草＋老芒麦＋高山嵩草＋珠芽蓼
IIA2	金露梅＋箭叶锦鸡儿＋垂穗鹅冠草＋高原早熟禾＋大花嵩草＋黑褐苔草＋珠芽蓼
IIA3	金露梅＋川西锦鸡儿＋草地早熟禾＋垂穗披碱草＋异针茅＋四川嵩草＋珠芽蓼
IIA4	金露梅＋川西锦鸡儿＋高山早熟禾＋垂穗披碱草＋矮生嵩草＋黑褐苔草＋珠芽蓼

续上表

生态区域	适宜的物种组合
IIA5	金露梅 + 川西锦鸡儿 + 草地早熟禾 + 垂穗披碱草 + 异针茅 + 四川嵩草 + 黑褐苔草
IIA6	金露梅 + 箭叶锦鸡儿 + 草地早熟禾 + 垂穗披碱草 + 短柄草 + 嵩草 + 密生苔草
IIA7	金露梅 + 箭叶锦鸡儿 + 草地早熟禾 + 垂穗披碱草 + 短柄草 + 洽草 + 嵩草 + 黑褐苔草
IIA8	金露梅 + 箭叶锦鸡儿 +草地早熟禾 + 垂穗披碱草 + 老芒麦 + 线叶嵩草 + 黑褐苔草
IIB1	变色锦鸡儿 + 灌木亚菊 + 冷地早熟禾 + 西藏鹅冠草 + 羽状针茅 + 青藏苔草
IIB2	变色锦鸡儿 + 矮麻黄 +高山早熟禾 + 垂穗鹅冠草 + 沙生针茅 + 青藏苔草 +西伯利亚蓼
IIB3	变色锦鸡儿 + 长稃早熟禾 + 异针茅 + 醉马草 + 青藏苔草 + 多茎委陵菜
IIC1	垫状驼绒藜 + 小叶锦鸡儿 + 固沙草 + 藏沙蒿 + 沙生针茅 + 青藏苔草
IIC2	垫状驼绒藜+ 小叶锦鸡儿 + 固沙草 + 沙生针茅 + 冰草 + 青藏苔草
IIIA1	矮山栎 + 坡柳 + 金合欢 + 白茅 + 穗序野古草 + 鸭茅 + 白三叶（蓝桉、漆树为路肩绿化植物）
IIIA2	坡柳 + 金花小檗 + 白健杆 + 刺芒野古草 + 白茅 + 黄背黄 + 牛筋草（蓝桉、漆树为路肩绿化植物）
IIIA3	黄荆 + 小果蔷薇 + 芒 + 野古草 + 细柄茅 + 野青茅 + 荩草 + 黑穗画眉草（漆树、油桐为路肩绿化植物）
IIIB1	黄荆 + 马鞍叶羊蹄甲 + 毛竹 + 狗芽根 + 鸭茅 + 马唐 + 雀稗 + 苇状羊茅（大叶槭、麻栎为路肩绿化植物）
IIIB2	全缘火棘 + 麻竹 + 扭黄茅 + 刺芒野古草 + 黄背草 + 紫羊茅（滇楸、川楝为路肩绿化植物）
IIIB3	油茶 + 杜鹃 + 芒 + 白茅 + 野古草 + 拂子茅 + 白草（川楝、油橄榄为路肩绿化植物）
IIIC1	儿茶 + 牛肋巴 + 毛竹 + 扭黄茅 + 拟金茅 + 刺芒野古草 + 华须芒草（柠檬桉、红椿为路肩绿化植物）
IIID1	羊蹄甲 + 山茶 + 棕竹 + 扭黄茅 + 青香茅 + 白茅 + 五节芒（柠檬桉、榕树为路肩绿化植物）
IIID2	羊蹄甲 + 山茶 + 撑篙竹 + 芒 + 扭黄茅 + 白茅 + 蜈蚣草（赤桉、楹树为路肩绿化植物）
IVA1	小叶锦鸡儿 + 达乌里胡枝子 + 大针茅 + 羊草 + 吉林老芒麦 + 扁蓿豆 + 肇东苜蓿（白城杨为路肩绿化植物）
IVB1	小叶锦鸡儿 + 多色胡枝子 + 岩黄芪 + 贝加尔针茅 + 大针茅 +无芒雀麦 + 脚苔草 + 扁蓿豆（白城杨为路肩绿化植物）

第三节　路域土壤改良和调控技术

土壤是植物生存的基础，公路路域的土壤绝大部分经过施工扰动，理化性质非常差，植物不能生长。但至今，国内公路生态工程对路域土壤问题的重视程度远低于植被问题，究其原因主要有三点：一是工程预算中没有这方面的投入，成本问题限制了路域土壤的改良；二是相关研究较少，许多科学问题有待于解决；三是缺少路域土壤调控标准，施工中无据可依。

路域土壤问题与公路所经过区域的土壤理化特性和当地的地质、地貌、气候条件有关，也与公路路域植被建植技术有关。传统的人工植树种草方法更多关注栽种问题，受技术条件的限制难以将土壤调控和植物栽种一次性同时解决，新型的机械建植技术如客土喷播或厚层基材喷播，由于有机械的帮助，可以将路域土壤调控问题和植物栽种问题一次性同时解决，为路域植被的快速恢复提供了保证。从公路生态建设及植被恢复施工现场勘查来看，西部公路路域土壤肥力调控技术普遍存在的问题是所使用的回填客土或喷播基质，不论是物理性质（粒径、团粒结构等）还是化学性质（氮、磷、钾、有机质）都很差。由此可知，必须花大力气开展西部公路路域土壤肥力调控技术研究，公路路域植被恢复的质量才能从根本上得到保证。

一、路域土壤的主要改良途径

（一）路域土壤理化性质调控技术

公路路域土壤中的许多因素直接或间接地影响土壤肥力的某一方面或所有方面，归纳起来，土壤肥力可以从土壤质地、土壤养分、土壤酸碱性等3个方面来考虑，对公路路域土壤肥力的调控也可以从这些方面的调控技术入手。

1. 路域土壤质地的调控

常见的土壤结构有块状结构（缺乏有机质的黏性土、死黄土，常称为坷垃）、片状结构（砂性土，砂性土壤常出现结皮、板结层）、柱状结构（半干旱地带的心土层和底土层，以碱土和碱化土最典型）、团粒结构（耕作土壤）。团粒结构是最理想的土壤结构，对土壤肥力有重要影响。

公路路域土壤结构调整的主要措施是增加土壤有机质的含量，例如施用有机肥，加入腐殖土、泥炭（草炭）。另外，可使用土壤结构改良剂，例如使用一些高分子聚合物—聚乙烯醇、聚丙烯酰胺（保水剂）。改变土壤砂黏比例也是方法之一。

土壤的通透性与土壤质地有关。黏性土，特别是从地下3～5m以下翻上来的生土，没有团粒结构，可塑性非常强，干时收缩，成为硬块，可以扯断植物的细根和根毛，并造成透风保熵的裂隙；湿时膨胀，成为稀泥，使土壤难以透气、透水。砂土，没有膨胀性，保水保肥性能很差，在干旱季节砂土中的水分迅速蒸发，坡面上砂砾也很容易随外力移动，造成水土流失或风蚀。因此，改善公路路域土壤通透性的主要方法是黏性土掺入砂粒，砂土中加入一些黏土，即掺砂掺黏。

2. 路域土壤养分的调控

公路路域土壤养分调节的主要方法是施加无机肥料（化学肥料），这种肥料的特点是养分含量高、肥效快、施用和储运方便。主要施用的无机肥料是氮肥（尿素）、磷肥（过磷酸钙）、钾肥（氯化钾）、氮磷复合肥（氨化过磷酸钙）、氮钾复合肥（硝酸钾）和磷钾复合肥（磷酸二氢钾）。施用方法是拌入土壤之中。考虑到边坡的土壤不可能像耕作土壤那样经常翻耕补充养分，只能是在边坡生态工程中的改土阶段实施，因此更提倡速效肥与缓释肥的共用。

3. 路域土壤酸碱性的调控

我国长江以北地区的土壤多属中性至碱性土壤，长江以南地区的土壤多属酸性和强酸性土壤。土壤的酸碱度分级见表3–4。

土壤酸碱度分级　　表3–4

酸碱性	强酸性	酸性	中性	碱性	强碱性
pH值	<5.0	5.0～6.5	6.5～7.5	7.5～8.5	8.5

路域酸性土壤的调节一般采用石灰，农村烧柴中的草木灰也有较好的效果；路域碱性土壤的调节一般采用石膏、硫酸铁、明矾和硫磺。

（二）西部不同区域的土壤调控技术

1. 西南地区公路路域土壤调控方法

西南地区主要包括西部地区的陕西中南部、四川、云南、贵州和广西等地区，该区域公路路域土壤主要以红壤、棕壤土为主。西南地区地形复杂，公路建设土方工程量大，边坡类型众多，路域生态建设中土壤肥力的调控有相当的难度。西南地区雨水充沛，这对路域植被恢复是有利因素，但充沛的降水也会对公路边坡产生冲刷，边坡表层土壤流失会制约路域植被的正常恢复。

目前，西南地区公路路域土壤调控技术主要为骨架内回填客土和植被喷播基材。由于回填的客土比较松软，当边坡比较陡、客土表面又没有保护层时，在降雨的冲刷下，客土和其中的有机成分很容易流失，所以应在回填客土后在骨架表层覆盖植生网或三维网，例如覆盖无纺布就可以在苗期起到保护回填客土的作用。植被喷播所形成的基材覆盖层应具有足够养分含量（改良有机成分）和抵御降雨冲刷的能力（改良黏合剂），种子发芽后根系可以迅速获取水分和养分，从而达到快速绿化公路路域的效果。

2. 西北干旱区公路路域土壤调控方法

西北干旱区是广阔的欧亚大陆草原、荒漠区的一部分，西北干旱区公路路域大多数位于黄土区，气候干旱、地貌复杂、土质疏松、土壤瘠薄、水土流失严重。西北地区生态环境脆弱，土壤发育状况及养分含量远不及西南地区，而且土壤呈碱性，沙砾含量大，保肥性和保水性都很差。

目前，西北地区公路路域土壤调控技术主要体现在对西北地区路域土壤（客土、植生基质）调配处理上，采取相应保墒措施和保水措施，解决路域土壤的盐渍化问题和跑肥跑水问题。西北地区公路路域土壤（客土、植生基质）的改良可以从两方面入手，一方面是在公路路域土壤表层采取覆盖植生网或三维网措施，阻止路域土壤养分和水分流失；另一方面是在路域土壤（客土、植生基质）中添加特定改良剂和肥料，以提高土壤的保水性和植物抗碱性，改善公路路域土壤（客土、植生基质）的理化性质，本质上提高路域土壤的适种能力，大大改善西北干旱区公路路域植被恢复能力。

3. 青藏高原区公路路域土壤调控方法

青藏高原区公路路域涉及的土壤环境敏感而脆弱，高原脆弱土壤环境遭到破坏后很难改良或重建，高原公路路域植被恢复完全靠公路建设破坏后的土壤环境很难培育恢复。青藏高原区公路路域的土壤主要为高山草甸土、寒漠土、高山漠土，这三类土壤由于其独特的特性与其他两区域存在很大差异。青藏高原区广泛分布有高寒灌丛、高寒草甸、高寒荒漠等植被类型。高寒植被环境是极其脆弱的寒区生态环境，易受外界因素干扰，一旦遭受严重破坏，长期不能够恢复。如青藏公路建设，大量开挖引起地表植被破坏，30年尚未完全恢复，仅有部分地段开始生长少量植被。公路建设的同时也改变了下垫面条件，使土地沙化现象增加。所以，对于青藏高原区公路路域土壤的改良必须根据该地区路域主要的种植植物特点和种植

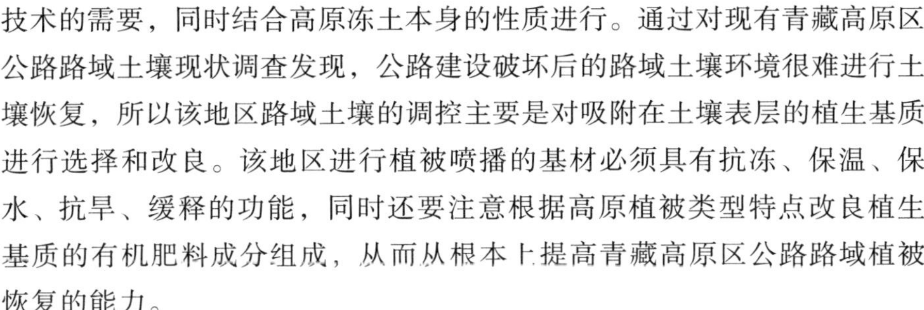

技术的需要，同时结合高原冻土本身的性质进行。通过对现有青藏高原区公路路域土壤现状调查发现，公路建设破坏后的路域土壤环境很难进行土壤恢复，所以该地区路域土壤的调控主要是对吸附在土壤表层的植生基质进行选择和改良。该地区进行植被喷播的基材必须具有抗冻、保温、保水、抗旱、缓释的功能，同时还要注意根据高原植被类型特点改良植生基质的有机肥料成分组成，从而从根本上提高青藏高原区公路路域植被恢复的能力。

（三）不同工程技术的调控方法

1. 回填（或换填）客土的调控方法

我国许多公路边坡和中央分隔带经常出现一年绿、二年黄、三年死亡的问题，很重要的原因之一就是忽视了路域客土土壤的改良，只是简单地把草种播撒在缺少土壤或土壤肥力极差的客土表面所致。回填（或换填）的客土改良处理方法通常有以下两种方式。

（1）添加土壤改良剂。添加土壤改良剂改良土壤是在现代化工的基础上发展起来的有别于传统土壤改良方法的新方法。土壤改良剂在一定程度上能够松土、保湿、改良土壤理化性状、促进植物对水分和养分的吸收，尤其最近几年高效低用量土壤改良剂的出现及其使用方法的不断改进和成本的逐渐降低使土壤改良剂普遍使用成为可能，而且该项技术易于推广、见效快。

（2）施加肥料。增施有机肥料、种植绿肥和合理施用化肥，不仅有利于公路路域植被的快速生长，而且有利于路域土壤肥力的恢复与提高。对于某些不良土壤（酸性土壤、碱土和盐土）要借助化学改良剂和灌溉施肥等手段进行综合改良，消除障碍因素，以提高肥力水平。此外还要因地制宜合理安排路域边坡和中央分隔带草灌乔的种植，促进生物物质的循环和再利用，同时还可防止公路路域的水土流失、风蚀、次生盐渍化、沙漠化等各种土壤退化现象的发生。

2. 植被喷播技术的调控方法

（1）喷播专用保水剂。喷播专用保水剂是一种无毒、无害的高分子聚合物，能够吸收自身重量 400 倍左右的水分，具有快速吸水、缓慢释放、促进植物吸收的特点。它能够增强土壤和基质的保水保肥能力，改善土壤的团粒结构，持续供应植物生长所需水分，抗旱抗逆、节水省肥。保水剂的使用能够明显提高植物种子的生根发芽率，保证乔灌木及草坪、花卉的生长质量，延长绿期。保水剂的使用应根据种植地的地质地貌条件，土壤性质、气候条件以及植物种子和种植方式，采用不同的型号、配方。

（2）喷播专用黏结剂。喷播专用黏结剂是一种有机高分子材料，系水溶性土壤调节剂。它施加在混合浆中可以起到润滑作用，防止纤维结团，降低喷浆阻力。喷播后提供了纤维与土壤及纤维之间更强的黏结力，防止风和雨水造成覆盖物或土壤流失。在干燥炎热的天气里，覆盖物形成的表层膜可以封闭潮气，降低土壤及纤维的水分蒸发量，提高土壤的渗透力、保水力和缓释性能。

（3）喷播专用多功能保水剂。喷播专用多功能保水剂——钾基丙烯酰胺/丙烯酸高分子共聚物，是国际上最新型的高分子保水材料。从技术角度讲，它的创新点在于以高分子技术、螯合技术、生态环境技术为基础，以有机活性基团为平衡物质，利用有效官能团的多个配位点将抗旱保水、营养及生根促长等多种物质配位、螯合、重组，并使其产生加合作用，以参与植物的生理代谢，促进植物生长。从功能角度讲，它的创新点在于将多种功能集于一身，兼具保水剂、抗旱剂、缓释剂和土壤改良剂等功能，给植物的成活与生长提供了全面的保障。

（4）喷播专用纤维材料。喷播专用纤维材料作为公路路域种植草种、树木、黏结剂、保水剂及肥料等材料的载体，吸水、吸肥性强，草种发芽所需养分仍通过纤维提供，待草种发芽根系进入土壤后，纤维材料便逐渐分解，变成土壤养分。

公路路域植被喷播常用的草种、土壤改良剂、保水剂、黏结剂和纤维材料的搭配比例，决定于施工地点的土质、坡度、气候条件等。采用土壤改良喷播法，能对泥页岩边坡和陡峭边坡进行强制绿化，有效地控制水土流失，达到美化、护坡及降低成本的目的，其美化绿化效果及生态效益则是其他护坡方法所无法比拟的。

二、路域原生表土的保存和利用

表层土壤是指高速公路施工前，原生土壤的表层。它包括农用土壤的上表耕作层，林地、灌丛草地根系密集的表层，相当于土壤剖面的A层和AB层，是路域植被生长必要的土壤基质。它不仅养分和结构条件好，而且含有当地乡土植物的种子和繁殖体，是快速恢复当地原生植物群落的重要物质基础。因此，高速公路建设之初，就应珍惜这层可带来生物活力的表层土壤，建议在破土动工之前先将0～20cm或30cm表土铲取，并全部加以收集，储存于整理场地周围，必要时用塑料膜遮盖，避免暴雨淋刷而使肥沃土壤大量流失，以后可分配在需要开展生态建设的路域各个部位。

第四节　路域植被建植技术适用性研究

路域植被建植技术是根据公路植被恢复的特点和施工需要而被人们提出来的，如客土喷播技术主要针对条件较差的土质边坡，植生基质喷播和连续纤维喷播主要针对岩石边坡，三维土工网和棉网状植生带更多地考虑了防雨蚀等问题，即不同的植被建植技术对不同的自然条件及立地条件均有各自的特点和针对性。在路域生态工程设计中要充分考虑到植被建植技术的适用性。适用性分析包含适用区域和适用路段两个方面的问题。

一、区域适用性分析

（一）生态工程技术区划原则

1. 以水热因素的地域分异规律为依据

自然因素特别是温度、降水及因地形影响而产生的再分配即水热组是影响植被建植技术操作性及施工效果的决定性因素，而且植被本身的自然特性也与所在地区的水热条件具有密切的联系。因此，在确定路域生态工程技术分区时，首先应考虑水热因素的地域分异。

2. 有利于路域植被恢复生态工程设计

路域生态工程技术区划的主要目的是为路域植被恢复工程设计提供建植技术的选择，因此，区划工作应有利于生态工程设计工作的顺利展开。

（二）生态工程技术区划的分级标准与命名方法

西部地区公路路域生态工程技术区划是反映植被建植技术的区域适用性，有别于一般意义上的自然区划，不存在较明显的区域共轭性，其主要划分依据为水热条件差异，因此，本区划拟采用二级分区。

一级区划是按照全国公路自然区划的一级区划标准和界限对西部地区进行分区。虽然公路自然区划的目的是区分不同地理区域自然条件对公路工程影响的差异，但其均温等值线和三个阶梯的两条等高线的一级区划标准反映出的各区域生态环境特点，尤其是区域植被类型的差异，决定了植被恢复最终目的的不同，从而体现出植被建植技术应用上的区域差异性。因此，本次一级区划将西部地区划分为北部湿润区、东部湿润区、黄土高原干湿过渡区、西南潮暖区、西北干旱区和青藏高寒区6个大区。

二级区划仍以气候和地形为主导因素，其中按照干燥度（蒸发量/降水量）全年值大小分为四个等级：湿热（＜1.0）、半湿润（1.0~1.5）、半干旱（1.5~2.0）和干旱（＞2.0）。根据生态工程技术特点将西部地区的地表形态分为三个等级：高原和平原、丘陵（台地地表形态划归到丘陵中）及山地。

（三）建植技术选择的原则

区域自然适用性和工程成本经济性相结合的原则。本原则是指在建植技术区域适用性分析上主要考虑工程技术本身受自然条件限制的因素，而不包括大幅度增加工程成本等人为行为来改变区域小环境以适应工程实施的情况。

（四）建植技术选择的依据

温度、降水及蒸发量是影响植被建植工程效果的主要因子，根据建植技术受自然条件限制的幅度，选择适用的植被建植技术。

（五）生态工程技术区划

西部生态工程技术区划见附图2。代码说明如下：

I　北部湿润区

I1　北部山地湿润地区

I2　北部山地半湿润地区

II　东部湿润区

II1　东部平原半湿润地区

II2　东部山地半湿润地区

II3　东部平原半干旱地区

II4　东部山地半干旱地区

III　黄土高原干湿过渡区

III1　黄土高原半湿润地区

III2　黄土高原半干旱地区

III3　黄土高原干旱地区

Ⅳ　西南潮暖区

Ⅳ1　西南山地湿润地区

Ⅳ2　西南丘陵湿润地区

Ⅴ　西北干旱区

Ⅴ1　西北平原、高原半干旱地区

Ⅴ2　西北平原干旱地区

Ⅴ3　西北山地干旱地区

Ⅴ4　西北山地半干旱地区

Ⅴ5　西北丘陵干旱地区

Ⅵ　青藏高寒区

Ⅵ1　青藏山地湿润地区

Ⅵ2　青藏山地半湿润地区

Ⅵ3　青藏高原干旱地区

Ⅵ4　青藏山地干旱地区

（六）各分区的主要生态环境因子

经过文献资料的查阅、整理和归纳，概括了6大分区的主要环境特征，结果列于表3–5。

各分区主要环境特征　　表3–5

一级区	二级区	年平均气温（℃）	>10℃年积温（℃）	降水量（mm）	干燥度	植被类型
Ⅰ	$Ⅰ_1$	-8~-2	500~1 600	400~500	< 1.0	寒温带、温带山地落叶针叶林
	$Ⅰ_2$	-6~0	500~3 200	400~600	1.0~1.5	温带针阔叶混交林
Ⅱ	$Ⅱ_1$	0~4	1 600~3 200	400~600	1.0~1.5	温带禾草、杂类草草原
	$Ⅱ_2$	-2~4	500~3 200	400~600	1.0~1.5	温带禾草、杂类草草原
	$Ⅱ_3$	2~6	1 600~3 200	300~500	1.5~2.0	温带典型草原
	$Ⅱ_4$	2~6	500~3 200	400~600	1.5~2.0	温带禾草、杂类草草原
Ⅲ	$Ⅲ_1$	6~14	1 600~4 500	500~800	1.0~1.5	温带、亚热带高寒草原
	$Ⅲ_2$	6~10	1 600~3 200	200~400	1.5~2.0	暖温带典型草原
	$Ⅲ_3$	2~8	1 600~3 200	150~300	> 2.0	暖温带典型草原
Ⅳ	$Ⅳ_1$	6~20	500~9 000	> 1 000	< 1.0	热带湿润常绿、落叶阔叶混交林
	$Ⅳ_2$	14~20	5 100~6 400	800~1 800	< 1.0	亚热带湿润常绿阔叶林

续上表

一级区	二级区	年平均气温（℃）	>10℃年积温（℃）	降水量（mm）	干燥度	植被类型
V	V_1	-6~2	500~3 200	200~500	1.5~2.0	温带典型草原
	V_2	2~8	1 600~4 500	150~500	>2.0	暖温带干旱半灌木、灌木荒漠，温带干旱半灌木、小乔木荒漠
	V_3	-8~-2	<1 600	150~200	>2.0	温带山地草原、寒温带针叶林
	V_4	-8~-2	<3 200	200~500	1.5~2.0	暖温带山地半荒漠、草原区
	V_5	6~12	3 200~4 500	<100	>2.0	暖温带裸地荒漠、稀疏灌木、半灌木荒漠
Ⅵ	$Ⅵ_1$	-4~22	0~10 000	500~900	<1.0	高原高寒草甸、草原
	$Ⅵ_2$	-10~-2	<3 200	400~600	1.0~1.5	高寒草原
	$Ⅵ_3$	-10~6	<1 600	<200	1.5~2.0	高寒荒漠草原，暖温带山地矮灌木、半灌木、裸露石山荒漠
	$Ⅵ_4$	-10~-2	<500	<500	>2.0	高寒矮灌木、硬叶苔草荒漠，高寒山谷温性荒漠，高原高寒温性草原

（七）结论

根据施工方式的不同，路域植被建植技术可分为人工建植技术、机械建植技术和人工+机械复合建植技术。其中人工建植技术包括铺草皮、播种、移栽等技术；机械建植技术包括各种喷播技术；人工+机械复合建植技术包括植生带、生长袋、三维土工网、刚性框架内植草等技术。

人工建植技术的适用区域问题不明显，原因在于不论是穴播、条播还是移栽，施工人员可以根据当地的气候和土壤特点随机调整播种密度或深度，但机械建植技术则不同，特别是该技术的适用区域还需要进一步探讨。

机械建植技术的特点归纳起来有三点：播种均匀速度快、喷播材料全面覆盖作业面、防止坡面浅表性不稳定（水土流失）发生。不论是湿法喷播（液压喷播、客土喷播）还是干法喷播（植生基质喷播、连续纤维喷播），都是在坡面上形成一种由喷播材料构成的连续性的覆盖层，如果在气候湿润的地区，雨水充沛，喷播后会很快在作业面形成覆盖度较高的植被层，但在气候半湿润、半干旱或干旱地区，情况就大不一样。

半湿润气候区地带性植被为森林草原或草甸草原，自然状态下的地表植被覆盖率可以达到80%以上，从理论上来说，采用喷播技术使作业面完全被植被（草本、灌木、地被植物等）覆盖是可能的。半湿润气候区年降水量约为400～500mm，降水量季节分配不均匀，通常是水热资源集中在夏季，春季干旱。如果植被恢复施工在春季进行，由于喷播材料的蒸发能力远大于土壤，使用喷播技术时必须要与保墒技术和浇水相结合，否则喷播后喷播材料层将迅速干燥龟裂，干燥后喷播材料层的硬度将达到25mm以上，种子难以发芽，施工效果将受到严重影响（表3-6）。

土壤硬度与植物生长发育之间的关系　　表3-6

土壤硬度	植物发育状况
＜10mm	土壤松软易干燥，导致植物发芽受影响； 坡度较大时，土壤易滑落
黏性土 10～23mm 砂性土 10～27mm	利于植物根系生长发育，适宜草本植物繁殖； 适宜木本植物栽种
黏性土 23～30mm 砂性土 27～30mm	除了一部分木本植物之外，根系的生长发育受到影响
＞30mm	根系的发育生长几乎是不可能的
软岩、硬岩	在岩石表面有龟裂的条件下，木本类植物的根系生长发育是可能的

注：表中土壤硬度为日本山中式土壤紧实度计测量所得。

半干旱气候区地带性植被为干草原，自然状态下的地表植被覆盖率在50%~60%，从理论上来说，在没有人为干预条件下采用喷播技术使作业面完全被植被（草本、灌木、地被植物等）覆盖是不可能的，因此即便采用喷播技术进行植被恢复施工，也难以达到湿润气候区和半湿润气候区那种植被恢复效果。半干旱气候区年降水量约为250~400mm，蒸发量远大于降水量，春季不仅干旱而且多大风，夏季有时有暴雨发生，液压喷播技术不适合在半干旱气候区应用，主要原因是半干旱地区的土壤湿度很低，干土层在10cm左右，而液压喷播形成的材料覆盖层非常薄，一般就在1~2mm，即使与保墒措施相结合，也难以抵抗强烈蒸发的影响。春季施工喷播后会很快干燥形成结皮，在大风作用下流失；夏季施工幼苗容易受高温危害，遭遇暴雨时喷播层也容易流失。客土喷播或植生基质喷播在半干旱气候区的部分地区（年降水量＞300mm）可以有条件地应用，主要条件是：①喷播基质内要混合适量的保水剂；②实施覆盖物保墒措施（覆盖草帘子等）；③施工第一年经常的人工浇水；④物种选择合理、播种量适中、植被覆盖率的期望值与当地自然植被覆盖在同一水平。

干旱气候区地带性植被为荒漠草原，自然状态下的地表植被覆盖率在20%～30%，部分地区甚至更低。如此低的自然植被覆盖率，对公路生态建设来说是不适合采用喷播技术的，不仅仅是施工效果的问题，在施工成本上也是不经济的。但传统的人工建植技术（穴播、条播、移栽等）又难以解决保水、保肥、防侵蚀等问题，因此建议采用以耐老化材料为面料的植生袋技术。采用植生袋技术的主要优势为：植被覆盖率可调节，容易与当地气候特点相适应；通过调配植生袋内基质，能同时解决保水、保肥、防侵蚀等问题；能够发挥生物岛效应。

二、路域植被建植技术适用性分析

路域植被建植技术适用性主要是指各种植被建植技术适用的不同边坡情况，包括边坡类型（土质边坡、石质土边坡、岩石边坡等）、坡率、坡高及边坡稳定性等方面。

（一）边坡分类

边坡分类的目的是为了更好地从不同的角度认识边坡的性质，以便选取适当的植被建植技术。坡面有一定厚度表土的自然边坡，恢复植被比较容易，但对于人工边坡特别是人工开挖出的整体结构、块状结构、层状结构等类型的岩质边坡，以及肥力贫瘠的土质边坡，其坡面不具备植物生长的条件，要使坡面自然长出植被，需要经过较长时间的风化成土及植被演替过程，不能快速稳定公路边坡。这样，就必须采取一定的工程措施，提供植物生长所需的部分条件，例如坡面铺设一定厚度而且肥效较好的客土，才能在短期内恢复植被。对于高陡边坡即使提供了客土，还必须采取其他工程措施，使客土附着于坡面，植物才能生长。一般边坡坡度较小而且高度较低，有些土坡坡面本身就有一定肥效的表土，客土能够稳固地附着于坡面，采用简单工程措施和常规的植被建植技术就能恢复植被，因此各类边坡植被恢复的难易程度不同，不同边坡情况要选择适当的植被建植技术。

几种边坡情况的分析见表3-7~表3-9。

边坡类型和基质状况 表3-7

边坡类型	植物生长所需基质状况
土质边坡	一般坡面可直接作为植物生长基质，若土壤肥效贫瘠，则需要进行土壤改良或覆盖基质
岩质土边坡	一般坡面进行处理后可直接作为植物生长基质，若土壤肥效贫瘠，则需要进行土壤改良或覆盖基质
岩质边坡	需要在坡面上另行覆盖植物生长所需基质

不同坡度植物群落设计　　表3-8

坡　度	植物群落设计
缓于1：1.7 （30°以下）	可以恢复以乔木为主的植物群落，周边的本地种容易侵入，植物生长容易形成植被覆盖层的话，边坡表面几乎不发生土壤侵蚀
1：1.7～1：1.4 （30°～35°）	35°以下的边坡如果不做植物防护，周边植物的自然入侵可以形成植物群落
1：1.4～1：1.1 （35°～45°）	可以建造以草本覆盖地表，以中、低高度乔木为主的植物群落
1：1～1：0.8 （45°～50°）	可以建造由低矮乔木和草本构成的植物群落，种植高大乔木的话，会导致坡面不稳定
陡于1：0.8 （50°以上）	如恢复以草本为主的植被，必须结合加固坡面的工程措施

边坡稳定性和防护措施　　表3-9

稳 定 性	防 护 措 施
稳定边坡	坡度缓和时可只进行生态防护 坡度较陡时与工程措施相结合
不稳定边坡	生态防护+工程防护
极不稳定边坡	生态防护+工程防护

（二）路域植被建植技术适用性分析

从边坡类型上来看，铺草皮、人工播种、人工移栽、液压喷播和纸质植生带等技术适用于土质边坡；三维土工网、土工格室、客土喷播和六角形混凝土空心块植草等技术适用于石质土边坡；植生基质喷播、连续纤维喷播、刚性骨架植草和混凝土预制件植草等技术适用于岩石边坡。

从坡率来看，植生基质喷播、连续纤维喷播、刚性骨架植草和混凝土预制件植草等技术适用于1：0.8～1：1.0的边坡，其他技术适用的坡率一般都在1：1.0以下。不同路段适用的建植技术和各种建植技术适用的路段条件分别见表3-10和表3-11。

不同路段适用的国内常用建植技术　　表3-10

<table>
<tr><th>边坡类型</th><th>坡　率</th><th>坡　高</th><th>边坡稳定性</th><th>护 坡 方 法</th></tr>
<tr><td rowspan="3">土质边坡（包括路堤、路堑边坡）</td><td>坡率<1：1.5</td><td>一般不超过10m或每级高度不超过10m</td><td rowspan="2">稳定边坡</td><td>铺草皮、人工播种、纸质植生带、液压喷播、棉网状植生带、三维植被网</td></tr>
<tr><td rowspan="2">坡率
1：1.5~1：1.0</td><td rowspan="2">每级高度不超过10m</td><td>棉网状植生带</td></tr>
<tr><td>深层稳定边坡</td><td>刚性骨架植草</td></tr>
</table>

续上表

边坡类型	坡　率	坡　高	边坡稳定性	护 坡 方 法
土质边坡（包括路堤、路堑边坡）	坡率 1：10~1：0.8	每级高度不超过10m	稳定边坡	植生基质喷播
	坡率>1：1.0		稳定性很差	钢筋混凝土框架内填土植草
石质土路堤边坡	坡率<1：1.5	一般不超过10m或每级高度不超过10m	稳定边坡	纸质植生带、液压喷播、棉网状植生带、三维植被网
	坡率 1：1.25~1：1.5	一般不超过10m或每级高度不超过10m		纸质植生带、液压喷播、棉网状植生带、三维植被网
		每级高度不超过10m	深层稳定边坡	刚性骨架植草
	坡率 1.25~1：1.0		稳定边坡	棉网状植生带、客土喷播
			深层稳定边坡	刚性骨架植草
	坡率>1：1.0		稳定边坡	植生基质喷播
			稳定性很差	钢筋混凝土框架内填土植草
石质土路堑边坡	坡率<1：1.0	每级高度不超过10m	深层稳定边坡	刚性骨架植草
	坡率>1：1.0		稳定边坡	植生基质喷播
			稳定性很差	钢筋混凝土框架内填土植草
石质路堤边坡	坡率<1：1.0	每级高度不超过10m	深层稳定边坡	刚性骨架植草
	坡率>1：1.0		稳定边坡	植生基质喷播
			稳定性很差	钢筋混凝土框架内填土植草
石质路堑边坡	坡率<1：1.0	每级高度不超过10m	深层稳定边坡	刚性骨架植草
			稳定边坡	土工格室植草
	坡率>1：1.0		稳定边坡	植生基质喷播
			稳定性很差	钢筋混凝土框架内填土植草

国内常用建植技术适用条件　　表3-11

建植技术	适用边坡类型	适用坡率	坡　高	稳定性	施 工 季 节
铺草皮	土质边坡（路堤、路堑）	<1:1.5	一般不超过10m	稳定边坡	春季、夏季和秋季可施工，适宜施工季节为春秋两季
人工播种	土质边坡（路堤、路堑）、石质土路堤边坡	<1:1.5	一般不超过10m	稳定边坡	春季、夏季和秋季可施工，适宜施工季节为春秋两季
纸质植生带	土质边坡（路堤、路堑）	1:1.5~1:2.0，坡率超过1:1.25时应结合其他方法使用	一般不超过10m	稳定边坡	一般施工应在春季和秋季进行，应尽量避免在暴雨季节施工

续上表

建植技术	适用边坡类型	适用坡率	坡　高	稳定性	施工季节
棉网状植生带	土质边坡（路堤、路堑）、石质土路堤边坡	<1:1.0	每级高度不超过10m	稳定边坡	春季、夏季和秋季可施工，适宜施工季节为春秋两季
液压喷播	土质边坡（路堤、路堑），土石混合路堤边坡经处理后可用	1:1.5~1:2.0，坡率超过1:1.25时应结合其他方法使用	每级高度不超过10m	稳定边坡	一般施工应在春季和秋季进行，应尽量避免在暴雨季节施工
三维植被网	土质边坡（路堤、路堑），强风化岩石边坡、土石混合路堤边坡经处理后可用	常用坡率1:1.5，一般不超过1:1.25，陡于1:1.0时慎用	每级高度不超过10m	稳定边坡	一般施工应在春季和秋季进行，应尽量避免在暴雨季节施工
土工格室植草	泥岩、灰岩、砂岩等岩质路堑边坡	<1:1.0，陡于1:1.0时慎用	每级高度不超过10m	稳定边坡	一般施工应在春季和秋季进行，应尽量避免在暴雨季节施工
客土喷播	土质边坡（路堤、路堑），石质土路堤边坡经处理后可用	常用坡率1:1.0~1:1.5，陡于1:1.0时慎用	每级高度不超过10m	稳定边坡	一般施工应在春季和秋季进行，应尽量避免在暴雨季节施工
植生基质喷播	土质边坡（路堤、路堑），石质土边坡和岩石边坡	常用坡率1:1.0~1:0.8，陡于1: 0.8时慎用	每级高度不超过10m	稳定边坡	一般施工应在春季和秋季进行，应尽量避免在暴雨季节施工
刚性骨架植草	土质边坡（路堤、路堑），石质土边坡和岩石边坡	常用坡率1:1.0~1:1.5，陡于1:1.0时慎用	每级高度不超过10m	深层稳定边坡	一般施工应在春季和秋季进行，应尽量避免在暴雨季节施工
钢筋混凝土框架内填土植草	土质边坡（路堤、路堑），石质土边坡和岩石边坡	高陡边坡，坡率陡于1:1.0	高度不超过10m	稳定性很差	不受限制

第四章
边坡和中央分隔带植被建植技术研究

第一节　边坡植被建植技术

边坡是公路路基的重要组成部分，边坡植被建植及生态恢复是公路路域生态建设的主要内容之一，对保证公路路基安全、公路行车安全和公路生态安全具有重要意义。由土方工程所形成的公路边坡改变了原有的地表状态，这些边坡存在的问题主要包括：地表基底稳定性问题、土壤结构问题、植物群落及生物多样性问题和水分运动问题。

要在边坡上重建植被系统，达到坡面防护和生态恢复的双重目的，必须要增加坡面基底的稳定性，改良坡面土壤，通过播种或移栽等方法重建植物群落，改善排水条件，减少坡面水土流失。而完成这些工作，仅依靠传统技术和方法很难实现，要依据生态学、土壤学、林学、农学、土木工程学和机械工程学等原理，利用土工材料与植物相结合，通过人工或机械的方法，在坡面构筑一个具有自生长能力的功能系统，在土工材料的辅助下，通过植物根系固土以及植物蒸腾，防止雨水入渗和对边坡的冲蚀，增加土体的抗剪能力，减小孔隙水压力和土体自重，提高边坡的稳定性和抗冲刷能力，达到边坡防护和生态恢复的双重目的。

一、人工播种技术

人工播种是边坡植物防护的一种传统方法，即通过人工方式将植物种子直接播撒在坡面上，种子直接与边坡表层的土壤相接触，当土壤的温度和水分条件适宜时，种子就可以在土壤中发芽生根并生长发育，最终在坡面形成植被群落，达到恢复植被、保护坡面的目的。该技术应用广泛，施工简单方便，投资少，不需要更多的机械设备或辅助材料。根据播种方式的不同，人工播种技术可分为撒播、条播和穴播三种方式。

（一）适用区域

人工播种可适用于我国从湿润到干旱、从寒温带到热带的广大地区。

（二）适用坡形与坡质

一般情况下，人工播种适用于土质边坡，但如果设计要求不是很高的话，也可以用于石质土边坡。撒播方法只适用于缓坡，适宜坡度为30° 左右，要求边坡土质较软。条播和穴播的适宜坡度可达45° 左右。

（三）施工季节

人工播种后种子容易受降雨侵蚀而流失，因此施工季节应该避开暴雨集中的时段，此外，长江以南地区高温炎热的夏季和北方地区严寒的冬季，都不适宜人工播种和施工。

（四）播种深度与施工方法

人工播种的播种深度可根据种子的生物学特性进行调整，例如草种的播种深度一般为2~3cm，灌木的播种深度为3~5cm，有硬壳的乔木种子播种深度可在5cm左右，其余的乔木种子为3~5cm。人工播种的施工方法分为以下四个步骤进行。

步骤一，坡面处理。清除坡面所有石块及一切杂物，开挖水平阶地、水平槽或穴坑，有条件时应灌足底水，以利保墒。

步骤二，施肥播种。撒播可直接将种子及拌料撒向坡面。条播和穴播要把底肥施入水平阶地、水平槽或穴坑，略微覆土后播种。

步骤三，覆土拍实。在撒播的坡面上覆盖过筛细土，并覆土拍实。在条播和穴播的坡面上，将已经播种过的水平阶地、水平槽或穴坑填土压实。

步骤四，浇水养护。人工播种后即可浇水，最好用喷淋方式进行，避免水柱直冲，水量以保持地表湿润为宜。出苗后可逐渐减少浇水次数，但要加大浇水量，一次性浇透。

（五）物种选择要求

人工播种对植物物种没有特殊要求，乔灌草植物种子都可以人工播种，既可以单播，也可以混播。一般情况下，草种应在水中浸泡后再播种，有硬壳的灌木和乔木种子在播种前应做适当处理，例如沙埋、破皮、热水浸泡或化学药品处理等。

（六）主要设备及使用

人工播种不需要专用设备，通常情况下使用锹、镐和各种容器就可以进行。

（七）主要材料及配比

人工播种使用的主要材料有植物种子、过筛壤土、肥料和土壤改良剂等。

（八）施工流程

清坡──→开沟挖穴──→播种──→覆土──→养护。

（九）技术要点

（1）清坡时要着重对坡面土质进行调整，包括：松土、耧细、耙平、施底肥、浇水保墒等。

（2）人工播种方法对降雨产生的坡面侵蚀抵抗力很小，如果施工后遇到较大的降雨，很容易发生种子流失，因此施工后应及时采取防护措施，例如覆盖草帘子、无纺布、遮阳网等。这些覆盖物既可以防止降雨带来的水土流失，又可以减少土壤蒸发，起到防蚀保墒的双重效果。待种子发芽幼苗生长到5~6cm高，或2~3个叶片时，再揭开覆盖物。在揭开覆盖物之前应适当露苗锻炼，然后逐步揭开，不能在晴天猛然揭开，以防止高温对幼苗的危害。

（3）如果采用无纺布进行防蚀保墒，在覆盖之前一定要浇透水，因为无纺布的透水性较差，对人工浇水或雨水有明显的阻隔作用，如果坡面土壤底墒不好，用无纺布覆盖后会对种子发芽有不利影响。

（4）人工播种后的浇水养护一定要小水滴细水流的方法，避免大水头对坡面的冲刷。初次浇水一定要浇透，以后每日都要浇水，直至出苗。

二、液压喷播技术

液压喷播也称水力喷播、液体喷播或湿式喷播，是将种子、肥料、有机纤维、土壤改良剂、黏合剂、染色剂等与水充分混合后，用大功率喷射器将其喷射到平整好的坡面上并形成均匀覆盖层的一种高效绿化技术（图4-1）。

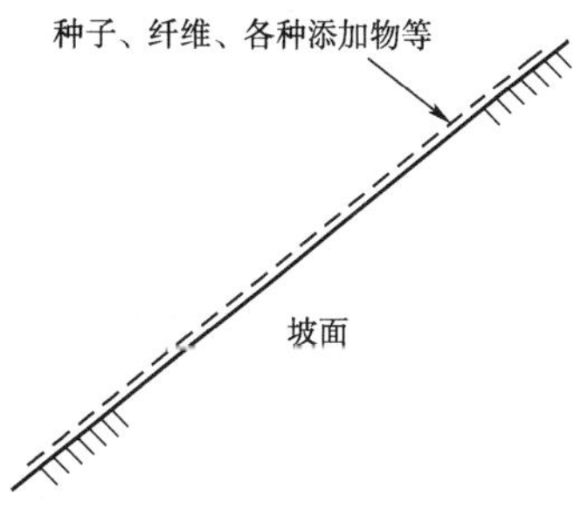

图4-1　液压喷播示意图

液压喷播技术原理是以水为载体进行种子喷射播种，其喷射物是混合浆液，由于其中加入了纤维物（例如木纤维等）、粒状物（例如种子、肥料等）、粉状物（例如黏合剂等）等。当这种混合浆液喷射到土壤表面后，可在土壤表面形成一种均匀的毯状覆盖物，覆盖物依靠纤维的交织性和溶液的黏性相互连接并与土壤紧密结合，并且使植物种子外表层形成胶状膜。这种胶状膜既可以固定保护种子，防止水土流失，又可以为种子提供水分和养分条件，成为种子初期发芽生长的良好培养基。该技术特点是：①施工效率高，成本低；②技术含量高；③成坪速度快，草坪覆盖度大；④草坪均匀，质量高；⑤机械化程度高。

（一）适用区域

液压喷播可用于以面状植被恢复为主的各类绿化工程，适用区域主要为湿润区和半湿润区。在半干旱地区如果工地周边有较好的水源条件亦可使用。干旱地区自然植被的覆盖度较低，植物群落多数呈点状（丛状）分布，不建议使用液压喷播技术。

（二）适用坡形与坡质

一般适用于土质路堤边坡，对于土石混合的路堤边坡，经覆土处理后也可以使用。对于填方型的土质路堑边坡，如果土质松软的话，也可以考虑使用。适宜使用液压喷播技术的边坡坡度为1:1.5～1:2.0，坡度超过1:1.25时应结合其他方法一起使用，例如铺设三维土工网并覆土后再实施液压喷播。该技术用于土质较松软、土壤肥力较好的边坡时，施工工程效果比较显著，如果用于坚硬的生土坡面，施工会受到较大影响。

（三）施工季节

南方地区一年四季都可以进行液压喷播施工，但应避开高温炎热的盛夏或暴雨集中的时段。北方地区从春季到秋季也都可以进行液压喷播施工，但在夏季施工时应注意避开阴雨天气，并与防雨水侵蚀措施（如覆盖草帘子、遮阳网等）并用。

（四）厚度标准与施工方法

液压喷播的喷附厚度一般为2～3mm，种子和木纤维等的混合物能覆盖住坡面即可。

施工方法：将草种、木纤维、肥料、保水剂、黏结剂等按一定的比例混合加水搅拌，混合均匀后用液压喷播机将混合浆液喷射到作业面上。

（五）物种选择要求

该技术主要选用草本植物种子，而灌木或乔木种子由于发芽所需时间较长，并且需要阴暗避光的条件，所以不适宜液压喷播。

（六）主要设备及使用

液压喷播所使用的主要设备是液压喷播机，是一种专用设备，目前国内已有厂家专门生产。液压喷播机主要由动力装置、容罐、搅拌装置、水泵和喷枪组成。喷播机的移动形式有车载式和拖车式。

（七）主要材料及配比

喷播材料应满足以下3个条件：①应具有良好的稳定性，能牢固地附着在边坡表面，有效防止风吹和雨水冲刷；②应具有良好的吸水、保水和保肥性能；③应无毒害，保证对草种、幼苗无害，对环境无污染。

液压喷播材料由草种、有机纤维、保水剂、黏合剂、肥料、染色剂和水共同组成。

1. 草种

需要选择纯度高、发芽率高、抗逆性强的草种，最好是几种草种的混合，例如禾本科与豆科混合等。应尽量避免使用单一的草种。

2. 有机纤维

有机纤维包括木纤维、纸纤维、草炭等。木纤维的用量参见表4-1。

木纤维参考用量（单位：g/m^2）　　表4-1

坡面土壤肥力条件	作业面坡度					
	0°	5°	15°	25°	35°	45°
一般	150	160	170	180	190	200
较差	170	180	190	200	210	220
差	190	200	210	220	230	240
很差	210	220	230	240	250	260
极差	230	240	250	260	270	280

注：本表摘自三丰公司相关资料。

3. 保水剂

保水剂按原料来源可分为6类：①淀粉系列；②纤维素系列；③合成聚合物系列；④蛋白质系列；⑤其他天然物及其衍生物系列；⑥共混物及复合物系列。包括高吸水性树脂的共混、高吸水性树脂与无机凝胶的复合物、高吸水性树脂与有机复合物等。保水剂的用量取决于施工地点的气候、土壤、边坡状况等特征，一般说来，坡度越大，用量也相应增多。保水剂的使用量参见表4–2。

保水剂参考用量（单位：g/m^2）　　表4–2

施工地点气候条件	作业面坡度					
	0°	5°	15°	25°	35°	45°
湿润	1.50	1.55	1.60	1.65	1.70	1.75
较干旱	1.60	1.65	1.70	1.75	1.80	1.85
干旱	1.70	1.75	1.80	1.85	1.90	1.95
很干旱	1.80	1.85	1.90	1.95	2.00	2.05
极干旱	1.90	1.95	2.00	2.05	2.10	2.15

注：本表摘自三丰公司相关资料。

4. 黏合剂

喷播后黏合剂的主要功能是提高木纤维对土壤的附着性，使纤维、种子之间相互黏结，防止风和降雨造成覆盖物或土壤流失。黏合剂的使用量参见表4–3。

黏合剂的参考用量（单位：g/m^2）　　表4–3

施工地附着力条件	作业面坡度					
	0°	5°	15°	25°	35°	45°
一般	2.30	2.40	2.50	2.60	2.70	2.80
较差	2.35	2.45	2.55	2.65	2.75	2.85
差	2.40	2.50	2.60	2.70	2.80	2.90
很差	2.45	2.55	2.65	2.75	2.85	2.95
极差	2.50	2.60	2.70	2.80	2.90	3.00

注：本表摘自三丰公司相关资料。

5. 肥料

液压喷播使用的肥料一般多数采用氮磷钾复合肥，也可以根据土壤肥力状况有针对性的选择单一的肥料。

6. 染色剂

液压喷播使用染色剂的目的是为了提高喷播物分布的可见性，便于喷播者观察喷播层的厚度和均匀状态，亦可改善施工表面形成草地的绿色景观。染色剂可加入搅拌箱中对物料进行着色，也可事前对有机纤维进行染色。

7. 水

水作为主要溶剂，用水将各种喷播材料进行溶合，水是液压喷播物的载体。水的用量与纤维用量直接相关。在水量一定的条件下，随着纤维用量的逐步增加，悬浊液的稠度也加大，喷播面积反而会逐步减少。反之，纤维量一定时，用水量增加，喷播面积会增加，但达不到覆盖和绿化效果。建议喷播材料配比如下：每平方米用水4 000mL，纤维200g，黏合剂3～6g，保水剂、复合肥及草种根据具体情况确定。

（八）施工流程

液压喷播技术施工流程如图4–2所示。

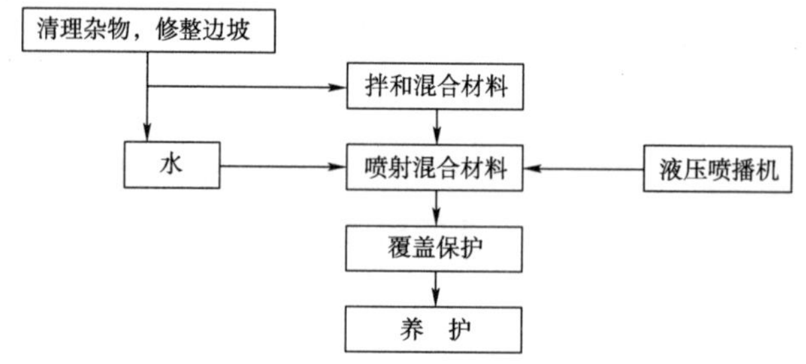

图4–2 液压喷播流程图

（九）技术要点

1. 坡面清理

坡面应采用人工细致整平并松土，清除所有的岩石、碎泥块、植物、垃圾。对土质条件差、石块多的路堤边坡或回填土路堑坡面，可采用客土回填的方式改良边坡表层土，回填客土的厚度为5~7cm，并用水浸湿让客土自然沉降稳定。若pH值不适宜，需要进行土壤酸碱度调整。对于长、大边坡，坡顶、坡脚及平台均须设置排水沟，并根据坡面水流量的大小考虑是否设置坡面排水沟。一般坡面排水沟横向间距为40~50m。

2. 物料混合

在正式喷播之前要检查搅拌罐内混合浆液的均匀状况和黏稠度状况，

过于黏稠会堵塞导管或喷枪，黏稠度不够会使喷射出去后的浆液在坡面上流失，影响工程效果。种子使用量要根据设计方案和每罐混合浆液能覆盖的面积进行调整，必要时先进行试喷，然后检查单位面积喷播覆盖物内的种子粒数，以保证达到种子设计要求。

3. 喷播施工

将全部材料投入搅拌机械后，需经完全搅拌方能开始喷播（以20min为宜）。喷播枪操作手要根据浆液压力、射程和散落面大小有规律地、匀速地移动喷播枪口，保证喷播物能均匀地覆盖坡面。对于干燥的坡面，喷播前应适当洒水，以增加土壤墒情。对于潮湿的坡面，应等到土壤水分降低后再实施喷播，否则喷播物会顺坡面流失，难以与土壤黏结在一起。作业前应注意天气预报，在雨天或有可能降雨时，应尽量避免喷播施工。喷播施工后的几个小时内如果有降雨，可能导致生长发育基础流失，要及时采取防护措施。

4. 养护

喷播后立即覆盖无纺布或草帘子，既可以防止喷播材料被雨水冲走造成流失，同时也起到土壤保墒的作用。喷播后应及时浇水养护，用高压喷雾使养护水成雾状均匀地湿润坡面，注意控制好喷头与坡面的距离和移动速度，保证无高压射水流冲击坡面形成径流。养护期限视坡面植被生长状况而定，一般不少于45d。定期喷洒广谱药剂防治病虫害，并根据植物生长需要及时追肥。草种发芽后，应及时对稀疏无草区进行补播。

三、客土喷播技术

所谓客土，是指非当地原生的、由别处移来用于置换原生土的外地土壤，通常是指质地好的壤土（沙壤土）或人工土壤。客土喷播是指使用专用机械设备（客土喷播机），将客土、植物种子和各种添加物均匀地混合在一起，以压缩空气或高压水流为输送载体，把混合物料喷附于立地条件较差的边坡表面使之形成稳定的营养土层，以达到保护边坡、恢复植被为目的的一种生态工程技术（图4-3）。目前，客土喷播技术已经成为我国坡面防护及植被恢复工程的一种常用技术，在全国各地得到普及推广。

客土喷播技术特点主要表现在以下三个方面：一是客土配制；二是喷播设备；三是黏合材料。其中土壤材料的配制是客土喷播技术的核心。配置的客土需具备下列特点：养分充足、酸碱适中、结构合理、通透性强、保水性强。

喷播设备：根据载体（动力）的不同，客土喷播可分为干法喷播（灰料喷播）（附图3）和湿法喷播（泥浆喷播）（附图4）。

黏合材料：客土喷播所使用的黏合材料大致可分为高分子聚合物类和无机类两种。

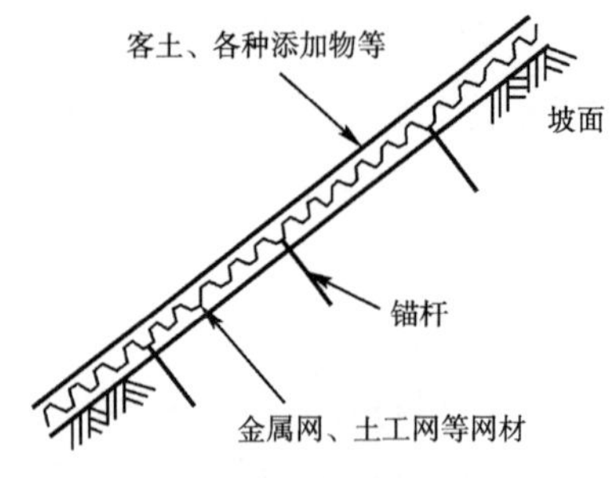

图4-3　客土喷播示意图

（一）适用区域

客土喷播可用于以面状植被恢复为主的各类绿化工程，适用区域主要为湿润区和半湿润区。在半干旱地区如果工地周边有较好的水源条件，可以保证养护用水的供给亦可使用。干旱地区不建议使用客土喷播技术。

（二）适用坡形与坡质

适用于包括路堤和路堑边坡在内的各类土质边坡、石质土边坡和强风化岩石边坡，如果与刚性框架等方法并用的话，也可以用于一般岩石边坡。不挂网的客土喷播可用于坡度在45° 以下的边坡，挂网客土喷播可用于坡度在60° 以下的边坡，虽然也有个别工程在70° 左右的边坡进行挂网干法客土喷播的尝试，但存在脱落现象。

（三）施工季节

南方地区一年四季都可以进行客土喷播施工，但应避开暴雨集中的时段。北方地区从春季到秋季也都可以进行客土喷播施工，但在夏季施工时应注意避开阴雨天气，并与防雨水侵蚀措施（如覆盖草帘子、遮阳网等）并用。

（四）厚度标准与施工方法

客土喷播的喷附厚度一般为3～5cm，但随坡形和坡质的不同而有所差异。土质边坡的客土喷播厚度为3cm左右，石质土（土石混合）边坡的客土喷播厚度为5cm左右，而岩石边坡的客土喷播厚度一般在6cm以上（表4-4）。由于岩石边坡立地条件很差，应该考虑与其他边坡植被建植技术组合使用。

湿法客土喷播的厚度一般为3～5cm，过厚的话会产生客土层滑落。干法客土喷播和离子型客土喷播的厚度可在6～12cm。

最小客土厚度　　表4-4

岩面类型	最小客土厚度（cm）
土质坡面	3~5
强风化岩面	6
中风化岩面	8
弱风化岩面	10

首先对坡面进行清理，去掉浮石、碎石和杂物，然后根据坡形、坡质、坡度特点决定是否需要挂网，进行湿法客土喷播的话可将客土及各类辅料放入泥浆式客土喷播机，加水搅拌混合均匀后，将混合泥浆喷射到作业面上。进行干法客土喷播或离子型客土喷播的话可将客土及各类辅料放入搅拌机，混合均匀后倒入转子式喷射机，物料在喷管出口处与雾化水混合后喷附到作业面上。无论是哪种客土喷播方法，施工结束后都需在作业面上覆盖草帘子、无纺布等，以到达保墒、防止侵蚀、保证发芽顺利、整齐等目的。

（五）物种选择要求

客土喷播所形成的覆盖层比较厚，可以选用乔、灌、草各类植物种子，但从护坡效果、群落稳定程度、养护工作量、景观效果等方面来看，应以选用速生草种与灌木或矮乔木植物结合为主，不适宜选用高大乔木或生长缓慢的物种。

（六）主要设备

干法客土喷播设备：转子式喷射机、喷管、喷枪、搅拌机、发电机、空压机、水泵、水罐或水车、普通载重汽车。

湿法客土喷播设备：泥浆喷播机、水泵、水罐或水车、普通载重汽车。

（七）主要材料

客土喷播材料主要包括以下几个方面：①壤土（沙壤土）；②有机纤维；③黏合材料；④土壤改良剂；⑤肥料；⑥水；⑦网材；⑧固定材料等。

（八）施工流程

湿法客土喷播的施工流程如图4-4所示。干法客土喷播的施工流程如图4-5所示。

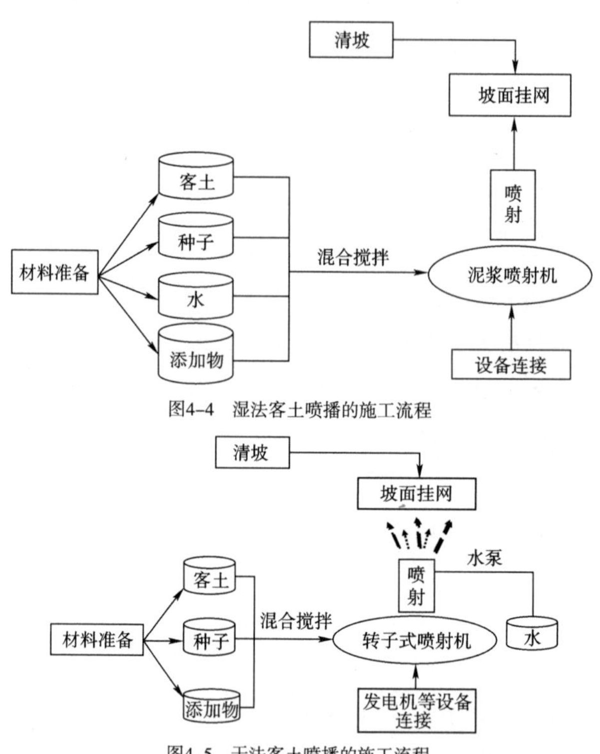

图4-4　湿法客土喷播的施工流程

图4-5　干法客土喷播的施工流程

（九）技术要点

1. 清坡

清理边坡是将容易滑落、影响边坡稳定的碎石、浮石等去除掉，并将凹陷处用土填平，使坡面尽可能地平整。对于光滑坡面（岩面）可通过挖掘横沟等措施进行加糙处理，以免客土下滑。

2. 铺网

铺网可采用自上而下的方式，即作业人员在坡上一边将镀锌铁丝网卷缓缓打开，一边向坡下移动并将镀锌铁丝网平铺在坡面上。也可以采用自下而上的方式，即将镀锌铁丝网卷的一头用绳索拴住，一人在坡上将绳索向上拉升，另一人在坡脚处随着绳索的向上拉力将镀锌铁丝网卷缓缓打开。镀锌铁丝网的左右连接要先将两张网左右搭接在一起，两网交接处要求有10cm的重叠，然后用钳子将铁丝网左右开口处的断头逐一钩绕在另一张网上。铺网时要把网材拉开使之自然地平铺在坡面上，既不要过紧，也不要过松，保证网材贴近坡面。

3. 锚固

镀锌铁丝网卷要用锚杆固定在坡面上，主锚杆（ϕ12×300mm）用量为30根/（100m^2），辅助锚杆（ϕ10×200mm）用量为150根/（100m^2），平均密度为1.8根/m^2。如果坡面质地坚硬，锚杆用锤子钉不进去的话，可采用凿岩机打孔，然后再将锚杆钉入。对质地坚硬坡面（岩石坡面、石质土或风化物坡面），锚杆的直径和长度可做一些调整。如主锚杆选用ϕ16×400mm，辅助锚杆选用ϕ12× 300mm。

4. 物料混合

各种物料要按照设计要求准备好，保证各类材料的用量比例符合设计要求。干法客土喷播的物料混合时间以1.5~2.5min为宜，湿法客土喷播的物料混合时间以15~20min为宜。在物料混合时要将混在物料中的石块、木块、树枝等尺寸较大的异物挑出来，以防止这些异物堵塞喷射管或损坏喷射机械。

5. 物料喷射

喷枪口要垂直于坡面，一般枪口距离坡面1~1.5m，以保证物料能有足够的压力紧紧地附着在地表。操作手要根据空气压力的大小有规律地、匀速地移动喷播枪口，或是上下往复移动，或是左右往复移动，保证喷播物能均匀地覆盖坡面，并且厚度均一。对于已经铺挂镀锌铁丝网或土工网的坡面，在喷射时要一边拉起网一边移动喷枪，使物料能够进入到网材的下面，网材在客土层中的位置以处于中上层为宜，这样网材对客土的加筋作用明显，能真正起到防止客土层脱落的作用。

湿法客土喷播一次喷射所形成的客土层厚度不要超过3cm，如果设计厚度超过3cm，要自下而上分两次实施喷附。第一次喷射底层厚度3cm左右，待客土稳定后（10 ~ 20min）再喷射上层直至设计厚度（总厚度不超过5cm为宜）。干法客土喷播虽然可以一次达到设计厚度，但这会浪费较多的种子。因此常用的做法是，分两层喷射客土，喷射底层客土时不混入植物种子，其厚度可占总厚度的2/3左右，喷射上层客土时再加入植物种子。

6. 养护

喷播后应及时浇水养护，养护期限视坡面植被生长状况而定，一般不少于45d。一般情况下不需要追肥，但可以定期喷洒广谱药剂防治病虫害，并在草种发芽后，及时对稀疏无草的地区进行补播。

四、厚层基质喷附技术

厚层基质喷附技术是将人工配制的植物生育基质与植物种子、防侵蚀材料等混合在一起，采用专用设备（灰浆喷射机），通过高压空气将其喷射出去附着在边坡表面的一种植被建植方法。

所谓厚层是指喷附在坡面上的客土层或植生基质层的厚度。一般来说，不同喷播技术所能形成的喷附层厚度是不同的，液压喷播的厚度应<1.0cm，湿法客土喷播的厚度1~3cm（薄层），干法客土喷播的厚度4~6cm（中层），有机质喷播的厚度大于7cm（厚层）。所谓厚层基质喷附是指厚度在7cm以上、喷附材料以有机质为主的喷播技术，也称之为厚层基材喷附。由于这种喷播在物料喷射时不掺入水，因此也属于干法喷播。厚层基质的主要成分是有机质（如草炭、木屑或秸秆堆肥、植物纤维、腐殖土等），其含量占物料总体积的80%~90%，这一点与客土有本质上的区别。

该技术优点在于能在坡面上形成较厚的植物生长发育所需的有机质层（7~15cm），使植物种子有比较自然的发芽过程，保证喷播的种子有较高的发芽率和成活率，且喷播速度快，适用范围广。但缺点是该技术存在工艺复杂、成本高等不足。目前该技术在国内尚处在试验阶段，技术推广和普及程度较客土喷播要低。

（一）适用区域

厚层基质喷播可用于以面状植被恢复为主的各类绿化工程，因此其适用区域主要为湿润区和半湿润区。在半干旱地区如果工地周边有较好的水源条件，可以保证养护用水的供给亦可使用。干旱地区自然植被的覆盖度较低，植物群落多数呈点状（丛状）分布，不建议使用厚层基质喷播技术。

（二）适用坡形和坡质

适用于包括路堤和路堑边坡在内的各类土质边坡、石质土边坡和岩石边坡。一般情况下适用坡度小于60° 的边坡，如果用于坡度大于60° 的边坡时，要结合刚性框架（水泥框架、预制件框架等）等防止土层滑落的方法一起使用。不建议在坡度超过70° 的边坡开展厚层基质喷附植被恢复工程。

（三）施工季节

南方地区一年四季都可以进行厚层基质喷附施工，但应避开暴雨集中的时段。北方地区从春季到秋季也都可以进行厚层基质喷附施工，但在夏季施工时应注意避开阴雨天气，并与防雨水侵蚀措施（如覆盖草帘子、遮阳网等）并用。

该技术的施工要考虑植物的成活及充分生长，尤其要在停止生长之前积累足够的越冬营养，以保证坡面建植植被安全返青。例如在内蒙古中部地区，施工时间一般为5月初到7月末，最佳施工时间在6月中旬到7月中旬，该季节雨热同期，可为植物生长提供良好的生长环境，对坡面植被种群建植有利。

（四）厚度标准与施工方法

厚层基质喷附多用于立地条件不好的岩石边坡或石质土边坡，因此喷附厚度一般在7cm左右，但随坡形和坡质的不同而有所差异。石质土坡面为3~5cm，软质岩石坡面为4~7cm，硬质岩石坡面为9~12cm。坡度在45° 以下的边坡为3~6cm，坡度在45° ~60° 的边坡为6~12cm。

首先，对坡面进行清理，一般情况下，45° 以上的岩石边坡或石质土边坡都需要挂网；其次，在喷附作业面附近布置场地，安放、连接各类设备并堆放各类喷附材料；最后，根据设计方案按比例将各类材料均匀地倒在传送带上送入喷附机进行搅拌，搅拌混合均匀后，通过压缩空气将混合物料喷射到作业面上。

（五）物种选择要求

厚层基质喷附在坡面所形成的人工土壤层（有机质层）比较厚，因此在喷附时可以选用乔、灌、草各类植物种子。但从护坡效果、群落稳定程度、养护工作量、景观效果等方面来看，应以选用速生草本与灌木或矮乔木植物结合为主，不适宜选用高大乔木或生长缓慢的植物种。

所选植物种有一定的耐贫瘠性和抗旱性，并且生长迅速，根系较为发达，易形成覆盖层。各物种之间有一定的营养关系，能够形成比较稳定的群落，养护工作量小，种子容易获取，具有很好的工程可操作性。

（六）主要设备及使用

主要设备包括专用喷附机、空压机、发电机、传送带、凿岩机（冲击钻）、喷射管等。根据施工的需求各种设备要功率相互匹配。

（七）主要材料及配比

该技术施工所用材料可分为两部分，一是喷附面骨架材料，包括金属网、主锚杆、辅助锚杆；二是植生基质材料，包括专用绿化基材、土壤改良材料、黏结材料、肥料、保水剂、渗透剂、纤维、植物种子等。

喷附面骨架材料中金属网为高强度镀锌机编网，一般规格为：线直径2.0mm、网孔50mm×50mm、幅宽2.0m。主、辅锚杆一般规格为：杆直径10mm，主锚杆长300mm，辅锚杆长200mm。可根据坡面情况适当调节金属网和主辅锚杆的规格，以使其符合坡面安全的需要。在施工中金属网一般铺设单层，主锚杆的使用数量是3根/（$10m^2$），辅锚杆的使用数量是15根/（$10m^2$）。

植生基质材料是多种材料的混合物。其中专用绿化基材主要由草炭、堆肥、腐殖质组成。土壤改良材料为蛭石、珍珠岩或其他烧结物。黏结材料通常采用高分子聚合物，如聚丙烯酰胺（PAM）。肥料包括有机肥、无机肥、复合肥、长效缓释肥。保水剂为交联聚丙烯酰胺和聚丙烯酸钾盐共聚物，能够在土壤中反复“吸收—蓄存—释放”供植物利用的水分。渗透剂为界面活性剂，用于改善基质的透水性。纤维为有机纤维，长2~3cm，用于减小基质干裂。植物种子为草种、灌木种等的混合物（表4-5）。

厚层基质材料配比 表4-5

类　别	品名或规格	单　位	厚8cm
			用量（$/100m^2$）
绿化基材	绿化基材（草炭、堆肥的混合物）	L	16 000
	土壤改良材料（珍珠岩）	kg	34
黏结材料	液体黏结剂（聚丙烯酰胺）	kg	32
肥料	缓释肥	kg	11
	高效复合化肥	kg	17
保水剂	保水剂	kg	1
渗透剂	渗透剂	kg	1
纤维	植物纤维	m^3	0.13

（八）施工流程

厚层基质喷附施工分为三个阶段：第一阶段为施工准备阶段，第二阶段为清坡挂网阶段，第三阶段为植生基质喷附阶段。

1. 施工准备阶段

施工现场准备出两个场地，一个用于存放喷附材料，一个用于安装喷附设备。厚层基质喷附所需主要设备包括灰浆喷射机、空气压缩机、发电机、搅拌机、传送带等，为保证施工安全和操作方便，这些设备最好成一字形排开。

2. 清坡挂网阶段

在边坡上锚固高强度镀锌机编网，将镀锌铁丝网平铺在坡面上，两幅铁丝网之间要有一定的重叠，搭接处不少于10cm，并且用钳子将接头处的铁丝拧在一起，然后用锚杆（主锚杆$\phi 10\times300$mm、辅助锚杆$\phi 10\times200$mm）将其固定，锚杆密度1.8根/m^2，分布均匀（图4–6）。

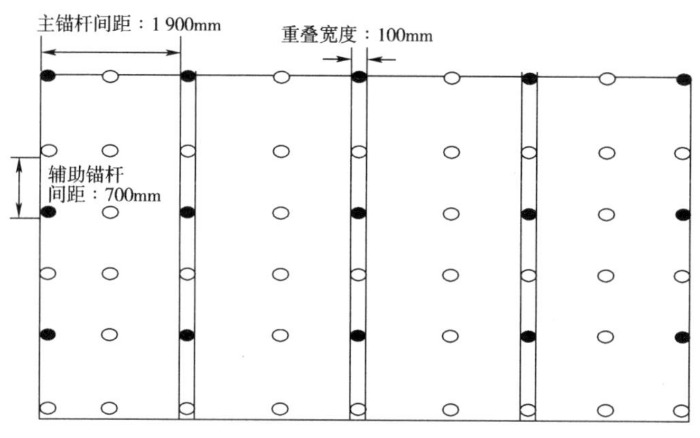

图4–6　锚杆分布示意图

3. 植生基质喷附阶段

喷附时喷附手要牢牢控制住喷射枪口，并使喷射枪口在坡面上方有规律地、均匀地移动，以保证喷射物厚度的一致且表面平整，还要与喷射机操作手保持联系，根据距离的远近调整喷射气流的压力，保证喷射物能进入锚固在坡面的机编网下部，并使机编网因基质的挤压略微抬升，鼓起于喷射所形成的基质层的中部。喷射后表层基质紧实度为188.29 kPa左右为佳。

（九）技术要点

1. 施工准备

准备工作主要包括场地布设、设备安装和材料调运。

2. 清坡

清除坡面上的碎石、浮石、浮土和各种杂物，坡顶圆滑过渡无棱角，坡底与碎落台面或路面界限清晰，没有浮土或残渣。将凹陷处、冲沟处用土或土袋子填平，避免坡面局部出现倒坡现象，使坡面尽可能地平整。对于光滑坡面（岩面）可通过挖掘横沟等措施进行加糙处理，以免基质下滑。

3. 铺网

铺网可采用自上而下的方式，也可以采用自下而上的方式。镀锌铁丝网的上下要连接，镀锌铁丝网的左右连接要先将两张网左右搭接在一起，两网交接处要求有10cm的重叠，然后用钳子将铁丝网左右开口处的断头逐一钩绕在另一张网上。铺网时要把网材拉开使之自然地平铺在坡面上，既不要过紧，也不要过松，保证网材贴近坡面。网材在坡顶处的包裹长度为30~50cm，在坡脚处的下边缘与挡土墙上沿相距不宜大于5cm。

4. 锚固

镀锌铁丝网卷要用锚杆固定在坡面上，锚杆的弯头处必须呈倒 U 形或倒三角形，弯头长约 4cm。主锚杆（$\phi 12 \times 300$mm）用量为30根/100m^2，辅助锚杆（$\phi 10 \times 200$mm）用量为150根/（100m^2），平均密度为1.8根/㎡。根据坡面质地和风化程度可调整锚杆的直径和长度，如主锚杆选用$\phi 16 \times 400$mm，辅助锚杆选用$\phi 12 \times 300$mm。岩石坡面需要用冲击钻垂直于坡面打孔，然后再将锚杆钉入，钉入后的锚杆其弯头朝向坡的上方。如果坡面破碎或岩石风化程度高，锚杆钉入坡面后稳定性差的话，可以往孔眼内灌入M150砂浆，然后随即插入锚杆，待砂浆凝固后再挂上铁丝网。

5. 上料

植生基质含水量要适中，简易检测方法为：将适量的基质紧握于手中，松开手掌后基质能自然裂开。混播的种子要预先混合好，各类添加物（肥料、黏合剂、保水剂等）要按顺序排列在传送带旁边。根据喷附机搅拌罐的容量确定每次基质填充量、添加物的使用量及传送带运行的时间间隔。为了保证配料准确，不同添加剂的用量必须事先称重定容，用经过标定的容器添加。上料时要按照传送带的转速把植生基质均匀地摊开在传送带上，并挑出夹杂在基质中的石头、木块。其他添加剂用经过标定的容器盛装后均匀地撒在植生基质上，必须避免漏加配料，特别是植物种子，否则将严重影响施工质量。

6. 喷射

物料进入喷附机后其搅拌时间应在2min左右，以保证物料混合的均匀性。压力的大小要适中，喷枪口要垂直于坡面，一般枪口距离坡面为1~1.5m，以保证物料能有足够的压力紧紧地附着在地表。操作手要根据空气压力的大小有规律地、匀速地移动喷播枪口，或是上下往复移动，或是左右往复移动，保证喷射物能均匀地覆盖坡面，并且厚度均一。喷射物料要一次达到设计厚度，避免多次喷附（多次喷附会造成基材分层，表面板结，影响出苗）。在坡面表面起伏变化较大时，为避免喷附局部基材过薄，可根据坡面形状来确定喷附面的形状，不必要求喷附面过于平整。在喷附时要适时进行厚度检尺，保证厚度达到设计要求。

7. 养护

为了提高发芽率保证出苗，喷播后应及时浇水、保墒、养护。用高压喷雾使养护水成雾状均匀地湿润坡面，注意控制好喷头与坡面的距离和移动速度，保证无高压射水流冲击坡面形成径流。保墒可采用遮阳网覆盖的方式。浇水、保墒期限视坡面植被生长状况而定，一般不少于45d。基质层养分含量充足，一般情况下不需要追肥，但可以定期喷洒广谱药剂防治病虫害，并在草种发芽后，及时对稀疏无草区进行补播。

五、三维网技术

三维网也称三维土工网或三维植被固土网，是由多层塑料凹凸网和高强度双向拉伸平面网复合而成的具有三维结构的塑料网。材质为高分子聚乙烯（PE）和UV抗紫外线稳定剂，化学稳定性高，无腐蚀，对环境无污染，对大气、土壤、微生物呈惰性反应。外观凹凸不平、柔韧，高度为15mm左右。三维网在结构上分为基础层和网包层（均为双层），基础层是一种经双向拉伸后的平面网，以稳定三维植被网的尺寸和形状，并形成网底平面。网包层是一种经热变形后呈有规律波浪形的凹凸网。双层基础层和双层网包层网格间的经纬线交错排布，并在交接点处经热熔后黏结，形成立体拱形隆起的三维结构（图4-7）。该技术具有固土能力强、化学成分稳定、内部空间大、工艺简单、操作方便、施工速度快、工程造价低等优点。但其耐低温性能略差，在我国北方地区越冬后有断裂现象。该技术应用的范围比较广泛，在公路、铁路的边坡防护和水利工程的堤坝防护等工程中都有大量应用。

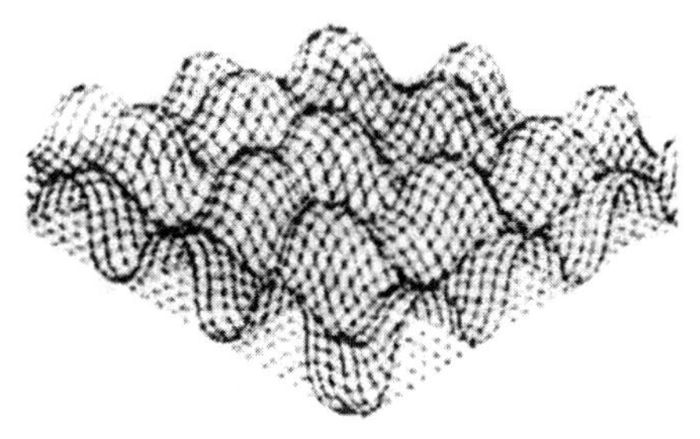

图4-7　三维网结构示意图

三维网护坡机理主要包括：固土作用、消能作用和网络加筋作用（附图5）。

（一）适用区域

三维网植草技术适用于湿润区、半湿润区、半干旱区等以面状植被恢复为主的各类坡面绿化工程。在半干旱地区如果工地周边有较好的水源条件，可以保证养护用水的供给亦可使用。干旱地区自然植被的覆盖度较低，植物群落多数呈点状（丛状）分布，不建议使用三维网植草技术。

（二）适用坡形和坡质

适用坡形为由回填土构成的路堤边坡、土质较好的路堑边坡或强风化岩石边坡。适用坡度一般在35°以下，最大不要超过45°。坡度过陡的话，在向三维网中回填土时会使回填土下滑，影响施工质量。对于坡面长的边坡，应根据长度将其分为若干级，每级坡长控制在15~20m，并设置碎落台和纵、横排水沟。

（三）施工季节

南方地区一年四季都可以进行三维网植草施工，但应避开暴雨集中的时段。北方地区从春季到秋季也都可以进行三维网植草施工，但在夏季施工时应注意避开阴雨天气，并与防雨水侵蚀措施（如覆盖草帘子、遮阳网等）并用，而秋季施工要考虑植物的成活及充分生长，尤其要在停止生长之前积累足够的越冬营养，以保证坡面建植植被安全返青。

（四）厚度标准与施工方法

铺设三维网之前一般要在坡面上覆土，覆土厚度随坡形和坡质的不同而有所差异，土质好的坡面覆土厚度3~5cm，土质差的坡面覆土厚度5~7cm。铺设好三维网后要往三维网内回填土（三维网厚度15~18mm），回填土要以充填满整个网包使之没有外露为准，厚度一般为3cm。

三维网施工大致分为五步。第一步是清理坡面；第二步是坡面覆土，根据坡形、坡质、坡度特点覆土5~7cm；第三步是铺网固定，将三维网平整地铺设在坡面，并用锚杆、U形钉或竹签固定；第四步是填土播种，可向网内人工回填种植土并撒播植物种子，也可用机械喷射种植土后再实施种子喷播；第五步是覆盖保墒。

（五）物种选择要求

由于三维网下部和内部充填了较厚的种植土，因此可以选用乔、灌、草各类植物种子。但从护坡效果、群落稳定程度、养护工作量、景观效果等方面来看，应以速生草本与灌木或矮乔木植物结合为主，不适宜选用高大乔木或生长缓慢的物种。

草种选择要兼顾以下几个方面：①选择两个或两个以上的草种（含同种不同品种）进行混合播种；②所选品种要求根系发达，入土深厚；③适应性强，抗逆性好，耐粗放管理；④实行草灌相结合，发挥草本植物的“先锋覆盖”作用和灌木的“后期护坡”作用；⑤在以防护为主的前提下，兼顾美化效果及观赏性，可适当加入一些野生花草，增加景观效果。

（六）主要设备及使用

三维网植草施工所需设备与填土播种方法有关：如果是以人工填土和播种为主，所需设备为土筛、搅拌机和洒水车；如果是采用客土喷播或液压喷播，则要在上述这些设备的基础上再配备客土喷播或液压喷播设备。

（七）主要材料及配比

1. 三维网

国内使用的三维网通常以聚乙烯（PE）为原料制成，产品颜色分为黑色和绿色（附图6），常用的两种三维网其主要技术性能指标见表4-6和表4-7。

EM系列三维网垫主要技术性能指标　　表4-6

产品规格	EM1	EM2	EM3	EM4	EM5
单位面积质量（g/m²）	220	220	250	350	420
厚度（mm）	10	10	12	14	15
纵向拉伸强度（kN/m）	0.8	0.8	1.6	2.0	3.2
横向拉伸强度（kN/m）	0.8	0.8	1.6	2.0	3.2

GTWD系列固土网垫技术性能　　表4-7

型　号	GTWD—5	GTWD—4	GTWD—4A	GTWD—3	GTWD—3A	GTWD—2
材料	PE加0.5%（质量比）炭黑					
层数	5	4	4	3	3	2
单位面积质量（g/m²）	≥430	350	≥420	≥260	350	≥220
宽度（m）	1.5	1.5	1.5	1.5	1.5	1.5
厚度（mm）	≥16	≥14	≥16	≥12	16	≥10
卷长（m）	40或50	40或50	40或50	40或50	40或50	40或50
网丝直径（mm）	0.5	0.5	0.5	0.5	0.5	0.5

续上表

型　号	GTWD—5	GTWD—4	GTWD—4A	GTWD—3	GTWD—3A	GTWD—2
纵向拉伸强度（N/m）	≥3 200	≥2 000	≥3 200	≥1 600	≥2 200	≥800
横向拉伸强度（N/m）	≥3 200	≥2 000	≥3 200	≥1 600	≥2 200	≥800
纵向延伸率（%）	≤30	≤30	≤30	≤30	≤30	≤30
横向延伸率（%）	≤30	≤30	≤30	≤30	≤30	≤30
30min回弹率（%）	≥80	≥80	≥80	≥80	≥80	≥80
温度（保留80%强度）	-35~60℃	-35~60℃	-35~60℃	-35~60℃	-35~60℃	-35~60℃
pH（保留80%强度）	3~12	3~12	3~12	3~12	3~12	3~12

2. 回填土

三维网施工中所用的回填土，一般采用当地的原生表土（如路面开挖时保存的表土）或农田土（种植土），特别是铺网之前覆盖在坡面上的回填土，由于用量较大，采用当地表土或农田土的话，可以降低施工材料成本。如果无法获取大量表土和农田土，也可以使用质地相对好一些的工程弃土。底层回填土的参考配比为：过筛土85%、有机纤维或有机质10%、其他添加物5%。

回填三维网网包中的土壤，一般采用人工配制的客土，可用过筛处理的当地表土或农田土，配合腐殖土、有机肥、土壤改良剂调制而成。网包回填土参考配比：沙质壤土60%、有机纤维30%、其他添加物10%。

3. 肥料和添加剂

肥料包括有机肥料（堆肥、农家肥等）、无机肥料（速效肥料、缓效肥料等）或复合肥；添加剂包括有机纤维（草炭等）、保水剂、土壤改良剂（珍珠岩、蛭石、煤渣、锯末、谷壳等）和黏合剂等。

4. 固定材料

固定材料为锚杆、U形钉、竹签或自制的各种钉子等，用于连接和固定三维网。锚杆直径10mm，长300mm，弯头处呈倒 U 形或倒三角形，用于在坡顶、搭接处固定三维网。锚钉选用直径8mm或6mm钢筋做成的U形钉，钉长200mm。

5. 覆盖材料

覆盖材料可选用无纺布、遮阳网或草帘子。

6. 植物种子

植物种子的播种配比和用量要依据施工地点的地形、土壤、植被、气候等自然环境特点来确定。群落设计不同，物种配比和种子用量有很大差异。一般说来，如果要构建以木本植物或灌木植物为主的群落，草本植物形成的株数应该在200~500株/m²，草本植物种子的使用量应该在500~1 000粒/m²。如果要构建草本植物为主的群落，草本植物的形成株数应该在3 000株/m²以上，草本植物种子的使用量应该在4 000~5 000粒/m²。我国南北方气候差异很大，冷暖干湿分异明显，作为参考值，北方地区（半湿润、半干旱地带）草本植物播种量应该在1 500~3 000粒/m²，南方地区（湿润地带）草本植物播种量应该在3 000~5 000粒/m²。草本植物种间配比建议禾本科草本占70%，豆科草本与灌木占30%。

（八）施工流程

三维网技术施工工艺流程分为清理坡面、底土改良、铺网固定、填土播种、覆盖保墒共5个环节，具体工艺流程见图4-8。

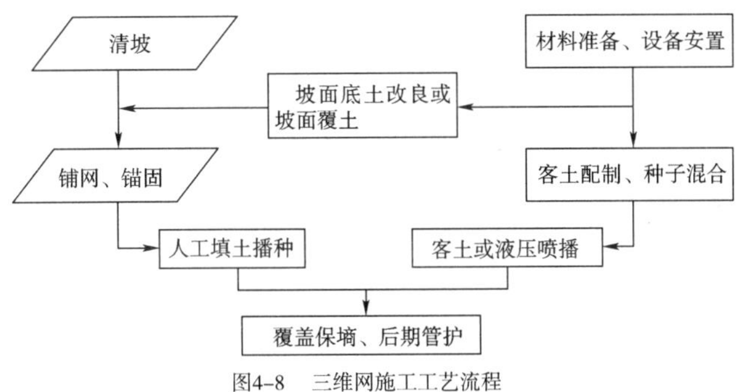

图4-8　三维网施工工艺流程

1. 清理坡面

开挖或回填所形成的坡面大多粗糙、凹凸不平，并存留有碎石、杂草、枯树、施工遗留杂物等，需要对坡面进行削坡、清理、平整。削坡是将凸出的部分削掉，清理是清除坡面上所有的碎石、杂物、野草和枯树，平整是对下凹或倒坡的部分回填土并进行加固修补，使之尽量与原有坡面形成一体，既可以确保坡面与三维网之间紧密结合，又能较为有效地防止后期三维网下部被雨水淘空而产生塌陷。

在清坡的同时还要完善排水设施。对于大型边坡，要根据当地降雨量的多少和坡面流量的大小综合考虑是否设置排水沟，排水沟要设在坡顶、坡脚及碎落平台处，一般坡面排水沟宽度为40~50cm。此外，还要在坡顶及坡底部沿边坡走向开挖一个矩形沟槽，用来固定三维网。矩形沟槽宽

30cm，深不小于20cm，坡面顶沟距离坡面边缘30cm。

2. 底土改良

在施工之前要对坡面现有土壤进行理化性质检测，检测主要内容有：土壤紧实度、岩性、pH值、质地、营养成分、盐分等。如果坡面现有土壤条件较好，不必更多地进行人工改良的话，则可对坡面适当施底肥并进行耙松（深度5cm）、平整处理。如果坡面现有土壤质地较差不利于植物生长，必须要进行底土改良。对于土质坡面，先施用底肥并耙松坡面5cm的表土，然后回填厚度为3~5cm的砂壤土，并洒水让坡面土层自然沉降至稳定。对于由岩石风化物所构成的坡面，需要先进行开挖沟槽处理，槽深2cm以上，槽宽应视坡面而定，槽间距不超过5cm，槽内回填砂壤土和肥料，然后在坡面上再回填厚度为5~7cm的砂壤土，并洒水让坡面土层自然沉降至稳定。

3. 铺网固定

自上而下顺坡铺挂三维网。挂网的上端要留够一定的长度，至少50cm，并埋入坡顶已开挖好的矩形沟槽内，用锚杆固定后覆土反压，覆土厚度至少为20mm。三维网与坡面要紧贴，不能产生空鼓、松散的网面，网与网之间的搭接处至少有10~15cm的重叠，再用U形钉固定。U形钉在坡面呈品字形交错分布，竖向间距100cm、横向间距140cm，在U形钉之间可用竹签、大头钢钉、塑料钉等固定三维网，使用量为3~4根/m^2。

4. 填土播种

播种前要对种子进行适当的处理，如浸泡、催芽等。

人工填土播种：将配制好的客土、植物种子、各种肥料及添加剂等搅拌均匀后，人工向三维网内进行客土回填。回填土水分不宜过高（忌用湿土），回填时要保证充满网包，且不压包，并将土层拍实。第一次回填后要用高压水车浇水湿透，让回填土自然沉降，防止“空鼓”现象，然后再次回填，并重复上述过程，直至将整个三维网完全用土覆盖，且网包层不外露，网内土壤密实，不能有“空鼓”现象出现。

机械喷土播种：将配制好的客土、植物种子、各种肥料及添加剂等搅拌均匀后，用喷播机械将搅拌好的客土喷射进三维网中，喷土的厚度一般在3cm左右，均匀地覆盖整个三维网，网包层不外露。

5. 覆盖保墒、养护管理

覆土播种后应立即覆盖无纺布、遮阳网或草帘子，以避免阳光直射，防止雨水冲刷，促进草籽发芽生长。覆盖时，用U形钉固定，不留接缝。覆盖后要及时浇水养护，用高压喷雾使养护水成雾状均匀地湿润坡面，注意控制好喷头与坡面的距离和移动速度，保证无高压射水流冲击坡面形成径流。浇水、保墒的期限视坡面植被生长情况而定，一般不应少于45d。待草籽主叶长出后，及时撤除无纺布等覆盖物。

（九）技术要点

（1）三维网的技术指标必须达到国家的相关标准，在具有足够抗拉强度的同时还应具有很好的韧性，使其能与坡面土壤紧密贴附。

（2）坡面清理一定要平整，避免铺设三维网时出现悬空区，悬空区的坍塌是造成三维网护坡失败的原因之一。

（3）坡顶和坡面各种排水措施要完善，存在不稳定的坡面一定要加固处理。

（4）坡面底土改良要根据坡面土壤肥力状况来确定，关键是要保证底土层有一定的厚度、疏松度和肥力。

（5）铺网时必须使三维网与坡面紧密结合，确保三维网不出现“空鼓”现象。

（6）配制客土时使用的土壤筛，筛孔要小于三维网的网眼，以保证配制的客土能够充填到三维网内部。

（7）客土与各类添加物、植物种子一定要混合均匀，三维网内客土回填（喷射）的厚度一定要大于三维网的厚度。

（8）施工时必须避开阴雨天气，并保证回填的底土和客土比较干燥。

（9）坡面作业完成后要及时覆盖保墒，揭开覆盖物的时间可根据季节的不同而有所不同，春季覆盖保墒的时间要长一些，建议禾草3~5cm，豆科2~4cm（生真叶前）时去掉覆盖物。

（10）从播种后到发芽出苗期间要勤浇水，保持土壤湿润，满足植物发芽生长对水分的需求。

六、植生带技术

植生带是采用专用机械设备，依据特定的生产工艺，把草种、肥料、添加剂等按一定的密度定植在带状载体上，并经过机器滚压、针刺复合定位或冷黏接等工序，形成的一定规格的工业产品。制作植生带的带状载体主要以纤维为主，如棉、麻、木质等天然纤维和聚乙烯等化学纤维。目前较为理想的是无纺布、纤维棉网和木浆纸制品。根据载体材质的不同，植生带可分为纸质植生带、无纺布植生带、纤维棉网植生带和草帘植生带。根据植生带厚度的不同，还可以分为植生带（厚度较薄，2~3mm）和植生毯（厚度较厚，约1cm）。

植生带铺设在土壤表面之后，在温度和水分条件适当时，植生带内的种子就会发芽，其叶茎穿透纤维载体向上伸展，其根系穿透纤维载体扎进土壤之内，达到重建植被的目的。

植生带的保温、保墒等功能使其具有发芽快，出苗齐、形成草坪速度快和减少杂草滋生等特点。此外，植生带体积小、质量轻、便于储藏、并可根据绿化施工的要求，任意裁剪和嵌套，且施工简单、操作方便，能够工厂化大量生产，已在城市园林绿化、公路互通立交、服务区、中央分隔带草坪建设以及土质边坡植物防护工程中得到广泛应用，其结构如图4–9、图4–10所示。

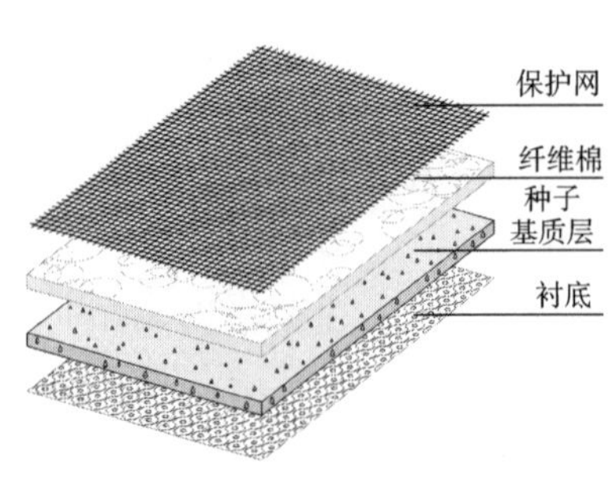

图4–9　纤维棉网状高孔隙率植生带结构示意图

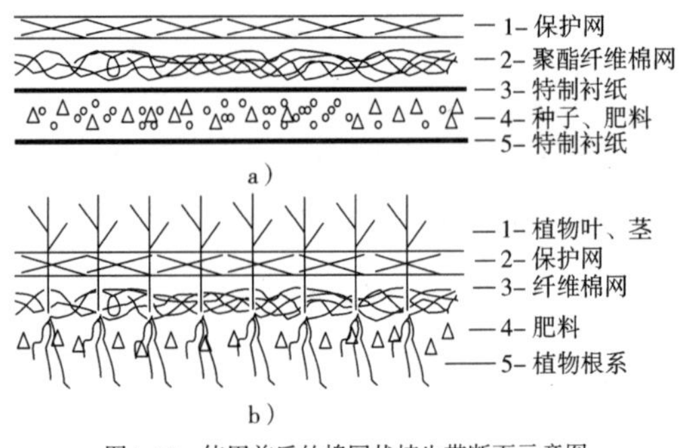

图4–10　使用前后的棉网状植生带断面示意图

a）使用前；b）使用后

（一）适用区域

植生带技术是一种面状植被恢复技术，凡适合开展面状植被恢复的地区，都可以采用植生带技术。对于我国来说，由于降水量分布空间差异很大，在一般情况下，降水量小于200mm的干旱地区不推荐使用植生带技术。另外，由于纸质植生带抗雨水蚀能力弱，因此在降水量较多地区，不适于使用纸质植生带技术。

（二）适用坡形与坡质

一般说来，纸质植生带可用于坡度低于15° 的土质边坡。无纺布植生带可用于坡度低于30° 的土质边坡。草帘植生带、棉网状植生带、植生毯可用于坡度低于45° 的土质边坡。另外，如果边坡土质较硬，不利于植生带内种子发芽后根系的发育，需要在植生带铺设施工前对边坡表土进行疏松处理，所以纸质植生带和无纺布植生带不适用于土质坚硬的边坡。

（三）施工季节

在长江以南地区，植生带施工虽然一年四季均可进行，但要避开高温干旱时节和暴雨多发期。在长江以北地区，植生带施工可在春、夏、秋三季开展，但应该避开阴雨天。在半干旱地区，水分是限制植物生长的主要因素，因此植生带施工最好在春季和夏季进行，秋季虽然也可以施工，但存在幼苗安全过冬的问题，应根据实际的气候情况合理处置。

（四）施工方法

植生带的施工方法分为四个步骤。

步骤一，平整坡面。

步骤二，铺设固定。把植生带一端用锚杆固定在坡顶处并填土压实，锚杆的使用量为2~3根/m^2。然后顺着坡面将植生带自然地平铺在坡面上，一边向下放平拉直一边用U形钉将植生带固定在坡面上，不要加外力强拉，U形钉的使用量为6~8根/m^2。植生带的接头处（上下接头、左右接缝）应重叠10cm。施工到边坡的下部时，把植生带的另一端也用锚杆固定在坡脚处并填土压实。

步骤三，覆土拍实。在铺好的植生带上，用筛子均匀地筛上事先准备好的细土，并覆土拍实。细土的覆盖厚度为0.3~0.5cm，以沙质壤土为好，覆土量为每铺100m^2的植生带，需0.5m^3的细土。覆盖用的细土应取耕作层以下的生土。

步骤四，浇水养护。

（五）物种选择要求

纸质植生带对物种选取没有特殊要求。无纺布植生带和植生毯的种子载体为无纺布，单子叶禾本科植物的叶片能够穿透无纺布，而双子叶豆科植物的叶片在穿透无纺布时会有障碍，应该慎用。棉网状植生带可以选用禾本科、豆科植物，但纤维棉网对叶片较大的灌木会有一些影响，在使用灌木时应该通过试验加以确定。

（六）主要设备及使用

1. 无纺布生产机组

无纺布的生产机组，纺织部门已有定型产品。其中包括清花机、梳棉机、气流成网机、浸浆机、烘干机和成卷机等。

2. 植生带生产机械

目前尚无定型产品，多数由厂家自行研制，其中包括载体运行、种肥送料播撒、复合、针刺（或冷复合）、成卷等机械部分。植生带铺设施工并不需要专用设备。

（七）主要材料及配比

植生带制作使用的主要材料包括载体材料（纤维制品）、种子、肥料、添加剂等。其中种子用量随工程地点不同有较大差异，作为参考值，半干旱地区为2 000~3 000粒/m^2，半湿润地区为3 000~4 000粒/m^2，湿润地区为4 000~5 000粒/ m^2。植生带中可加入颗粒状缓释肥，用量参考值为20~30g/m^2。植生带中还可以加入颗粒状保水剂，用量参考值为10~20g/m^2。

植生带施工用材料主要有锚杆、专用U形钉、竹签、铁丝等。

（八）施工流程

植生带施工流程：清坡→铺设→覆土→养护。

（九）技术要点

（1）坡面清理要做到尽可能平整，如果土质较硬应该松土、耧细、耙平，有条件的话可以略施底肥，并浇水保墒。

（2）植生带与地表面之间要紧密接触，不能留有空隙，如果地表面有凹凸之处，要将植生带顺着凹凸起伏铺设，并用U形钉在凹凸部位多处固定植生带，保证植生带与地面密切结合。

（3）植生带铺设应采用后退方式，即面对着坡面从上向下铺设，边铺设边固定边覆土，避免踩踏已经铺设好的植生带。植生带的上下左右接缝处一定要用U形钉或竹签固定好。

（4）植生带铺装好后，初次浇水一定要浇透，以后每日都要浇水，直至出苗。浇水时要采用小水滴细水流的方法，避免大水头对植生带的冲刷。如果覆土被水流冲掉，要及时补撒细土进行覆盖。

七、植生袋技术

植生袋也称生长袋、绿生袋、种子袋等，是指用无纺布、纤维棉、木浆纸、麻制品等为载体制成镶嵌有植物种子的夹层，再与聚乙烯编织网相连接而制成的有一定规格的袋子。这种袋子有一定的强度且不易很快分解掉，其内部有较大的空间可装入土壤或植生基质，夹层内的种子可在温度、水分、土壤条件适宜时发芽，并穿透袋子的网眼生长出来。纤维棉植生袋的结构如图4–11所示，该技术具有生态岛效应、生长促进作用、制作简单、施工方便、应用范围广等特点。

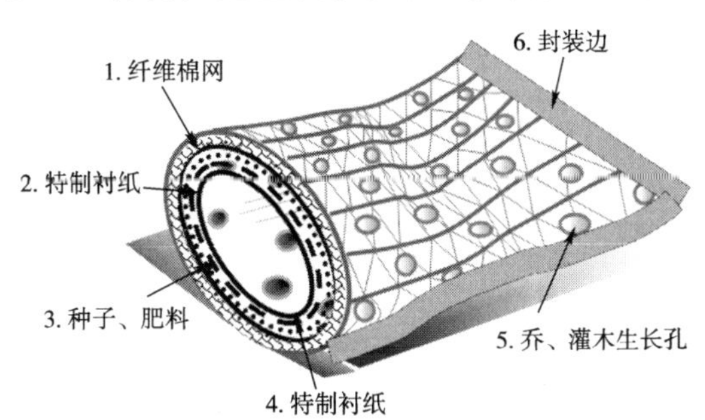

图4–11　纤维棉植生袋结构示意图

（一）适用区域

适用于湿润区、半湿润区、半干旱区、干旱区等以面状、点状（丛状、岛状）边坡植被恢复为主的各类绿化工程。

（二）适用坡质和坡形

适用于包括路堤和路堑边坡在内的各类土质边坡、石质土边坡和岩石边坡以及各种坡度的边坡。如果用于坡度大于60° 的边坡时，要结合刚性框架等（如水泥框架、预制件框架等）防止土层滑落的方法一起使用。

（三）施工季节

南方地区一年四季都可以进行植生袋施工，北方地区从春季到秋季也都可以进行植生袋施工，但在北方地区秋季施工时，要考虑植物的成活及充分生长，尤其要在停止生长之前积累足够越冬营养，以保证坡面建植植被安全返青。

（四）厚度标准与施工方法

植生袋的厚度可以在施工时根据坡面土质状况进行调节。如果土质条件较好，可以使装入客土的袋子厚度保持在10~15cm。如果没有土而且岩石风化程度不高，袋子厚度宜保持在20~30cm。

植生袋呈点状散布在坡面上时，要将植生袋置于坡面的凹陷处或岩石破碎及有裂隙处，然后用锚杆或固定桩将其固定。如果是土质坡面或石质土坡面，应将植生袋一半埋入土中，一半露在坡表面（图4–12和附图7）。如果植生袋呈面状堆叠在坡面上时，应与刚性防护骨架相结合，错位码放在刚性防护骨架之内，边角及顶部用小植生袋填补空缺，对高度大于2m的防护骨架在2m处增设一横排钢制锚杆以减轻下部植生袋的承重，安装完毕后外挂铁丝网以防植生袋滑落（附图8）。

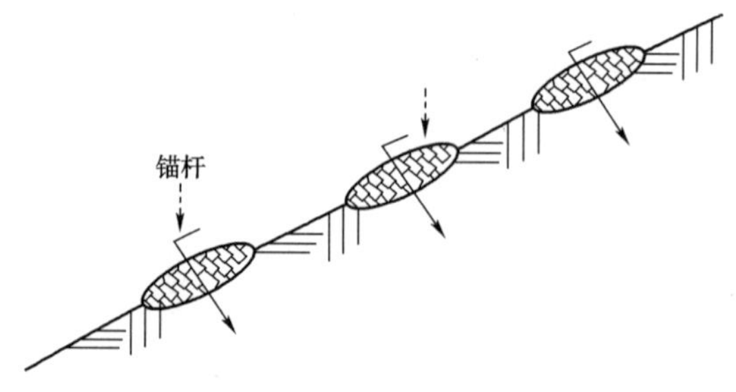

图4-12　植生袋点状固定方式示意图

（五）物种选择要求

植生袋可使用乔、灌、草各类植物种子，也可以移植乔木和灌木的幼苗。乔、灌木种子可在植生袋固定好之后塞进植生袋内的客土里，草本种子可事先镶嵌在植生袋表面的夹层里面。如果是无纺布夹层，内部镶嵌的草种应选用禾本科草种，不宜使用豆科草种，因为豆科种子难以穿透无纺布夹层；如果是纤维棉夹层，内部镶嵌的草种可选用禾本科和豆科草种，但不宜使用豆科灌木，因为豆科灌木发芽时叶片较大，不易穿透纤维棉。

（六）主要设备及使用

植生袋施工基本为手工作业，不需要使用专用设备。配制植生袋内填充的客土可以使用搅拌机，也可以人工混合搅拌。

（七）主要材料及配比

制作植生袋的主要材料包括夹层材料（无纺布、纤维棉、木浆纸、麻制品等）、聚乙烯编织网、客土（沙壤土、有机质）、各类肥料（有机肥、无机肥、复合肥等）、各类添加剂（保水剂、土壤改良剂等）。

植生袋内填充的客土可按沙壤土70%、有机质30%的比例配制，肥料和添加剂的用量需要根据坡面土质和所用植物的具体情况进行调整。

（八）施工工艺

植生袋施工大致分为四步：第一步是清理坡面；第二步是在植生袋内填装客土，然后搬入现场；第三步是固定植生袋，用锚杆将植生袋固定在坡面上或沿坡面（刚性骨架）错位码放；第四步是覆盖保墒。具体工艺流程见图4–13。

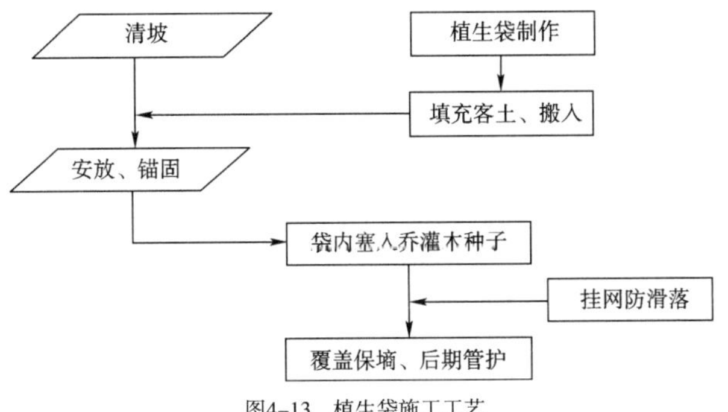

图4–13　植生袋施工工艺

（九）技术要点

（1）制作植生袋夹层的材料要保证禾本科草种发芽时叶片能够将其穿透，聚乙烯编织网要具有足够的抗拉强度和抗老化性，以保证植生袋在施工中和施工后的较长时间内（2~3年）不散落、不分解。

（2）坡面清理的目的是去掉浮石、碎石，以增加坡面稳定，不需要削坡平整。

（3）坡顶和坡面各种排水措施要完善，存在不稳定隐患的坡面一定要加固处理。

（4）植生袋内客土要按设计用量填充，填实后要将开口扎住，防止搬运和安放过程中客土撒落，客土在填充前要与各种添加剂混合均匀。

（5）植生袋在坡面呈点状安放时（开口处向上），要根据坡面微地形尽量放在凹处，最好采取半埋方式，再结合锚杆固定铺网。

（6）植生袋在坡面上呈面状堆叠时，要错位码放（开口处向坡面），间隔2m在坡面钉入一横排钢制锚杆以减轻下部植生袋的承重。对于坡度大于45°的边坡，建议植生袋要与刚性防护骨架相结合，以防止由于坡长、坡陡等原因使植生袋防护层失稳坍塌。坡面植生袋堆叠完毕后，要在植生袋防护层表面铺设铁丝网，以防植生袋滑落。

（7）塞入植生袋内的乔木和灌木种子在客土中的深度以2~3cm为宜。

（8）往植生袋内移栽乔灌木幼苗（阔叶树1~2年生，针叶树3~4年生），要在植生袋安放、固定完毕后进行。移栽时可割破植生袋表层将幼苗插入，然后埋土踏实，植生袋内不宜移栽大苗。

（9）植生袋与坡面要紧贴，不留缝隙。

（10）坡面作业完成后要及时覆盖保墒，揭开覆盖物的时间可根据季节的不同而有所不同，春季覆盖保墒的时间要长一些，建议在禾草3~5cm，豆科2~4cm（生真叶前）时去掉覆盖物；从播种后到发芽出苗期间要勤浇水，保持土壤湿润，满足植物生长对水分的需求。

八、移栽技术

移栽是指将苗木从生长地连根掘起，按设计要求将植株栽植到事先挖好的坑穴中的操作过程。坡面移栽的技术特征，分为以下五个方面：

（1）以移栽灌木和矮乔木的幼苗为主，包括容器袋苗、营养杯苗、土球苗、裸根苗等。

（2）移栽时，乔、灌木幼苗受损程度小，植株根系容易在坡面上扎根、生长、延伸，对坡面土体的加筋固土作用显著，有利于坡面稳定。

（3）移栽的幼苗已经木质化而且有较强的根系和一定的株高，可以与草本植物竞争光、热、水、肥等环境和养分条件，这样可以避免乔、灌、草种子混播时木本植物种子由于发芽生长慢而受草本植物制约的问题。

（4）移栽能在短期内在坡面上形成乔、灌、草共生的植物群落，能防止由于草本植物的早期衰退所引发的坡面植被退化问题，有利于坡面植被的稳定和群落演替，有利于减少后期养护工作量。

（5）移栽可以控制坡面木本植物密度，可以在坡面选择适宜部位栽植乔灌木，有利于坡面生态景观的早期形成。

（一）适用区域

适用于湿润区、半湿润区、半干旱区、干旱区等以面状、点状（丛状、岛状）边坡植被恢复为主的各类绿化工程。

（二）适用坡形和坡质

适用于包括路堤和路堑边坡在内的各类土质边坡和石质土边坡。在岩石边坡使用时要结合刚性框架+客土回填方法。

一般情况下高大乔木的幼苗移栽只适用于坡度小于45° 的边坡。45° ~60° 的边坡只能移栽灌木或矮乔木幼苗，并且要结合刚性框架（水泥框架、预制件框架等）、铺挂铁丝网等防止土层滑落的方法一起使用。大于60° 的边坡只能移栽灌木。

（三）施工季节

在四季分明的温带地区，一般以秋冬落叶后至春季萌芽前的休眠时期最为适宜。就多数地区和大部分树种来说，以晚秋和早春为最好。大致上，冬季寒冷地区和在当地不耐寒的树种宜春栽，冬季较温暖和在当地耐寒的树种宜秋栽。至于具体到一个地区的植树季节，应根据当地的气候特点，树木种类和任务大小，以及技术力量而定。

（四）厚度标准与施工方法

坡面木本植物移栽一般采用穴栽移植的方法，即根据移栽木本植物幼苗的大小，在坡面上预留移植穴，移植穴的直径比根幅（或容器袋、营养杯、土球等的外径）大10cm以上，穴深比根长（或容器袋、营养杯、土球等的高度）大20cm以上。在进行木本幼苗移栽的坡面上，最好有10~20cm厚度的土层存在。

施工方法分为四步：一是坡面处理；二是选苗运输到施工现场；三是栽植修剪；四是浇水养护。

（五）物种选择要求

选择根系发达、生长快、耐干旱耐贫瘠的树种，以灌木和阔叶矮乔木为主，适当混栽一些针叶树。树种选择的基本原则如下：

（1）因地制宜，适地适树。

（2）以乡土物种为主，适当引进外地优良树种。

（3）根系发达，覆盖效果好，保持水土功能强。

（4）耐盐碱、耐瘠薄，耐粗放管理和有较强的抗旱、抗寒能力。

（5）具有较强的抗病虫害、抗污染能力。

（6）与周围的自然植被和环境相互协调。

（7）多物种混栽。

（六）主要设备及使用

移栽施工为手工作业，不需要使用专用设备。

（七）主要材料及配比

乔、灌木幼苗移栽需要的主要材料包括过筛细土、各类肥料（有机肥、无机肥、复合肥等）、各类添加剂（保水剂、土壤改良剂等）。过筛细土可使用当地原生表土、农田土和施工现场周边的工程弃土。

（八）施工流程

幼苗移栽施工工艺流程分为坡面处理、选苗运输、栽植修剪、浇水养护等环节。具体工艺流程见图4-14。

（九）技术要点

（1）选择发育正常、无病虫害、无机械损伤、优良健壮的幼苗，苗高以20~30cm为宜，这样可以保证地上地下平衡，减少水分蒸发，提高苗木成活率。

（2）定植穴在坡面上呈品字形布设，根据分布密度随物种不同进行调整，灌木密度为1株/（1~2m²），矮乔木密度为1株/（3~4m²）。

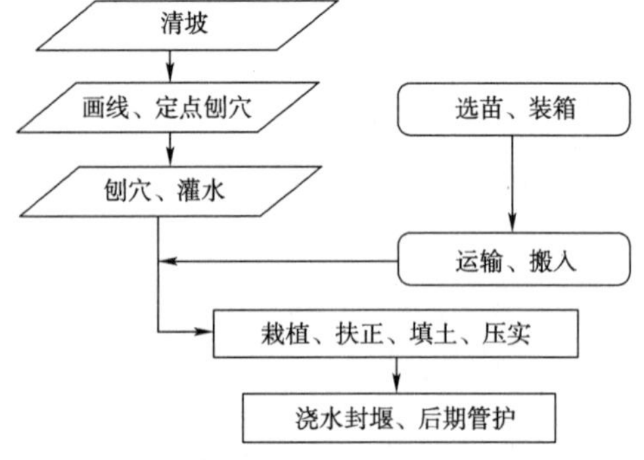

图4-14　坡面乔灌木幼苗移栽施工流程

（3）定植穴要根据苗木根系大小刨挖，其直径比根幅（或容器袋、营养杯、土球等的外径）大10cm以上，穴深比根长（或容器袋、营养杯、土球等的高度）大20cm以上，定植穴应与地表面垂直（不要与坡面垂直），在刨挖时要尽量减少对坡面的破坏，以减少水土流失。

（4）定植穴内放入的无机肥以对根系发育有促进作用的磷肥为主，如果是复合肥，磷的含量应大于氮和钾的含量。有机肥要使用充分发酵的堆肥，以避免害虫的侵入。

（5）定植后第一次浇水时应采用小水头、细水流、缓慢入渗的方式，保证浇足浇透，然后封堰（覆土）保墒，随后应再连续浇水2~3次，以保证移栽幼苗根系尽快恢复代谢平衡。

（6）移栽时间要根据季节的变化适时进行，一般以春季萌芽前的休眠时期最为适宜，北方地区在秋季移栽时，必须考虑幼苗移栽后的耐寒越冬问题，如果是还处于生长期的幼苗，最好是有一定的生长时间使幼苗的根系能与坡面土壤环境相融合。对于已经处于落叶期或休眠期的幼苗，在移栽时尽量避免施工对幼苗根系的扰动。

第二节　中央分隔带植被建植技术

中央分隔带是指位于公路上下行机动车道之间的带状分离空间。在中央分隔带进行植被建植或开展绿化，其主要目的是阻挡相向行驶车辆的眩光，美化路域景观，协调公路与周围自然环境的关系，对于保障行车安全，减轻驾驶疲劳具有十分重要的意义。

一、绿篱建植技术

绿篱就是将植物成行成排（单排或双排）密植，修剪成一定形状，主要是起分隔和防范的作用。公路中央分隔带绿化的主要功能是防止夜间对开车辆的灯光炫目、诱导视线以及美化公路环境，同时提高车辆行驶的安全性和舒适性，缓和公路交通对周围环境的影响，对保护自然环境和沿线居民的生活环境具有重要作用。

公路中央分隔带绿篱主要特点是：①中央分隔带植被可以常绿灌木为主，也可以花灌木为主，另外还可采用常绿灌木和花灌木相结合的方式；②树木株间距安排合理，具有防眩功能；③采用有效的栽植形式，绿化效果好；④花灌木间栽点缀，美化效果好。

（一）适用区域

依据气候区域划分，绿篱建植在半干旱地区、湿润地区都可以，在部分干旱地区也适用，如采用一些耐旱的物种。在一些石质山区不适用该技术。

（二）土质要求

种植时要根据土壤肥力的情况，进行部分或全部土壤改良与换土等施工环节，如通过增施有无机肥、有机肥料达到改良土壤目的。对于含盐量高的土壤必须采取土壤盐分治理措施，如通过配比一定量的泥炭或农家肥等，创造适合植株生长的土壤条件。

（三）施工季节

在温带地区，一般是以秋冬落叶后至春节萌芽前的休眠时期最为适宜，就大多数地区和大部分区域来说，以晚秋和早春为最好。大致上，冬季寒冷地区和在当地不耐寒冷的树种宜春栽植，冬季较温暖和在当地耐寒冷的树种宜秋栽。

（四）施工方法

不同地区的施工方法略有不同，但主要以苗木移栽技术辅以一定的植株管护措施为主。

（五）物种选择

物种应根据中央分隔带的实际情况以及中央分隔带绿篱所起的特殊作用进行选择，具体包括以下几个方面：

（1）优先选择乡土物种，引进物种与当地气候相适应，具有良好抗逆性（抗旱、抗寒、抗病虫害、抗污染、耐瘠薄），适合粗放管理。

（2）植物在多方面有较高的观赏价值。

（3）由于中央分隔带比较窄，所选植株要起到防眩和引导行车的作用。

（4）考虑植株来源是否可以保证，最好是就地取材。

（5）苗木质量保证。

（6）经济实用。

（六）栽植设计

（1）植株间距。中央分隔带绿篱需满足树冠的遮光、防眩作用。一般来讲，在直线路段上防眩植株间距为2m ± 0.5m，曲线路段则为0.8m ± 0.2m，这样可起到较好的防眩效果。

（2）植株高度。植株太低就达不到防眩的目的，太高会隔断公路景观的连续性，对司乘人员的心理有不利影响，还会影响行车安全。中央分隔带树高一般控制在1.5m左右，单株可适当高些，控制在1.8m。篱可控制在1.2m，单株组合可控制在1.5m。同时树冠下净空高度不宜高于小轿车的车灯高度（约为40cm），如低于此高度应种植低矮灌木进行弥补。

（3）树冠大小。树冠的直径主要根据中央分隔带的宽度来定，考虑到我国中央分隔带的宽度一般较窄，树冠的直径宜控制在50~150cm，但树冠不能超出中央分隔带边缘。

（4）栽植形式。植株的配置指植株在水平、垂直方向上的栽植分布方式。把不同形态，不同大小的树种、花木甚至地被植物有机地结合起来，才能配置形成垂直方向上变化的植物景象。种植方式是指在水平方向上采取多种形式，如单株或几株组合，与花灌木单株交替栽植或分段交替栽植，成段绿篱与单株交替栽植等。植物一般修剪成篱形或球形等比较规则的形状，以符合中央分隔带规则的形状。

目前我国主要采取以下几种栽植形式：

① 全遮光式：Aa单行不透光密植、Ab双行三角状疏植；

② 半遮光散栽式：Bc单行等距离散栽式、Bd集团簇状等距离散栽式、

Be整形连续“Z”形散栽式、Bf整形不连续“//”形散栽式（图4–15）。

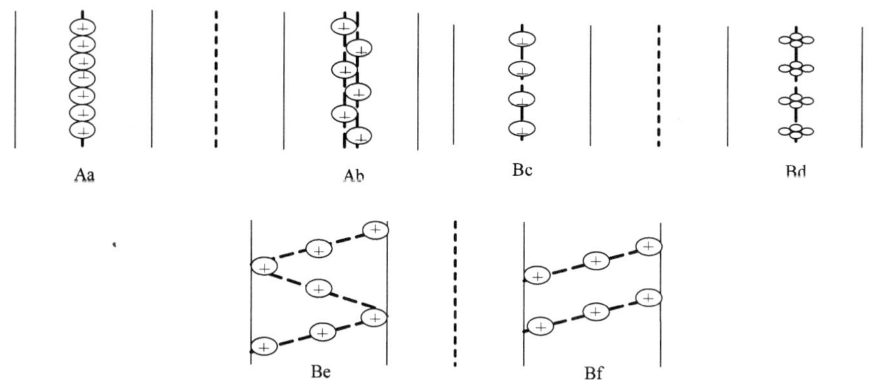

图4–15　中央分隔带绿篱不同栽植形式

（5）苗木规格。各类苗木规格见表4–8。

各类苗木规格　　表4–8

苗木类别	苗木规格	土球规格	
乔木（包括落叶和常绿高分枝单干乔木）	胸径（cm）	根系或土球直径（cm）	
	3.0～5.0	50～60	
	5.0～7.0	60～70	
	7.0～10.0	70～90	
落叶灌木（包括丛生和单干低分枝灌木）	高度（m）	根系直径（cm）	
	1.2～1.5	40～50	
	1.5～1.8	50～60	
	1.8～2.0	60～70	
	2.0～2.5	70～80	
常绿低分枝乔灌木	高度（m）	土球直径（cm）	土球高（cm）
	1.0～1.2	30	20
	1.2～1.5	40	30
	1.5～2.0	50	40
	2.0～2.5	70	50
	2.5～3.0	80	60

（七）主要设备及使用

绿篱施工过程中使用的设备主要有3个：土筛、搅拌机、洒水车。设备需求量根据施工进度与施工人数确定。

（八）主要材料及配比

主要材料为中央分隔带客土改良的材料，包括：①有机肥，如秸秆堆肥、农家肥等；②无机肥料，如各种速效肥料和缓效肥料等；③各种添加剂，如保水剂、土壤改良剂等。

（九）施工流程

绿篱技术施工程序为栽植树穴准备、土壤改良、苗木挖掘与包装、苗木栽植、后期管护（覆无纺布或稻草秸秆、浇水养护等）。

（十）技术要点

（1）检查种植树穴大小及深度，不符合要求的进行修整。

（2）绿篱苗木应该种在一条线上，相邻植株规格应合理搭配，高度、干径、树形近似。

（3）苗木质量必须保证，栽植的苗木应保持直立，不得倾斜。

（4）栽植带土球的苗木时，包装必须拆除，栽植后的苗木及时进行灌水。树木栽植完必须浇三遍水：第一遍，栽完24h必须浇水，一定浇透，这是“定根水”又称“救命水”；第一遍水3d后浇第二遍水；第二遍水7~10d后浇第三遍水。

（5）种植时根系必须舒展，填土应分层踏实，种植深度应与原种植线一致。

（6）秋季种植的苗木，浇足水后可以封穴越冬。

（7）灌水要适时适量，夏季灌溉应在早晚进行，灌溉用水必须对植物没有毒害作用。

（8）适当进行修枝整形。

（9）对死亡的植株及时进行补植。

（10）灌溉前先松土，灌溉后待水分渗入土壤，表土稍干时，进行松土保墒。要及时施肥，满足植株生长的需求，干旱时追肥应结合灌水，否则会加重旱情。

二、草坪建植技术

草坪建植技术主要是针对宽度大于3m的公路中央分隔带，在分隔带内通过铺设草坪并与防眩树和花灌木相结合的方式，实现上、下行车道分离，阻挡或减轻夜间相向行驶车辆的眩光，保障行车安全，美化和丰富路域景观等功能。

该技术主要特点是：①中央分隔带草坪建植技术主要应用于宽度大于3m的中央隔离区域，并且常与灌木栽植相结合；②中央分隔带草坪可以采用人工建植、机械建植、人工+种子载体建植等多种技术建成，施工过程相对简单易行，施工方式灵活多样，其中较为常用的方法是草皮铺植；③中央分隔带草坪的排水设施沿线路走向设在草坪中央，以保证草坪内部积水不流向路面。

（一）适用区域

北方地区应以冷季型草坪草和乡土草种为主，在南方地区应以暖季型草坪草种和乡土草种为主。

（二）施工季节

暖季型草坪多适宜于春季建植，冷季型草坪适宜于春季或秋季建植。北方一般在4月下旬至6月初，或8月底至10月初进行。不论春播或秋播，都是早播比迟播为佳。

（三）施工方法

（1）场地和土壤的准备。主要包括三项内容：①场地清理；②场地平整或造型；③土壤改良。

（2）草籽建植。草籽建植是指利用草坪草的种子建植新草坪。草籽建植又分种子直播、草籽植生带和草籽泥浆喷播三种方式。

（3）草茎播植。将挖取的草坪根茎，匍匐茎抖去泥土，切成含2~4节小段，每段长约5cm，用于草茎撒播建植草坪。为了防止草段失水干枯，堆放时应随时洒水，保持湿润，并应尽快播植，以免影响成活率。将准备好的碎草茎均匀地撒播于坪床上，然后覆盖一层薄薄的细土并镇压，使草茎与土壤紧密接触，然后经常喷水，保持土壤湿润，1个月左右即会生根，长出新芽，2~3个月即可成坪。

（4）草皮铺植。草皮铺植的施工技术关键是尽量缩短商品草皮的运输和放置时间，并在草皮铺植后及时镇压和浇水。在高温季节铺植中央分隔带草坪时则需边铺边浇水。第一次浇透水后1~2d，再进行一次镇压，使新植草皮更好地与土壤结合，有利于提高成活率。

（5）养护与管理。主要包括灌水、刈剪、施肥等。

（四）物种选择

（1）选择与该地区自然条件相适宜的草种，主要包括气候适应性和土壤适应性。

（2）多年生草坪草种，环保性能好。

（3）多为低矮匍匐茎型或丛生型禾本科植物，生长速度快，覆盖能力强。

（4）地面上部生长点很低，并常有坚韧叶鞘的多重保护，耐修剪和践踏。

（5）适合于各类环境生长，特别是在温度变化剧烈，土壤干旱瘠薄或土壤酸碱度非理想的状况下。

（五）主要设备及使用

中央分隔带草坪建植所需设备见4–9。

主要设备及用途 表4–9

名　称	用　途
喷播机	用于草籽泥浆喷播
手持式播种器（附图9）	用于常规播种方法
肩背式播种器	用于常规播种方法
手推式播种器（附图10）	用于常规播种方法
搅拌机	用于土壤和各种添加剂混合
洒水车	用于草坪的后期管理和养护
草坪剪草机	用于草坪的后期管理和养护

（六）播种量的确定

播种量一般可按表4–10进行取用。特殊情况下，为了加快成坪速度，可适当加大播种量。

（七）施工流程

施工流程见图4–16。

（八）技术要点

（1）中央分隔带土壤处理要细致、平整，播种时种子要定量均匀下播。

（2）播种草籽和草茎时切勿将种子散开过久晒干造成缩芽、干枯，必须将已发芽种子和准备好的草茎尽快均匀播撒于湿润土壤之中。

草坪草种的播种量　表4–10

暖季型草坪草	播种量（g/m²）	冷季型草坪草	播种量（g/m²）
野牛草	20~25	剪股颖属草种	3~5
巴哈雀稗	20~35	早熟禾属草种	5~8
格兰马草	6~12	羊茅，紫羊茅	14~17
狗牙根	4~8	苇状羊茅	25~35
结缕草	8~15	黑麦草	24~35
假俭草	16~18	猫尾草	6~8
地毯草	6~10	冰草	15~17

（3）中央分隔带铺设草皮时，应掌握好草皮块和连接缝隙的大小，以达到功能和成本的双重标准。

（4）土壤潮湿时不宜镇压，否则会造成土壤板结、不透气，对草坪生长发育不利。

（5）种子建坪初期，叶质较嫩，容易招致病虫侵害，需要注意喷药防治病虫害。

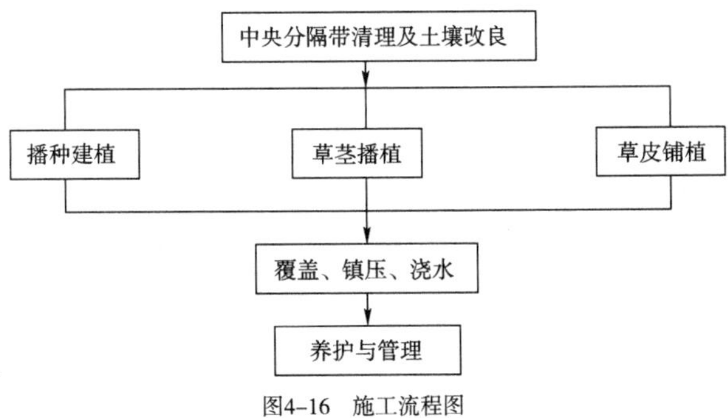

图4–16　施工流程图

第五章
乡土植物资源筛选研究

第一节　西部地区路用乡土植物资源筛选方案

针对各省的公路路域生态工程技术进行调研，尤其是植被持续效果表现的调研，确定各研究区乡土植物资源筛选方案。

（1）西南区。以边坡持续效果好的草本植物和灌木植物的筛选为重点，以边坡的灌木化为目标进行植物的筛选，以中央分隔带、行道树、绿篱等区域的适用植物筛选为补充。

筛选手段：试验研究为主，调查研究为辅。在云南的试验研究主要基于1998年实施的植物筛选小区后续表现的跟踪观测，在对植物持续效果进行评估的基础上筛选。湖北采用以新建公路的植物筛选试验观测为主、调查为辅的手段，将灌木的筛选作为重点。

（2）西北风沙干旱区和黄土高原区。以边坡、中央分隔带的抗旱耐盐碱植物为筛选重点，行道树、绿篱等的适用植物筛选为补充。

筛选手段：调查研究为主，试验研究为辅。调查该区能在恶劣条件下生长的植物种类及其路域适应状况，试验研究主要对有望大规模应用的植物组合模式进行综合观测与评定。

（3）青藏高原区。以边坡抗寒植物为筛选重点。

筛选手段：调查研究。该区植物类型相对单一，高寒区更是如此。通过调查该区分布的主要耐寒植物类型以及目前在畜牧业开发利用的状况，筛选出适应高寒环境和种子生产初具规模的植物种类。

第二节 西南区乡土植物资源筛选

一、路域适用植物的持续性研究

依托原楚雄—大理高速公路进行的路域适用草本植物筛选试验小区的跟踪观测，植物竞争与扩散状况见表5-1与图5-1。

供试植物的年际表现 表5-1

序号	种类及配比	各年的生长与存活状况							
		1998年	1999年	2000年	2001年	2002年	2003年	2004年	2005年
1	百脉根	●	●	●	●	⊙	⊙	⊙	⊙
2	草地早熟禾	●	⊙	⊙	○	○	○	○	○
3	地毯草	●	⊙	○	○	○	○	○	○
4	孔颖草	●	●	●	●	●	●	●	●
5	无芒雀麦	●	●	●	⊙	⊙	○	○	○
6	东非狼尾草	●	●	●	●	●	●	●	●
7	云南狼尾草	●	●	●	●	●	●	●	●
8	苜蓿	●	●	●	●	●	●	⊙	⊙
9	紫羊茅	●	●	●	●	⊙	⊙	⊙	⊙
10	匍匐紫羊茅	●	●	●	●	⊙	⊙	⊙	⊙
11	红三叶	●	●	●	●	⊙	⊙	⊙	○
12	白三叶	●	●	●	●	●	●	●	●
13	百喜草	●	●	●	●	⊙	⊙	○	○
14	鸭茅	●	●	⊙	⊙	⊙	⊙	⊙	○
15	弯叶画眉草	●	●	●	●	●	●	●	●
16	细弱翦股颖	●	⊙	⊙	○	○	○	○	○
17	狗牙根	●	●	●	●	●	●	●	●
18	云南知风草	●	●	●	●	●	●	●	●
19	非洲狗尾草	●	●	●	●	●	●	●	●
20	多年生黑麦草	●	●	●	⊙	⊙	⊙	○	○

续上表

序号	种类及配比	各年的生长与存活状况							
		1998年	1999年	2000年	2001年	2002年	2003年	2004年	2005年
21	黑麦草混合	●	●	●	⊙	⊙	⊙	○	○
22	高羊茅	●	●	●	●	●	●	●	●
23	高羊茅混合	●	●	●	●	●	●	●	●
24	碱茅	●	⊙	⊙	⊙	○	○	○	○
25	冰草	●	⊙	⊙	⊙	⊙	○	○	○
26	结缕草	●	⊙	⊙	⊙	⊙	○	○	○
27	苦刺花	●	●	●	●	●	●	●	●
28	黑荆树	●	●	●	●	●	●	●	●

注：● 表示植株成活较好，或在所种植小区内基本上均有分布。

⊙ 表示植株生长较差，在个别小区内已消失。

○ 表示植株在所种植小区内已完全消失，小区内植物已演替成其他物种。

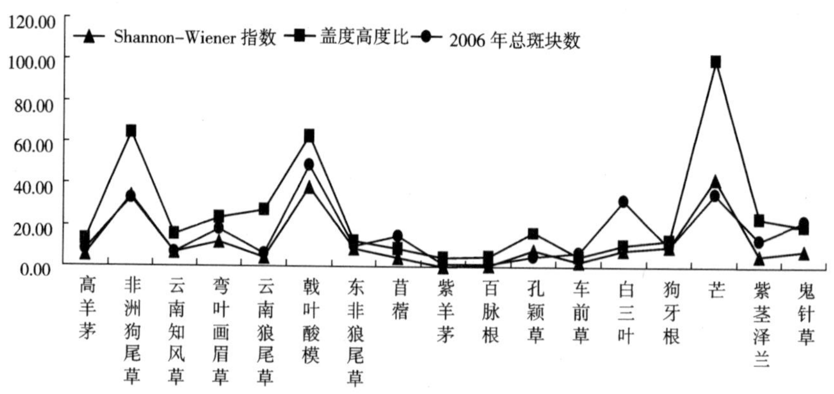

图5-1　供试植物的生长情况

根据植物的持续性能表现，确定这些植物中有22种植物可以根据不同组合目的进行应用，供试植物可分为3类：

（1）持续性能好。8年观测期，在群落中保持较大的斑块优势度，这些植物可用作混播建群。主要有非洲狗尾草、云南狼尾草、弯叶画眉草、东非狼尾草、紫花苜蓿、狗牙根、云南知风草、白三叶、高羊茅、芒和戟叶酸模等11个草本建群种，但以草本为单一建群种的群落其分盖度会出现不同程度下降，因此不是西南区理想的植物组合类型。

（2）前期表现好。2年间退化迅速的物种，可以用作先锋种，分别是多年生黑麦草、鸭茅。

（3）前期表现较好。8年观测期退化较大的物种，可以用作群落伴生种，分别为百脉根、紫羊茅、红三叶。

此外，本试验筛选出乡土灌木与乔木种共6种，分别是苦刺、坡柳、黄槐、马棘、黑荆树和波叶山蚂蟥。木本植物有较佳的持续性，这是西南地区的理想目标类型。

二、路域适用植物初选

以湖北省乡土植物资源调查筛选为重点，筛选出的植物不仅可以应用于西部的云贵高原区、四川盆地区，并可辐射到华中地区、华南地区，包括中部的江西、河南，南部的两广区域等省份。通过调查湖北省分布的植被种类，根据公路生态环境特点，基于适应性强、生长速度快、繁殖相对容易并适合路域功能区景观与生长特性要求等原则，筛选适用的乡土植物。为了提高初选植物筛选范围，筛选出的植物并不一定每种均具有以上生长特性，在具体选择应用时，一些植物还需要进行繁殖与生长习性的进一步研究。

（一）公路护坡适用野生植物

经初步筛选后，公路路用及常见有利用价值的护坡植物除松、杉、柏类等树种外，另筛选出178种植物，详见表5–2。

公路护坡适用野生植物　　表5–2

序号	植物名	拉丁学名	序号	植物名	拉丁学名
1	小果蔷薇	*Rosa cymosa var.cymosa R.cymosa TraR.*	15	楝	*Melia azedarach*
2	野蔷薇	*Rosa multiflora Thunb.*	16	泡桐	*Paulownia*
3	太平莓	*Rubus pacificus Hance*	17	火棘	*Pyracantha fortuneana*
4	野葛	*Pueraria lobata（Willd.）Ohwi*	18	野鸦椿	*Euscaphis japonica*
5	鄂羊蹄甲	*Bauhinia glauca subsp.hupehana*	19	野菊	*Dendranthema indicum*
6	胡枝子	*Lespedeza bicolor*	20	毛华菊	*Dendranthema vestitum*
7	木蓝	*Indigofera tinctoria*	21	白羊草	*Bothriochloa ischaemun*
8	芒	*Miscanthus sinensis*	22	臭根子草	*Bothriochloa bladhii var. bladhii*
9	五节芒	*Miscanthus floridulu*	23	狗牙根	*Cynodon dactylon*
10	金丝桃	*Hypericum chinense L.*	24	野古草	*Arundinella anomala*
11	刺槐	*Robinia pseudoacacia*	25	细叶结缕草	*Zoysia tenuifolia*
12	樟树	*Cinnamomum camphora*	26	假俭草	*Eremochloa ophiuroides*
13	臭椿	*Ailanthus altissima Swingle*	27	黄背草	*Themeda japonica*
14	毛黄栌	*Cotinus coggygria var.pubescens*	28	拟金茅	*Eulaliopsis binata*

续上表

序号	植物名	拉丁学名	序号	植物名	拉丁学名
29	丛毛羊胡子草	*Eriophrum comosum*	60	芫花	*Daphne genkwa*
30	绣球小冠花	*Coronilla varia*	61	结香	*Edgeworthia chrysantha*
31	蜈蚣草	*Eremochloa ciliaris*	62	槐树	*Sophora japonica var.japonica*
32	芒萁	*Dicrano pteris pedata*	63	小黄构	*Wikstroemia micrantha*
33	南蛇藤	*Celastrus orbiculatus*	64	小花琉璃草	*Cynoglossum lanceolatum*
34	迎春	*Jassminum nudiflorum*	65	琉璃草	*Cynoglossum furcatum*
35	探春	*Jasminum floridum*	66	马鞭草	*Verbena officinalis*
36	苍耳	*Xanthium sibiricum*	67	云实	*Caesalpinia decapetala*
37	小蓬草	*Conyza canadensis*	68	花椒	*Zanthoxylum bungeanum*
38	天名精	*Carpesium abrotanoides*	69	红三叶	*Trifolium pratense*
39	豨莶	*Siegesbeckia orientalis*	70	白三叶	*Trifolium repens*
40	蒿	*Artemisia sphaerocephala*	71	油茶	*Camellia oleifera var.oleifera*
41	狼杷草	*Bidens tripartita*	72	木槿	*Hibiscus syriacus var.syriacus*
42	鸡眼草	*Kummerowia striata*	73	白酒草	*Conyza japonica*
43	长萼鸡眼草	*Kummerowia stipulacea*	74	紫菀	*Aster tataricus*
44	黑麦草	*Lolium perenne*	75	沿阶草	*Ophiopogon bodinieri*
45	鸭茅	*Dactylis glomerata*	76	珊瑚树	*Viburnum odoratissimum*
46	白茅	*Imperata cylindrica*	77	小叶女贞	*Ligustrum quihoui*
47	橘草	*Cymbopogon goeringii*	78	野桐	*Mallotus japonicus var. floccosus*
48	狼尾草	*Pennisetum alopecuroides*	79	知风草	*Eragrostis ferruginea*
49	牛筋草	*Eleusine indica*	80	画眉草	*Eragrostis pilosa*
50	大丽花	*Dahlia pinnata*	81	商陆	*Phytolacca acinosa*
51	千日红	*Gomphrena globosa*	82	狗尾草	*Setaria viridis*
52	枫杨	*Pterocarya stenoptera*	83	白草	*Pennisetum flaccidum*
53	构树	*Broussonetia papyifera*	84	鼠尾粟	*Sporobolus fertilis*
54	女贞	*Ligustrum lucidum*	85	看麦娘	*Alopecurus aequalis*
55	桑	*Morus alba var.alba*	86	酸模	*Rumex acetosa*
56	垂柳	*Salix babylonica*	87	杜鹃	*Rhododendron simsii*
57	意杨	*Populus euramevicana*	88	一年蓬	*Erigeron annuus*
58	枫香	*Liquidambar formosana*	89	杭子梢	*Campylotropis macrocarpa*
59	牡荆	*Vitex negundo var.cannabifolia*	90	百脉根	*Lotus cornioulatus*

续上表

序号	植物名	拉丁学名	序号	植物名	拉丁学名
91	白花草木樨	*Melilotus albus*	122	山桃	*Amygdalus davidiana var. davidiana*
92	盐肤木	*Rhus chinensis Mill*	123	卫矛	*Euonymus alatus*
93	黄连木	*Pistacia chinensis*	124	半边月	*Weigela japonica var.sinica*
94	川桂	*Cinnamomum wilsonii*	125	红花檵木	*Loropetalum chinense var. rubrum*
95	山胡椒	*Lindera glauca*	126	枳椇	*Hovenia acerba*
96	木姜子	*Litsea pungens*	127	棕榈	*Trachycarpus fortunei*
97	醉鱼草	*Buddleja lindleyana*	128	冬青	*Ilex chinensis*
98	大叶醉鱼草	*Buddleja davidii*	129	香椿	*Toona sinensis*
99	日本小檗	*Berberis thunbergii*	130	柘树	*Cudrania tricuspidata*
100	枸杞	*Lycium chinense Mill*	131	榕	*Ficus spp.*
101	大火草	*Anemone tomentosa*	132	算盘子	*Glochidion puberum*
102	打破碗花	*Anemones hupehensis*	133	湖北算盘子	*Glochidion wilsonii*
103	野茉莉	*Styrax japonicus*	134	华千金榆	*Carpinus cordata var.chinensis Franch*
104	金线草	*Antenoron filiforme*	135	雷公鹅耳枥	*Carpinus viminea*
105	油桐	*Vernicia fordii*	136	藏刺榛	*Corylus ferox var.thibetica*
106	乌柏	*Sapium sebiferum*	137	苦槠	*Castanopsis sclerophylla*
107	蒲公英	*Taraxacum officnala*	138	青冈	*Cyclobalanopsis glauca*
108	马兰	*Kalimeris indica*	139	小枝青冈	*Cyclobalanopsis ciliaris*
109	千里光	*Senecio scandens*	140	槲栎	*Quercus aliena*
110	山酢浆草	*Oxalis acetosella ssp.griffithii*	141	白栎	*Quercus fabri*
111	蝴蝶花	*Iris japonica*	142	大果榉	*Zelkova sinica*
112	萱草	*Hemerocallis fulva*	143	朴	*Celtis sinensis*
113	麦冬	*Ophiopogon japonicus*	144	鹅掌楸	*Liriodendron chinense*
114	菝葜	*Smilax china*	145	梓	*Catalpa ovata*
115	空心莲子草	*Alternanthera philoxeroides*	146	紫薇	*Lagerstroemia indica*
116	豚草	*Ambrosia artemisiifolia*	147	荷花玉兰	*Magnolia grandiflora*
117	白马骨	*Serissa serissoides*	148	湖北海棠	*Malus hupehensis*
118	刺茶美登木	*Maytenus variabilis*	149	华中山楂	*C. wisonii Sarg.*
119	月月青	*Itea ilicifolia*	150	湖北山楂	*Crataegus hupehensis*
120	石榴	*Punica granatum*	151	沙梨	*Pyrus pyrifolia*
121	李	*Prunus salicina*	152	悬铃木	*Platanus occidentalis*

续上表

序号	植物名	拉丁学名	序号	植物名	拉丁学名
153	夏枯草	*Prunella vulgaris*	166	箬竹	*Indocalamus tessellatus*
154	小婆婆纳	*Veronica serpyllifolia*	167	香附子	*Cyperus rotundus*
155	大青	*Clerodendron cyrtophyllum*	168	大豆	*Glycine max*
156	臭牡丹	*Clerodendrum bungei var.bungei*	169	多花木蓝	*Indigofera amblyantha*
157	野紫苏	*Perilla frutescens var.purpurascens*	170	马棘	*Indigofera pseudotinctoria*
158	牛至	*Origanum vulgare*	171	多花胡枝子	*Lespedeza floribunda*
159	紫金牛	*Ardisia japonica*	172	茅栗	*Castanea seguinii*
160	铁仔	*Myrsine africana*	173	凤尾蕨	*Pteris multifida Poir*
161	锦鸡儿	*Caragana sinica*	174	乌蕨	*Stenoloma chusanum*
162	鬼针草	*Bidens pilosa*	175	紫萁	*Osmunda japonica Thunb.*
163	铁苋菜	*Acalypha australis*	176	费菜	*Phedimus aizoon var.aizoon*
164	海桐	*Pittosporum tobira*	177	小叶蚊母树	*Distylium buxifolium*
165	黄杨	*Buxus microphylla subsp.sinca*	178	中华蚊母树	*Distylium chinense*

（二）公路行道树适用树种

公路行道树营造应采用乔、灌、草和地被物以及藤本植物的立体模式，这一模式既可减少病虫害又可获得较大的生态效益和经济效益。可选树种共97种，详见表5–3。

公路行道树适用树种 表5–3

序号	植物名	拉丁学名	序号	植物名	拉丁学名
1	银杏	*Ginkgo biloba*	11	大果榉	*Zelkova sinica*
2	樟树	*Cinnamomum camphora*	12	紫弹树	*Celtis biondii*
3	鹅掌楸	*Liriodendron chinense*	13	朴树	*Celtis sinensis*
4	水杉	*Metasequoia glyptostroboides*	14	楝	*Melia azedarach*
5	枫杨	*Pterocarya stenoptera*	15	臭椿	*Ailanthus altissima*
6	荷花玉兰	*Magnolia grandiflora*	16	香椿	*Toona sinensis*
7	白花泡桐	*Paulownia fortunei*	17	栾树	*Koelreuteria paniculata*
8	川泡桐	*Paulownia fargesii*	18	梓树	*Catalpa ovata*
9	毛泡桐	*Paulownia tomentosa*	19	马尾松	*Pinus massoniana*
10	光泡桐	*Paulownia tomentosa var. tsinlingensis*	20	巴山松	*Pinus tabuliformis var.henryi*

续上表

序号	植物名	拉丁学名	序号	植物名	拉丁学名
21	华山松	*Pinus armandii*	48	山胡椒	*Lindera glauca*
22	金钱松	*Pseudolarix amabilis*	49	木姜子	*Litsea pungens*
23	日本落叶松	*Larix kaempferi*	50	宜昌润楠	*Machilus ichangensis*
24	柳杉	*Cryptomeria japonica var. sinensis*	51	竹叶楠	*Phoebe faberi*
25	杉木	*Cunninghamia lanceolata var. lanceolata*	52	檫木	*Sassafras tzumu*
26	油松	*Pinus tabuliformis*	53	重阳木	*Bischofia polycarpa*
27	白皮松	*Pinus bungeana*	54	盐肤木	*Rhus chinensis*
28	柏木	*Cupressus funebris*	55	化香	*Platycarya strobilacea*
29	刺柏	*Juniperus formosana*	56	栗	*Castanea mollissima*
30	龙柏	*Juniperus chinensis cv. kaizuka*	57	栎	*Quercus spp.*
31	塔柏	*Sabina chinensiscv. Pyramidali*	58	桑	*Morus alba*
32	圆柏	*Juniperus chinensis var.chinensis*	59	高丛珍珠梅	*Sorbaria arborea var.arborea*
33	侧柏	*Platycladus orientalis*	60	乌柏	*Sapium sebiferum*
34	黄连木	*Pistacia chinensis*	61	油桐	*Vernicia fordii*
35	枫香	*Liquidambar formosana*	62	柿	*Diospyros kaki*
36	冬青	*Ilex chinensis*	63	油柿	*Diospyros oleifera*
37	枸骨	*Ilex cornuta*	64	棕榈	*Trachycarpus fortunei*
38	猫儿刺	*Ilex pernyi*	65	枳椇	*Hovenia acerba var.acerba*
39	女贞	*Ligustrum lucidum*	66	小叶杨	*Populus simonii*
40	珊瑚树	*Viburnum odoratissimum*	67	意杨	*Populus euramevicana*
41	桂花	*Osmanthus fragrans*	68	垂柳	*Salix babylonica*
42	喜树	*Camptotheca acuminata*	69	粗糠树	*Ehretia dicksonii*
43	玉兰	*Magnolia denudata*	70	厚壳树	*Ehretia acuminata*
44	紫花玉兰	*Magnolia liliflora*	71	刺槐	*Robinia pseudoacacia*
45	武当木兰	*Magnolia sprengeri*	72	梧桐	*Firmiana platanifolia*
46	川桂	*Cinnamomum wilsonii*	73	枇杷	*Eriobotrya japonica*
47	香叶子	*Lindera fragrans*	74	粗糠柴	*Mallotus philippinensis*

续上表

序号	植物名	拉丁学名	序号	植物名	拉丁学名
75	柞木	*Xylosma japonicum*	87	漆树	*Toxicodendron vernicifluum*
76	南紫薇	*Lagerstroemia subcostata*	88	夹竹桃	*Nerium oleander*
77	紫薇	*Lagerstroemia indica*	89	紫荆	*Cercis chinensis*
78	山矾	*Symplocos sumuntia*	90	臭檀	*Euodia daniellii*
79	山茶	*Camellia japonica*	91	紫叶李	*Prunus ceraifera cv. Pissardii*
80	油茶	*Camellia oleifera*	92	石楠	*Photinia serratifolia*
81	茶	*Camellia sinensis var.sinensis*	93	稠李	*Padus avium var.avium*
82	木槿	*Hibiscus syriacus var.syriacus*	94	卫矛	*Euonymus alatus*
83	石榴	*Punica granatum*	95	苦木	*Picrasma quassioides*
84	合欢	*Albizia julibrissin*	96	无患子	*Sapindus mukorossi*
85	山合欢	*Albizia kalkora*	97	五裂槭	*Acer oliverianum Pax*
86	野漆树	*Toxicodendron succedaneum*			

（三）公路两侧围篱适用植物

可选植物种共75种，详见表5-4。

公路两侧围篱适用植物　表5-4

序号	植物名	拉丁学名	序号	植物名	拉丁学名
1	小果蔷薇	*Rosa cymosa var.cymosa*	14	云实	*Caesalpinia decapetala*
2	野蔷薇	*Rosa multiflora*	15	薜荔	*Ficus pumila var.pumila*
3	七姊妹	*Rosa multiflora Thunb. var. carnea Thory*	16	常春藤	*Hedera nepalensis var. sinensis*
4	金樱子	*Rosa laevigata*	17	常春油麻藤	*Mucuna sempervirens*
5	山莓	*Rubus corchorifolius*	18	南蛇藤	*Celastrus orbiculatus*
6	竹叶鸡爪茶	*Rubus bambusarum*	19	苦皮藤	*Celastrus angulatus*
7	高粱泡	*Rubus lambertianus var. lambertianus*	20	大芽南蛇藤	*Celastrus gemmatus*
8	凌霄	*Campsis grandiflora*	21	铁线莲	*Clematis tangutica*
9	厚萼凌霄	*Campsis radicans*	22	菝葜	*Smilax china*
10	紫藤	*Wisteria sinensis f.sinensis*	23	木防己	*Cocculus orbiculatus var. orbiculatus*
11	葛藤	*Pueraria lobata var.lobata*	24	金线吊乌龟	*Stephania cepharantha*
12	崖豆藤	*Millettia spp.*	25	轮环藤	*Cyclea racemosa forma. Racemosa*
13	大金刚藤	*Dalbergia dyeriana*	26	鄂羊蹄甲	*hinia glauca subsp.hupehana*

续上表

序号	植物名	拉丁学名	序号	植物名	拉丁学名
27	鞍叶羊蹄甲	*Bauhinia brachycarpa var. brachycarpa*	52	杠板归	*Polygonum perfoliatum*
28	鹰爪枫	*Holboellia coriacea*	53	何首乌	*Polygonum multiflorum Thunb.*
29	三叶木通	*Akebia trifoliata subsp. trifoliata*	54	鸡矢藤	*Paederia scandens*
30	白木通	*Akebia trifoliata subsp. australis*	55	毛鸡矢藤	*paederia cavaleriei var. tomentosa*
31	五叶木通	*Akebia quinata*	56	珊瑚树	*Viburnum odoratissimum var. odoratissimum*
32	秤钩风	*Diploclisia affinis*	57	海桐	*Pittosporum tobira*
33	五月瓜藤	*Holboellia angustifolia subsp. angustifolia*	58	盘叶忍冬	*Lonicera tragophylla*
34	崖爬藤	*Tetrastigma obtectum var. obtectum*	59	小叶女贞	*Ligustrum quihoui*
35	三叶崖爬藤	*Tetrastigma hemsleyanum*	60	枸骨	*Ilex cornuta*
36	毛叶崖爬藤	*Tetrastigma obtectum var. pilosum*	61	猫儿刺	*Ilex pernyi*
37	扶芳藤	*Euonymus fortunei*	62	火棘	*Pyracantha fortuneana*
38	刺葡萄	*Vitis davidii var.davidii*	63	夹竹桃	*Nerium oleander*
39	毛葡萄	*Vitis heyneana var.heyneana*	64	石榴	*Punica granatum*
40	葛藟	*Vitis flexuosa*	65	刺槐	*Robinia pseudoacacia var. pseudoacacia*
41	小叶葛藟	*V.f.var.parvifolia*	66	花椒	*Zanthoxylum bungeanum var. bungeanum*
42	多花勾儿茶	*Berchemia floribunda var. floribunda*	67	柘树	*Cudrania tricuspidata*
43	忍冬	*Lonicera japonica var. japonica*	68	柞木	*osma racemosum var. racemosum*
44	络石	*Trachelospermum jasminoides*	69	穿龙薯蓣	*Dioscorea nipponica var. nipponica*
45	石血	*Trachelospermum jasminoides* (*Lindl.*) *Lem. var. heterophyllum Tsiang*	70	紫黄姜	*D. n. ssp. rosthornii*
46	紫花络石	*Trachelospermum axillare*	71	钩藤	*Uncaria rhynchophylla*
47	湖北络石	*T.gracilipes var.hupehense*	72	三裂蛇葡萄	*Ampelopsis delavayana var. delavayana*
48	萝藦	*Metaplexis japonica*	73	楤木	*Aralia chinensis*
49	苦绳	*Dregea sinensis var.sinensis*	74	爬山虎	*Parthenocissus tricuspidata*
50	茜草	*Rubia cordifolia*	75	川鄂爬山虎	*P. henryana*
51	葎草	*Humulus scandens*			

（四）中央分隔带适用植物

可选植物种共85种，详见表5-5。

中央分隔带适用植物 表5–5

序号	植物名	拉丁学名	序号	植物名	拉丁学名
1	木槿	*Hibiscus syriacus var.syriacus*	32	笔柏	*S.chinensis Var.pyramidalis (car) Rehd*
2	木芙蓉	*Hibiscus mutabilis*	33	线柏	*Chamaecyparis pisifera*
3	黄蜀葵	*Abel moschus*	34	鹿角桧	*Sabina chinensis Pfitzeriana Glauca*
4	蜀葵	*Althaea rosea*	35	红叶李	*Prunus cerasifera Ehrh.*
5	山茶	*Camelia japonica*	36	七姊妹	*Rosa multiflora Thunb. var. carnea Thory*
6	茶	*Camellia sinensis var.sinensis*	37	棣棠	*Kerria japonica*
7	月季	*Rosa chinensis var.chinensis*	38	夹竹桃	*Nerium oleander*
8	万寿菊	*Tagets erecta*	39	老鼠矢	*Symplocos stellaris var. stellaris*
9	金丝桃	*Hypericum chinense L*	40	珊瑚树	*Viburnum odoratissimum var. odoratissimum*
10	金丝梅	*Hypericum patulum*	41	大丽花	*Dahlia pinnata*
11	长柱金丝桃	*Hypericum longistylum subsp. longistylum*	42	火棘	*Pyracantha fortuneana*
12	元宝草	*Hypericum sampsonii*	43	紫藤绣球绣线菊	*Spiraea blumei*
13	贯叶连翘	*Hypericum perforatum*	44	华北绣线菊	*S.fritschiana*
14	紫茉莉	*Mirabilis jalapa*	45	翠蓝绣线菊	*Spiraea henryi var.henryi*
15	岩杉树	*Wikstroemia angustifolia*	46	铁仔	*Myrsine africana*
16	小黄构	*Wikstroemia micrantha var. micrantha*	47	迎春	*Jasminum nudiflorum var. nudiflorum*
17	芫花	*Daphne genkwa*	48	探春	*Jasminum floridum*
18	结香	*Edgeworthia chrysantha*	49	马齿苋	*Portulaca oleracea*
19	紫薇	*Lagerstroemia indica*	50	大花马齿苋	*P.grandiflora*
20	多种小叶女贞	*Ligustrum quihoui*	51	绣球小冠花	*Coronilla varia*
21	野扇花	*Sarcococca ruscifolia*	52	千日红	*Gomphrena globosa*
22	日本小檗	*Berberis thunbergii*	53	绳子草	*Silene fortunei*
23	唐菖蒲	*Acorus calamus var.calamus*	54	戟叶蓼	*Polygonum thunbergii*
24	蝴蝶花	*Iris japonica*	55	石榴	*Punica granatum*
25	黄杨	*Buxus microphylla subsp.sinca*	56	苘麻	*Abutilon theophrasti*
26	小叶黄杨	*Buxus sinica var.parvifolia*	57	菊芋	*Helianthus tuberosus*
27	红花檵木	*Loropetalum chinense var. rubrum*	58	梵天花	*Urena lobata*
28	南天竹	*Nandina domestica*	59	冬青卫矛	*Euonymus japonicus*
29	侧柏	*Platycladus orientalis*	60	剪秋罗	*Lychnis senno*
30	千头柏	*Plalycladus o.cv.sieboldii*	61	剪夏罗	*Lychnis coronata*
31	塔柏	*Sabina chinensiscv. Pyramidali*	62	葱兰	*ephyranthes candida*

续上表

序号	植物名	拉丁学名	序号	植物名	拉丁学名
63	石楠	*Photinia serratifolia var. serratifolia*	75	白马骨	*Serissa serissoides*
64	老鹳草	*Geranium spp.*	76	半边月	*Weigela japonica var.sinica*
65	海桐	*Pittosporum tobira*	77	山酢浆草	*Oxalis acetosella ssp. griffithii*
66	含笑	*Michelia figo*	78	红三叶	*Trifolium pratense*
67	黄花菜	*Hemerocallis citrina*	79	白三叶	*Trifolium repens*
68	萱草	*Hemerocallis fulva var.fulva*	80	桦叶荚蒾	*Viburnum betulifolium var. betulifolium*
69	百合	*Lilium brownii var.viridulum*	81	宜昌荚蒾	*Viburnum erosum var. erosum*
70	宜昌百合	*Lilium leucanthum var. leucanthum*	82	蝴蝶戏珠花	*Viburnum plicatum var. tomentosum*
71	卷丹	*Lilium lemcifolium*	83	巴东荚蒾	*Viburnum hunryi*
72	吉祥草	*Reineckia carnea*	84	烟管荚蒾	*Viburnum utile*
73	麦冬	*Ophiopogon japonicus*	85	皱叶荚蒾	*Viburnum rhytidophyllum*
74	沿阶草	*Ophiopogon bodinieri*			

（五）公路取弃土场恢复适用植物及组合模式

适用的植物组合主要有以下9种模式。

（1）苍耳/蒿+小蓬草/一年蓬、白茅。

（2）腺梗豨莶（*Siegesbeckia pubescens*）+三脉紫菀（*Aster ageratoides*）+狼尾草 / 狗尾草。

（3）狼杷草+ 空心莲子草 + 狗牙根。

（4）羊蹄甲 / 酸模 + 香附子 / 空心莲子草。

（5）商陆 + 青葙（*Celosia argentea*）+ 假俭草 + 狗尾草。

（6）锦鸡儿 + 禾草。

（7）胡枝子 + 禾草。

（8）黄背草 + 结缕草。

（9）构树 / 桑树 + 禾草 + 杂草。

此外，还可建植以白茅为主，以香附子为主，或以空心莲子草为主的草丛或纯草丛。

公路取弃土场恢复可选择的藤本植物有葎草、杠板归、何首乌、鸡矢藤、毛鸡矢藤、木防已、管花马兜铃（*Aristolochia tubiflora*）和忍冬等8种。

三、路域适用花卉与木本植物筛选

（一）供试花卉与木本植物

包括花卉10种，乔木16种，灌木21种，植物种详见表5-6。共设置47个花卉与木本植物单播小区和10个混播小区（草灌混播5个，草灌乔混播5个），总面积7 824m^2。

湖北片区供试单播植物种类　　表5- 6

种类	名　称	拉丁名	种子来源
花卉	小野菊（国产）	—	北京中种草业公司
	月见草（国产）	*Oenothera biennis*	北京中种草业公司
	野菊花（国产）	*Chrysanthemum indicum*	北京中种草业公司
	常夏石竹（国产）	*Dianthus plumarius*	北京中种草业公司
	凤仙花（国产）	*Impatiens balsamina*	北京中种草业公司
	黑心菊（国产）	*Rudbeckia hirta*	北京中种草业公司
	硫华菊（国产）	*Cosmos sulphureus*	北京中种草业公司
	金鸡菊（国产）	*Coreopsis basalis*	北京中种草业公司
	孔雀草（国产）	*Tagetes patula*	北京中种草业公司
	圆叶牵牛（国产）	*Ipomoea purpurea.*	北京中种草业公司
乔木	黄连木	*P.chinensis Bunge*	湖北恩施种苗站
	栓皮栎	*Q.variabilis Blume*	湖北恩施种苗站
	盐肤木	*Rhus chinensis var.chinensis*	湖北恩施种苗站
	刺槐	*Robinia pseudoacacia var.pseudoacacia*	北京中种草业公司
	漆树	*Toxicodendron vernicifluum*	湖北恩施种苗站
	金合欢	*Acacia farnesiana*	湖北恩施种苗站
	银合欢	*Leucaena leucocephala*	湖北恩施种苗站
	马尾松	*Pinus massoniana var.massoniana*	湖北恩施种苗站
	枫杨	*Pterocarya stenoptera*	湖北恩施种苗站
	桤木	*Alnus cremastogyne*	湖北恩施种苗站
	台湾相思	*Acacia confusa*	云　南
	苦楝	*Melia azedarach*	湖北恩施种苗站
	乌桕	*Sapium sebiferum*	湖北恩施种苗站
	黄栌	*Cotinus coggygria*	湖北恩施种苗站
	青檀	*Pteroceltis tatarinowii*	湖北恩施种苗站
	臭椿	*Ailanthus altissima var.altissima*	湖北恩施种苗站

续上表

种类	名 称	拉丁名	种子来源
灌木	荆条	*Vitex negundo var.heterophylla*	湖北农民采收
	美丽胡枝子	*Lespedeza formosa*	湖北恩施种苗站
	火棘	*Pyracantha fortuneana*	湖北恩施种苗站
	马棘	*Indigofera pseudotinctoria*	湖北恩施种苗站
	平枝栒子	*Cotoneaster horizontalis var.horizontalis*	湖北恩施种苗站
	野蔷薇	*Rosa multiflora var.multiflora*	湖北恩施种苗站
	野花椒	*Zanthoxylum simulans*	湖北恩施种苗站
	小叶女贞	*Ligustrum quihoui*	湖北恩施种苗站
	紫穗槐	*Amorpha fruticosa*	北京中种草业公司
	马桑	*Coriaria nepalensis*	云南林木种苗站
	苦刺	*Solanum deflexicarpum*	湖北恩施种苗站
	坡柳	*Salix myrtillacea*	云南农民采收
	冻绿	*Rhamnus utilis var.utilis*	湖北恩施种苗站
	长波叶山蚂蝗	*Desmodium sequax*	云南农民采收
	决明	*Cassia tora*	湖北恩施种苗站
	木豆	*Cajanus cajan*	云南农民采收
	大叶醉鱼草	*Buddleja davidii*	湖北恩施种苗站
	猪屎豆	*Crotalaria pallida*	云南农民采收
	短萼灰叶	*Tephrosia candida*	云南农民采收
	柘树	*Cudrania tricuspidata*	湖北恩施种苗站
	糯米条	*Abelia chinensis*	江西林木种苗站

（二）植物筛选结果

1. 花卉植物筛选

以盖度、密度两个因素进行综合比较，其评分结果见图5–2。

10种参试花卉植物中有6种可用于边坡植被建植，竞争力大小依次为金鸡菊、野菊花>月见草>孔雀草>黑心菊>常夏石竹，其他4种植物在该区的适应性较差，其中凤仙花虽有一定的自播能力，但自播出苗密度和盖度均较低，受杂草及其他植物竞争而逐渐消亡，不适宜于该地区公路绿化美化。硫华菊、小野菊、圆叶牵牛发芽快，生长迅速，前期效果良好，有短期覆盖坡面和美化公路环境的作用，但其效果仅保持一年且无自播现象，不宜用于坡面美化。

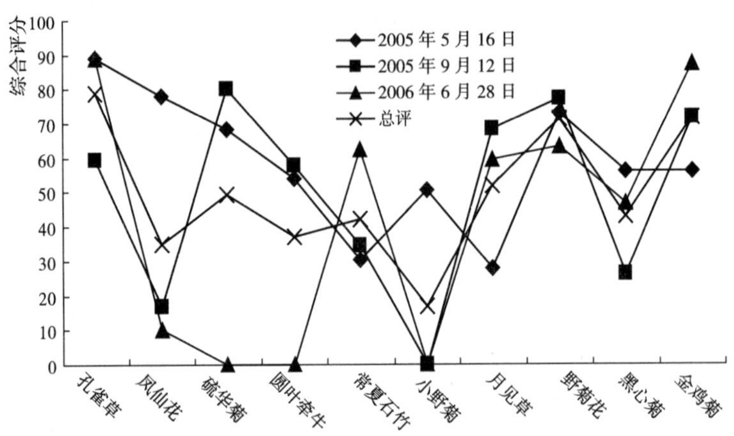

图5-2　花卉植物综合评价图

2. 乔木筛选

以总盖度、灌木高度、灌木密度、灌木分盖度和植物丰富度5个指标进行乔木的生长评价（图5-3）。结果表明，参试15种乔木种中有7种可应用于边坡灌木化植被建植，竞争力大小依次为刺槐＞苦楝、臭椿、盐肤木＞乌桕＞枫杨＞黄连木。银合欢、台湾相思、金合欢冬季受冻枯死，不适宜在当地种植。马尾松生长势较弱，易受杂草和其他植物竞争而死亡，需降低其他植物的竞争强度才能保证其成功建植。黄栌、青檀木、栓皮栎、漆树种子发芽存在一定的问题，尚需进一步研究促进其建植。

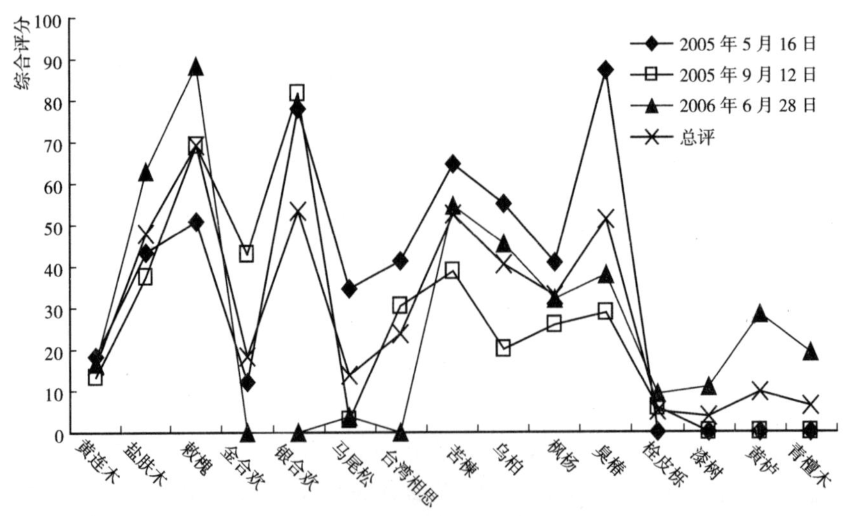

图5-3　乔木单播区植物综合评价图

3. 灌木筛选

采用总盖度、灌木高度、灌木密度、灌木分盖度和植物丰富度等5个指标进行灌木的综合评价，结果见图5-4。可以看出14种灌木中有11种可成功应用于该区边坡植被建植，这11种灌木竞争力大小依次为马棘＞山蚂蟥＞胡枝子、荆条＞坡柳＞紫穗槐＞苦刺、决明、柘树＞冻绿＞野蔷薇。木豆、猪屎豆、短萼灰叶3种植物难以越冬，不适宜单播建群，可以考虑作为混播群落中的先锋植物或临时绿化物种。野蔷薇播种第2年出苗，可见在应用时应进行催芽等种子处理措施。糯米条、黄栌、野花椒、枸子、小叶女贞、马桑、大叶醉鱼草一直未见出苗，尚需进一步试验研究。

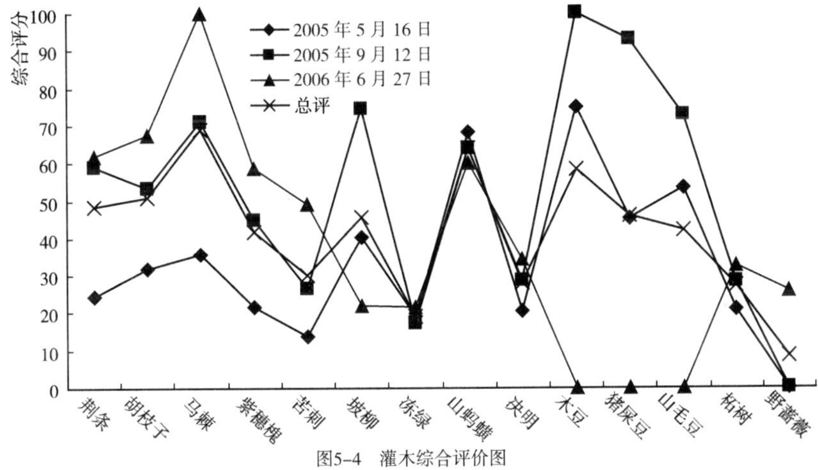

图5-4　灌木综合评价图

4. 植物组合筛选

（1）草本混播组合。从表5-7各组合表现可以看出，草本混播表现优劣依次为：H1＞H2＞H3＞H4＞H5，优势种依次为：画眉草、狗牙根、百喜草、狗牙根、高羊茅。H5中高羊茅、紫羊茅耐热性均较差，可作为群落中的伴生种，其他4个组合的试验结果表明：画眉草、狗牙根、百喜草竞争力强，可起到良好的边坡防护作用。

（2）灌草混播组合。从表5-8各组合表现可以看出，组合H6（高羊茅+紫羊茅+苦刺+荆条+波叶山蚂蟥）、H7（高羊茅+紫羊茅+胡枝子+荆条+马棘）、H8（高羊茅+紫羊茅+胡枝子+马棘）是表现较好的灌草组合；H9（高羊茅+紫羊茅+山毛豆+胡枝子+苦刺）综合表现稍差，2006年返青后表现最差，主要是由于速生灌木未返青，中慢生型灌木苦刺和胡枝子衍生为

草本混播综合评价表

表5-7

组合		H1			H2			H3			H4			H5		
观测时间		Ⅰ	Ⅱ	Ⅲ	Ⅰ	Ⅱ	Ⅲ	Ⅰ	Ⅱ	Ⅲ	Ⅰ	Ⅱ	Ⅲ	Ⅰ	Ⅱ	Ⅲ
总盖度（%）		88	40	46.1	61	95	70.9	70	90	59.4	30	70	85.1	70	15	30
平均高（cm）		41.3	51.7	69.8	16.2	60	39.8	7.4	54	41.6	7.9	42.6	33.9	10	9.8	19.2
分盖度（%）	画眉草	88	40	46.1	—	—	—	—	—	—	—	—	—	—	—	—
	白三叶	3	0	0	1	0	0	1	0	0	—	—	—	—	—	—
	百脉根	2	1	0	—	—	—	1	0	0	1	0	0	—	—	—
	狗牙根	—	—	—	60	95	70.9	—	—	—	30	70	85.1	—	—	—
	百喜草	—	—	—	—	—	—	70	90	59.4	—	—	—	—	—	—
	高羊茅	—	—	—	—	—	—	—	—	—	—	—	—	63	15	30
	紫羊茅	—	—	—	—	—	—	—	—	—	—	—	—	48	0	0
综合评分		100.0	66.8	77.1	54.7	100.0	70.2	48.6	92.4	64.7	26.5	72.3	74.3	51.7	16.1	50.2
总评得分		81.3			75			68.5			57.7			39.3		

注：观测时间“Ⅰ”代表2005年5月14日；“Ⅱ”代表2005年9月26日；“Ⅲ”代表2006年6月26日。

表5-8

灌草混播组合效果综合评价表

组合		H6			H7			H8			H9			H10		
观测时间		Ⅰ	Ⅱ	Ⅲ	Ⅰ	Ⅱ	Ⅲ	Ⅰ	Ⅱ	Ⅲ	Ⅰ	Ⅱ	Ⅲ	Ⅰ	Ⅱ	Ⅲ
总盖度（%）		51.7	10.0	25	42.0	20.0	46.6	40	15	55.9	33	10	36.4	50	98	0
灌木高度（cm）		1.9	13.5	52	2.7	14.5	52.5	2.5	19.5	58.0	3.1	18.6	32.7	8.2	104	0
密度（株/m²）	苦刺	300	10	16	—	—	—	—	—	—	544	18	35	—	—	—
	荆条	489	33	45	444	15	0	—	—	—	—	—	—	—	—	—
	山蚂蟥	3 667	2	4	—	—	—	—	—	—	—	—	—	—	—	—
	胡枝子	—	—	—	1 167	20	0	1 067	44	51	1 111	41	20	—	—	—
	马棘	—	—	—	733	77	118	667	53	27	—	—	—	—	—	—
	山毛豆	—	—	—	—	—	—	—	—	—	78	24	0	—	—	—
	木豆	—	—	—	—	—	—	—	—	—	—	—	—	544	132	0
	猪屎豆	—	—	—	—	—	—	—	—	—	—	—	—	744	50	0
灌木密度（株/m²）		4 456	45	64	8	112	118	1 733	97	78	1 733	83	55	1 289	182	0
分盖度（%）	苦刺	1.0	1.0	11.3	—	—	—	—	—	—	6.7	1.0	25.0	—	—	—
	荆条	2.3	5.0	10.2	5.0	3.0	0.0	—	—	—	—	—	—	—	—	—
	山蚂蟥	10.0	5.0	30.0	—	—	—	—	—	—	—	—	—	—	—	—
	胡枝子	—	—	—	1.7	3.0	0	2	5.0	52.8	2.3	5.0	17.1	—	—	—
	马棘	—	—	—	7.3	15.0	26.5	2	25.0	13.4	—	—	—	—	—	—
	山毛豆	—	—	—	—	—	—	—	—	—	1.0	10.0	0	—	—	—
	木豆	—	—	—	—	—	—	—	—	—	—	—	—	18.3	95	0
	猪屎豆	—	—	—	—	—	—	—	—	—	—	—	—	5.3	3	0
灌木相对盖度		17.4	91.7	83.7	19.1	95.5	56.9	6.4	93.8	91.4	16.7	94.1	77.1	30.0	100	0
植物种数		5	4.0	5	5.0	4.0	2	4	3	3.0	5	4	3	4	2	0
综合评分		76.2	47.9	75.9	66.1	58.3	75.2	49.6	51.2	85.1	59.2	53.5	62.5	81.1	90.0	—
总评得分			66.7			66.5			62.0			58.4			—	

注：观测时间“Ⅰ”代表2005年5月14日；“Ⅱ”代表2005年9月26日；“Ⅲ”代表2006年6月26日。

群落中的优势种，但群落结构良好有长远的潜力；H10（高羊茅+紫羊茅+木豆+猪屎豆）只能用于气温较高的热带或是用于本地区临时生物防护，也可加入慢生型灌木以保证第二年群落的生存和发展。灌草混播采取草本+慢生型灌木混播和草本+速生型灌木+慢生型灌木两种模式，可以形成结构良好的混交群落。

（3）乔灌草混播。由表5-9可以看出，高羊茅+紫羊茅+胡枝子+刺槐（H14）、高羊茅+紫羊茅+盐肤木+刺槐（H13）综合表现最好；其次为高羊茅+紫羊茅+木豆+刺槐（H15）、高羊茅+紫羊茅+盐肤木+荆条（H12），也表现较好。H15虽然2006年速生灌木木豆无法返青，但刺槐快速生长，表现良好。高羊茅+紫羊茅+胡枝子+马棘组合（H11）在观测期内综合评分最低，但后期表现好，也是值得推广的植物组合。乔灌草混播采取草本+速生型灌木+速生型乔木混播和草本+速生型乔木+慢生型灌（乔）木的模式均可形成结构良好的混交群落。

（三）湖北片区植物筛选小结

本研究从57种供试植物（草本10种、花卉10种、灌木21种、乔木16种）中成功筛选出30种适宜运用在本地区公路边坡绿化中的植物，包括：

（1）草本6种（与云南片区试验结果吻合）：弯叶画眉草、狗牙根、百喜草、假俭草、百脉根、高羊茅。

（2）花卉6种：金鸡菊、野菊花、月见草、孔雀草、黑心菊、常夏石竹。

（3）乔木8种（基本为新种）：刺槐、苦楝、臭椿、盐肤木、乌桕、枫杨、黄连木、构树。

（4）灌木10种（大多与云南片区吻合，少部分为新筛选植物）：马棘、波叶山蚂蟥、胡枝子、荆条、坡柳、紫穗槐、苦刺、决明、柘树、冻绿。

从15个混播小区（草本混播5个、草灌混播5个、草灌乔混播5个）成功筛选出以下组合模式。

（1）8种灌草或乔灌草组合模式如下：

①高羊茅+紫羊茅+苦刺+荆条+波叶山蚂蟥；

②高羊茅+紫羊茅+胡枝子+荆条+马棘；

③高羊茅+紫羊茅+胡枝子+马棘；

④高羊茅+紫羊茅+山毛豆（仅用于前期保护）+胡枝子+苦刺；

⑤高羊茅+紫羊茅+胡枝子+刺槐；

草灌乔混播效果综合评价表

表5-9

组　合		H11			H12			H13			H14			H15		
观测时间		Ⅰ	Ⅱ	Ⅲ	Ⅰ	Ⅱ	Ⅲ	Ⅰ	Ⅱ	Ⅲ	Ⅰ	Ⅱ	Ⅲ	Ⅰ	Ⅱ	Ⅲ
总盖度（%）		35.0	15.0	63.8	25.0	30.0	71.1	55.0	50.0	85.1	45.0	30.0	72.7	40.0	65.0	42.6
木本高度（cm）		3.1	14.8	89	3.5	27.5	48.4	2.4	48.6	69.8	3.6	23.3	70.7	6.8	93.3	74.2
密度（株/m²）	马棘	933	82	65	—	—	—	—	—	—	556	72	208	—	—	—
	胡枝子	189	16	0	—	—	—	—	—	—	344	36	0	—	—	—
	盐肤木	—	—	—	122	7	3	300	7	5	—	—	—	—	—	—
	荆条	—	—	—	289	14	25	—	—	—	—	—	—	—	—	—
	刺槐	—	—	—	278	39	26	356	46	35	322	15	13	333	33	20
	山蚂蟥	—	—	—	—	—	—	1 489	2	0	—	—	—	—	—	—
	乌桕	—	—	—	0	0	8	78	0	0	—	—	—	—	—	—
	木豆	—	—	—	—	—	—	—	—	—	—	—	—	89	52	0
	马尾松	—	—	—	—	—	—	—	—	—	—	—	—	311	0	0
木本密度（株/m²）		1 122	98	65	689	60	61	2 222	55	40	1 222	123	220	733	85	20
分盖度（%）	马棘	6.0	10	63.5	—	—	—	—	—	—	3	20	69.7	—	—	—
	胡枝子	1.0	2	0	—	—	—	—	—	—	2	3	0	—	—	—
	盐肤木	—	—	—	1.0	1	20.5	1	6	43.6	—	—	—	—	—	—
	荆条	—	—	—	1.0	2	7.0	—	—	—	—	—	—	—	—	—
	刺槐	—	—	—	5.0	25	64.0	5	38	74.2	10	10	14.2	3	5	42.6
	山蚂蟥	—	—	—	—	—	—	4	3	0	—	—	—	—	—	—
	乌桕	—	—	—	0	0	1	4	0	0	—	—	—	—	—	—
	木豆	—	—	—	—	—	—	—	—	—	—	—	—	7.0	60	0
	马尾松	—	—	—	—	—	—	—	—	—	—	—	—	2.0	0	0
灌草比		0.14	2.0	5.7	0.18	14.0	8.0	0.18	15.7	7.01	0.23	33.0	15.2	0.20	65.0	42.6
植物种数		4	3	2	5	4	5	6	4	3	5	4	3	5	2	1
综合评分		58.6	52.1	65.9	59.2	63.5	70.9	83.2	73.5	68.9	74.6	73.6	83.8	75.9	83.8	52.5
总评得分			58.9			64.5			75.2			77.3			70.8	

注：观测时间“Ⅰ”代表2005年5月14日；“Ⅱ”代表2005年9月26日；“Ⅲ”代表2006年6月26日。

⑥高羊茅+紫羊茅+盐肤木+刺槐；

⑦高羊茅+紫羊茅+木豆（仅用于前期保护）+刺槐；

⑧高羊茅+紫羊茅+盐肤木+荆条。

（2）4种灌草或乔灌草组合模式如下：

①草本+慢生型灌木混播；

②草本+速生型先锋灌木+慢生型灌木；

③草本+速生型先锋灌木+速生型乔木混播；

④草本+速生型乔（灌）木+慢生型灌（乔）木。

（3）3种优势草种组合模式如下：

分别以狗牙根、百喜草、画眉草为建群种的草本组合。

第三节　西北黄土高原及干旱与半干旱区乡土植物资源筛选

一、中央分隔带适用植物筛选

（一）适用植物筛选方案

中央分隔带为一封闭空间，由于土层较薄，受路面温度影响大，蒸发强烈，土壤盐碱化突出，影响植物生长与存活。研究采用试验与调查相结合的手段。试验研究依托原宁夏石（嘴山）—中（宁）高速公路进行，调查研究涵盖了宁夏、青海主要公路干线。

（二）适用植物筛选结果

对宁夏石中公路第一合同段试验段、石中公路其他路段、银古路等公路的中央分隔带植物生长状况调查结果见表5-10。可以看出，该区中央分隔带可选乔木有4种，分别为：侧柏、桧柏、圆柏、榆树；灌木有9种，分别为：枸杞、柽柳、刺枚、连翘、四翅滨藜、榆叶梅、沙棘、紫穗槐、丁香，以上乔灌木防眩效果均表现良好。柠条、沙柳、沙地柏生长不良，防眩效果差。

青海马（场垣）—平（安）、平（安）—西（宁）、西（宁）—大（通）等高速公路进行的调查结果见表5-11。可以看出，在青海省黄土地区以及与青藏高原的过渡地带，中央分隔带可采用的常绿乔木有：祁连圆柏、青海云杉、刺柏和北京桧，前2种为青海本地的常绿树种，适应性较强，而刺柏和北京桧是引入树种，仅能用于青海乐都以东的相对较温暖区域。

宁夏公路中央分隔带小灌木、乔木生长表现　　表5-10

植物名称	株行距/株距（cm）	株高（cm）	种植成活率（%）	防眩效果	备注
侧柏	70×40	160	97	优	石中公路第一合同段试验段
枸杞	70×40	180	79	优	
柽柳	70×40	160	78	良	
紫穗槐	70×40	120	95	良	
柠条	70×40	140	66	差	
榆树	50×40	150	95	优	
沙棘	50×40	150	79	中	
沙地柏	50×40	30	90	差	
桧柏	200	180	87.2	优	石中公路其他路段
丁香	200	142	60	差	
圆柏	200	150	90	优	
榆树	50×40	150	98	优	
红刺枚	200	175	60	差	
黄刺枚	200	170	95	优	
榆叶梅	200	160	95	优	
侧柏	200	150	70	中	
柽柳	50×40	150	30	中	
沙柳	50×40	180	60	差	
四翅滨藜	50×40	120	58.6	良	
桧柏	200	187	98.1	优	银古路
丁香	200	120	92	良	
连翘	200	145	97.6	优	
刺枚	200	174	98.4	优	
榆树	50×40	—	91	优	
侧柏	200	179	60	差	

丁香、黄刺枚、红刺枚、榆叶梅、珍珠梅、连翘等花灌木也可用作青海省黄土地区中央分隔带绿化美化，并能起到良好的防眩作用。在靠近日月山的高寒地带，仅能采用相对较抗寒的高山绣线菊进行绿化美化，防眩

作用较低。在高寒地区由于气候严寒，已无法实现在中央分隔带种植树木进行防眩绿化，只能采用防眩板等工程设施。

青海中央分隔带各树种适应性调查（调查时间：2005年~2006年） 表5-11

树种	公路	栽植年限	调查时间	平均成活率（%）	平均高（cm）	平均地径（cm）	平均新梢长（cm）	平均分枝数	冠幅（cm^2）
祁连圆柏	宁大路	1年	8.9	100.00	161.62	2.85	7.85	—	2 091.38
			10.10	97.73	166.80	3.03	13.10	—	2 308.21
	西塔路	2年	8.7	98.88	149.34	3.34	10.63	—	2 871.29
			10.9	98.33	167.52	3.65	14.90	—	3 012.01
	马平路	3年	7.26	95.28	171.67	3.83	10.36	—	4 094.41
			10.13	86.04	178.10	3.85	13.98	—	4 509.38
	平西路	4年	7.12	86.67	178.05	3.92	6.82	—	4 199.24
			10.12	78.00	190.83	3.95	9.63	—	4 732.88
丁香	宁大路	1年	8.9	96	134	1.78	16.15	5.7	7 925.24
			10.10	95.5	135.3	1.92	22.4	7.3	8 967.28
	西塔路	2年	8.7	100.00	147.16	1.87	34.84	8.14	8 779.79
			10.9	96.65	185.00	2.66	57.56	9.89	23 944.32
	马平路	3年	7.26	86.68	129.36	2.14	40.88	7.75	10 946.55
			10.13	80.00	131.55	2.27	49.56	8.79	11 350.80
	平西路	4年	7.12	95.00	146.38	2.33	25.18	13.86	24 429.99
			10.12	95.00	151.62	2.53	32.37	22.94	24 506.20
红刺玫	宁大路	1年	8.9	77.50	121.00	1.67	30.60	6.75	8 858.82
			10.10	55.00	127.40	2.00	57.40	6.60	14 195.68
	西塔路	2年	8.7	100.00	158.90	2.10	134.30	25.90	22 695.00
			10.9	80.00	181.38	2.25	179.38	41.38	25 829.81
	平西路	4年	7.12	95.00	109.86	1.40	13.65	10.21	7 747.54
			10.12	92.00	99.48	1.47	55.93	7.98	7 642.19
黄刺玫	宁大路	1年	8.9	100.00	124.60	1.24	40.88	10.65	10 889.44
			10.10	100.00	127.20	1.36	61.00	10.40	15 934.98
	西塔路	2年	8.7	100.00	101.23	1.37	64.77	9.38	10 678.52
			10.9	92.90	137.70	2.02	110.60	25.30	22 703.16
连翘	西塔路	2年	8.7	100.00	89.60	0.83	36.89	5.71	5 544.56
			10.9	90.00	100.96	0.95	66.80	6.20	6 623.00
	马平路	3年	7.12	57.50	132.80	1.41	34.19	6.85	8 371.90
			10.12	52.54	138.13	1.50	73.88	8.11	8 413.92

续上表

树种	公路	栽植年限	调查时间	平均成活率（%）	平均高（cm）	平均地径（cm）	平均新梢长（cm）	平均分枝数	冠幅（cm^2）
榆叶梅	西塔路	2年	8.7	90.85	146.07	1.65	41.75	8.59	8 230.36
			10.9	88.35	147.46	1.72	60.22	9.65	10 224.83
	马平路	3年	7.26	100.00	138.00	1.54	43.85	7.30	9 727.46
			10.13	71.40	139.15	2.39	53.27	9.52	12 448.84
	平西路	4年	7.12	100.00	182.40	3.48	33.95	8.20	47 490.12
			10.12	90.00	212.56	3.63	87.56	17.11	60 480.17
珍珠梅	马平路	3年	7.26	100.00	161.00	2.06	116.55	13.60	20 552.03
			10.13	68.43	150.32	1.85	101.58	12.75	20 404.85
	湟倒路	2年	7.21	100.00	134.27	1.53	112.27	13.50	11 325.40
			10.8	100.00	139.40	1.76	112.30	16.80	14 725.62
刺柏	马平路	3年	7.26	60.00	139.61	3.28	4.41	—	3 819.87
			10.13	55.85	139.88	3.38	10.88	—	3 302.81
北京桧	马平路	3年	7.26	100	167.4	4.173 75	7.537 5	—	8 097.74
			10.13	72	169.15	4.159 625	14.275	—	8 361.77
白蜡	马平路	3	7.26	100	336.25	3.475		—	
			10.13	100	320	3.442 5		—	
青海云杉	湟倒路	2年	7.21	100.00	137.07	0.92	2.79	—	7 521.91
			10.8	93.30	149.91	1.10	4.50	—	5 328.14
	马平路	3年	7.26	52	162.5	1.318 75	10.75	—	15 486.19
			10.13	52	162.75	1.157 5	11.75	—	13 434.25
柽柳	马平路	1年	7.26	31.40	26.58	0.93	26.58	2.72	183.70
			10.13	25.23	83.82	0.88	47.09	3.04	2 370.34
高山绣线菊	湟倒路	2年	7.21	90.00	107.67	0.95	14.56	14.44	4 392.74

综上所述，宁夏、青海两地的中央分隔带适用植物如下：

常绿植物：祁连圆柏、青海云杉、刺柏、北京桧、侧柏、桧柏、圆柏；

落叶植物及花灌木：榆树、枸杞、柽柳、刺枚、连翘、四翅滨藜、榆叶梅、沙棘、紫穗槐、丁香。

在降雨相对充沛的黄土高原地区可以采用常绿植物与花灌木相结合的方式，而在降雨不足、土壤盐碱化较突出的黄土地区以及西北干旱区可以采用柽柳、枸杞等落叶植物进行中央分隔带的绿化美化。

二、护坡绿化适用植物筛选

（一）护坡植物筛选方案

西北地区的护坡植物筛选分别在青海省和宁夏回族自治区实施。首先对铁路、公路等护坡植物进行观测调查，并对以往的边坡护坡植物筛选试验继续跟踪研究，主要依托宁夏石中高速公路北段原边坡筛选小区进行，同时对表现优良的护坡植物进行群落组合试验。

（二）护坡植物调查研究

对青海、宁夏、甘肃的主要公路干线与铁路干线进行调查，对主要建群植物群落类型进行观测，从表5-12可以看出，适应宁夏、青海等地黄土地区的主要灌木植物有柠条、唐古特白刺、柽柳、紫穗槐、榆树、沙冬青、沙地柏、苦豆子、黄芪。其中紫穗槐、沙冬青在甘肃以东地区可以采用。草本植物有骆驼蓬、紫花苜蓿、赖草、沙打旺、无芒雀麦、红豆草等。

边坡适用植物组合调查　　表5-12

编号	植物名称或组合	覆盖度	表　现	种植方式	备　注
1	沙冬青	20%	长势良好	人工撒播	宁夏石中高速路北段
2	紫穗槐+柠条	40%	柠条长势良好，紫穗槐一般	人工穴播	
3	紫穗槐+白刺	30%	紫穗槐表现良好，枸杞一般	人工穴播	
4	沙蒿	10%	盖度<5%	人工撒播	宁夏石中高速路南段
5	小冠花+无芒雀麦+五叶地锦	100%	小冠花为优势种	人工撒播	
6	白茎盐生草	10%	一年生植物，存活植株生长较好，年际差别大	人工撒播	
7	柽柳+紫穗槐+榆树+苦豆子	40%	优势种柽柳	灌木鱼鳞坑栽植，草本撒播	宁夏古王路
8	柠条+榆树	35%	长势及覆盖度良好	鱼鳞坑栽植	
9	紫花苜蓿+扁穗冰草+无芒雀麦	85%	紫花苜蓿、无芒雀麦为优势种	坡面有微喷设施	
10	沙打旺	55%	沙打旺生长旺盛	坡面有微喷设施	
11	紫花苜蓿+柠条+虎尾草	50%	喷播	坡面有微喷设施	
12	黄芪+沙打旺	90%	喷播	坡面有微喷设施	

续上表

编号	植物名称或组合	覆盖度	表　现	种植方式	备　注
13	苜蓿+狗尾草	95%	优势种苜蓿	喷播，坡面有微喷设施	宁夏银古路
14	盐生草+苜蓿+沙蒿	80%	优势种沙蒿	喷播，坡面有微喷设施	
15	紫穗槐+柽柳	70%	长势良好	鱼鳞坑扦插、栽植	
16	扁穗冰草+苜蓿+柠条+沙蒿	60%	优势种扁穗冰草	喷播	
17	柠条+刺槐+榆树+赖草	50%	优势种为刺槐、柠条	鱼鳞坑栽植+自然侵入	宁夏包兰铁路
18	赖草+白头翁	80%	优势种为赖草	自然侵入	固原—泾原公路
19	刺槐+柠条+柽柳+红豆草	70%	优势种为刺槐	鱼鳞坑栽植	甘肃馋柳路
20	红豆草	65%	生长良好	撒播	甘肃馋柳路
21	柽柳+苜蓿+柠条+骆驼蓬	35%	优势种为柽柳	穴播+撒播+扦插	青海马平路
22	苜蓿+柠条+柽柳	40%	优势种为苜蓿	穴播+撒播+扦插	青海西平路
23	柠条	90%	柠条单一群落	穴播	青海西平路
24	柠条+赖草+骆驼蓬+枸杞	50%	优势种为骆驼蓬、枸杞、赖草	穴播+撒播	青海马平路
25	柽柳+赖草+骆驼蓬+苜蓿+白刺	42%	优势种为白刺、赖草	穴播+撒播+扦插	青海马平路
26	赖草+柠条	70%	优势种为赖草、骆驼蓬	栽植+穴播	青海马平路
27	赖草+柠条+柽柳	68%	优势种赖草、柠条	栽植+穴播+扦插	青海马平路

（三）护坡植物试验及其组合与示范研究

1. 护坡植物筛选

依托宁夏石中高速公路进行了边坡适用植物筛选试验，所采用的植物种类组合及结果见表5-13。

石中公路边坡物种组合与效果　　表5-13

编号	植物组成	种植方法	生长表现	备　注
1	石竹（$1g/m^2$）	人工撒播	石竹盖度<2%	薄膜覆盖
2	冰草（$10g/m^2$）+高羊茅（$30g/m^2$）+黑麦草（$5g/m^2$）+草花2号（$2g/m^2$）	喷播	稀疏冰草保存，盖度<5%	草帘覆盖
3	冰草（$10g/m^2$）+高羊茅（$30g/m^2$）+多年生黑麦草（$5g/m^2$）+草花3号（$1g/m^2$）	喷播	稀疏冰草保存，盖度<5%	草帘覆盖
4	冰草（$10g/m^2$）+高羊茅（$30g/m^2$）+多年生黑麦草（$5g/m^2$）+草花4号（$1g/m^2$）	喷播	稀疏冰草保存，盖度<5%	草帘覆盖

续上表

编号	植物组成	种植方法	生长表现	备注
5	沙蒿（5g/m²）+高羊茅（30g/m²）	人工撒播	少量沙蒿保存，盖度<5%	草帘覆盖
6	小冠花（25g/m²）+多年生黑麦草（5g/m²）	人工撒播	少量小冠花保存，盖度<5%	草帘覆盖
7	芨芨草（24g/m²）	穴播	芨芨草保存盖度<5%	草帘覆盖
8	柠条（0.5m×0.25m）+蜀葵（0.5m×0.25m）	一年生苗栽植	柠条、蜀葵少部分保存	草帘覆盖
9	冰草（20g/m²）+黑麦草（5g/m²）+柠条（1m×0.25m）	草本撒播、灌木一年生苗栽植	柠条保存较好	草帘覆盖
10	冰草（20g/m²）+黑麦草（5g/m²）+紫穗槐（1m×0.66m）	草本撒播、灌木一年生苗栽植	紫穗槐保存较好	草帘覆盖
11	冰草（20g/m²）+黑麦草（5g/m²）+柽柳（1m×0.66m）	草本撒播、灌木扦插	柽柳保存较好	草帘覆盖
12	冰草（20g/m²）+黑麦草（5g/m²）+沙地柏（1m×0.66m）	草本撒播、灌木二年生苗栽植	沙地柏少部分保存	草帘覆盖
13	苜蓿（5g/m²）+草木樨（1g/m²）+高羊茅（30g/m²）	撒播	少量苜蓿保存，盖度<2%	草帘覆盖
14	紫穗槐+沙蒿	一年生苗条植、撒播	紫穗槐、沙蒿保存较好	无覆盖
15	柠条（行距1m）+沙蒿	一年生苗条植、撒播	柠条、沙蒿保存较好	无覆盖

2004年，对试验小区全面调查，参试草本中沙蒿抗旱性较好，成活率较高。芨芨草、小冠花、冰草、蜀葵也有一部分成活，其余草本全部退化。参试灌木中，柠条、柽柳、紫穗槐生长良好，沙地柏相对较差。花卉植物中，蜀葵、石竹也有部分成活，但生长不良。结果表明，在宁夏的干旱气候下，养护条件较低时，边坡植被恢复应以灌木为主、灌草（灌木与旱生草本）相结合的方式。筛选出的灌木种类如下：

（1）灌木：柠条、柽柳、紫穗槐、沙地柏。

（2）草本：沙蒿、芨芨草、冰草、蜀葵。一些草本植物在养护条件较高时可以使用，如小冠花、高羊茅、红豆草等。

2. 护坡组合试验与示范

依托宁夏银古路、银武路、青海宁大路，选择公路上表现优良的植物组合进行试验与示范（表5-14）。结果表明：在西北黄土高原区，采用以乡土灌木为建群种、草灌结合的方式可以实现边坡的良好覆盖。

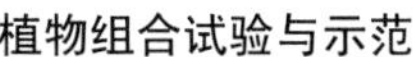

植物组合试验与示范　　表5-14

边坡位置	总盖度（%）	植物组成	分盖度（%）	密度（株/m²）	高度（cm）	灌幅（cm）	备注
路堑边坡阴坡	60	紫花苜蓿	30	28	14.4		宁夏银古路
		沙打旺	1	1	25		
		扁穗冰草	30	30	15.8		
		柠条	4	6	18.6	5	
路堑边坡阳坡	50	紫花苜蓿	1	—	14.4		
		扁穗冰草	50		15.8		
		柠条	6	12	18.6	4	
		沙蒿	3	4	20.6	10.8	
路堤边坡阴坡	60	紫穗槐	30	8株/50m²	182.3	186	
		柽柳	40	8株/40m²	126.5	130	
		紫花苜蓿	2		70		
		沙打旺	5		110	90	

根据对西北黄土高原及干旱半干旱地区的植物调查与筛选，该区域的边坡适用植物种类如下：

（1）灌木：柠条、柽柳、唐古特白刺、紫穗槐、沙地柏、苦豆子、黄芪。

（2）乔木：榆树、刺槐。

（3）草本：赖草、沙蒿（半灌木）、芨芨草、骆驼蓬、紫花苜蓿、赖草、沙打旺、牛心朴子、无芒雀麦、红豆草、蜀葵。小冠花、冰草、高羊茅等在养护条件较佳处可以采用。此外，虎尾草与白茎盐生草等1年生植物也可在个别条件恶劣地段采用。

（4）灌草组合：以该区乡土灌木为建群种的多种植物组合类型均可采用。

三、行道树适用植物筛选

（一）行道树适用植物筛选方案

行道树筛选采用与边坡类似的方法，由于行道树种植立地条件相对坡面较佳，但在一些特殊区域，如风沙干旱区，由于沙漠化问题突出，行道树的生长条件也较恶劣，因此本课题着重采用两种策略，一是对一般地段的行道树进行调查研究，其中也包含了在行道树种植中个别地区所做的试验研究（集中分布在宁夏石中高速公路），二是对恶劣地段（沙化路段）的固沙林带的调查研究。筛选方法主要采用植物长势的定性描述，辅以栽植时期的植物成活率的统计。值得注意的是，成活率不仅与植物的适应性有关，还与栽植技术、种苗质量等均有较为密切的关系。

（二）行道树适用植物筛选

依托原宁夏石中高速公路行道树筛选试验，进行植物的综合表现调查与评价（表5-15）。结果表明，大部分栽植植物在试验段生长良好。皂荚、刺槐、沙枣、火炬树、垂柳、旱柳树形饱满，景观效果好，是理想的行道树树种。白蜡、紫穗槐表现也较好。山桃易受虫害，宜和其他树种间植。柠条、白刺、四翅滨藜生长状况尚好，但植株较低矮，不适宜用作行道树种植。柽柳虽然是灌木，但生长迅速、植物高大、分枝多，可在部分路段有选择地使用。从成活率看，8种乔木中皂荚表现最好，成活率达100%；其次为刺槐、垂柳、旱柳、沙枣、臭椿，成活率在70%~90%之间；火炬树、白蜡成活率不足50%；山桃成活率最低，不足30%。6种灌木中紫穗槐成活率最高，柠条、白刺、沙棘、柽柳表现一般，只有一半左右成活。3种扦插植物成活率较低，生长状况较差。

隔离栅行道树栽植试验　　表5-15

植物名称	成活率（%）	生长表现	种植方式
皂荚	100	优	栽植
刺槐	88	优	栽植
火炬树	44	优	栽植
山桃	28	良	栽植
沙枣	72	优	栽植
白蜡	48	良	栽植
臭椿	71	良	良
沙棘	46	良	栽植
白刺	52.3	良	栽植
紫穗槐	92.3	良	栽植
柠条	68.5	良	栽植
垂柳	88.2	优	栽植
旱柳	79	优	栽植
柽柳	60.8	良	栽植
四翅滨藜	32.4	良	栽植
柽柳枝	—	差	扦插
柳树枝	—	差	扦插
杨树枝	—	良	扦插

综上所述，适用的行道树种有皂荚、刺槐、沙枣、垂柳、旱柳、沙

枣、臭椿、火炬树、白蜡等。此外，青海省的行道树调查研究结果表明：国槐、白桦、白榆、青杨等植物对该区不同地方的环境也有较好的适应性。

（三）沙化路段行道树适用植物调查

沙害路段主要分布在西北风沙干旱区，本研究中主要依托宁夏古王、叶中高速公路进行了调查研究（表5-16）。结果表明，沙化路段固沙林带的适用植物与风沙干旱区边坡、行道树的植物种类相差不大。沙蒿、紫穗槐、柠条、细枝岩黄蓍等灌木的风沙固定效果较好，有效地保护了公路安全。

沙化路段固沙林带植物调查表　　表5-16

植物种类	覆盖度（%）	养护方式	路　段	综合评价
沙蒿	55	井水喷灌	叶中/古王	优
紫穗槐	45	井水喷灌	叶中/古王	良
柠条	50	井水喷灌	叶中/古王	优
细枝岩黄蓍	40	井水喷灌	古王	优
沙枣	—	井水喷灌	古王	良
新疆杨	—	井水喷灌	古王	良

从沙化路段的固沙林草带植被建设来看，如果能加大一些草本及灌木的开发，应用效果会更好，其中唐古特白刺、柽柳、赖草、牛心朴子等优良固沙植物尚较少应用，而这些植物在沙化地段及荒漠草原的自然植被中均有自然分布。乔木沙枣、新疆杨由于树冠尚弱小，在沙化路段防风固沙能力较弱，生长也极为缓慢。因此，理想的固沙植物应以灌木为主体。

综上所述，适用于固沙的灌木种类有沙蒿、紫穗槐、柠条、细枝岩黄蓍、唐古特白刺、柽柳、赖草、牛心朴子等。

四、生物围栏适用植物筛选

（一）生物围栏适用植物筛选方案

采用试验研究方式，针对以往的边坡护坡植物筛选试验继续跟踪研究，依托宁夏石中高速公路北段原隔离栅生物围栏栽植试验小区进行。

（二）生物围栏适用植物筛选

参试植物及生长表现见表5-17。调查表明，在供试的8种植物中，以沙枣垂直生长表现最佳，栽植2年后平均年生长达1~1.5m，但侧枝分枝高度相对较高，50cm的株间距对空间阻隔的效应不理想，人畜极易从空隙中穿越，建议在应用中加密到株距25cm，以充分起到围护作用，保障行车安全。沙棘分枝低矮、枝刺密集，是生物围栏的理想植物种，缺点是生长速度较缓慢。刺槐植株比较单一、分枝少，作为生物围栏效果不是很理想，需要加强修剪管理以利于枝条的横向扩张。枸杞、柽柳密植均可以形成一定高度内的空间阻隔，可以选择性地应用于生物围栏。白刺株身虽然密被枝刺，但由于生长高度较低，同样也起不到良好的空间阻隔效应。调查中观察到杜梨、酸枣成活率低、生长缓慢，不适合短期内在公路路域建成。

生物围栏供试植物调查　表5-17

植物名称	间距（cm×cm）	成活率（%）	生长状况	空间分隔状况	种植方式
酸枣	30×30	30	差	差	栽植
杜梨	30×30	30	差	差	栽植
刺槐	30×30	88	良	良	栽植
白刺	30×30	54	一般	差	栽植
沙棘	30×30	62	一般	优	栽植
枸杞	30×30	65	良	良	栽植
柽柳	30×30	78	良	良	栽植
沙枣	50×50	70	良	优	栽植

注：生长状况主要根据植物生长势、颜色进行评分测定；空间分隔状况主要根据人穿越绿篱的难易程度进行评分测定。

综上所述，生物围栏适用植物有：沙枣、沙棘。修剪良好的刺槐也可在局部选择应用。

五、立交服务区适用植物筛选

（一）立交服务区适用植物筛选方案

立交服务区作为线状高速公路的景观节点，起到为驾乘人员创造舒适、优美的行车环境作用。由于该区内的土壤、地形以及养护管理措施均可为植物生长提供良好的基础，因此适用植物选择余地较大，乡土灌木、乔木均可选择应用。

（二）立交服务区适用植物筛选

依托银古高速公路生态示范工程立交区进行栽植植物成活率调查（表5-18）。从表5-18中可以看出，由于立交服务区养护条件相对较好，除极少数花灌木外，植物成活率一般都在80%以上，植物选择应用的范围较大。

立交区适用植物 表5-18

植物类型	植物名称	拉丁名	成活率（%）	种植方式
乔木	毛白杨	*Populus tomentosa var.tomentosa*	93.0	栽植
	垂柳	*Salix babylonica var.babylonica*	98.1	栽植
	桧柏	*Sabina chinensis*	90.4	栽植
	白蜡	*Fraxinus chinensis subsp.chinensis*	89.5	栽植
	旱柳	*Salix matsudana var.matsudana*	96.8	栽植
	樟子松	*Pinus sylvestris var.mongolica*	98.2	栽植
	侧柏	*Platycladus orientalis*	99.1	栽植
	圆柏	*Juniperus chinensis var.chinensis*	95.1	栽植
	国槐	*Sophura japonica*	100	栽植
	刺槐	*Robinia pseudoacacia*	97.4	栽植
	白榆	*Ulmus pumila*	98	栽植
	桃树	*Prunus persica*	98.9	栽植
	杏树	*Prunus armenica*	99.1	栽植
	紫叶李	*Prunus ceraifera cv. Pissardii*	97.4	栽植
	火炬	*Rhus typhina*	87.2	栽植
	枣树	*Zizyphus jujuba*	89.5	栽植
	云杉	*Picea asperata*	100	栽植
	金银木	*Lonicera maackii*	95	栽植
灌木	柽柳	*Tamarix austromongolica*	85.5	栽植
	紫丁香	*Syringa oblata subsp.oblata*	98.7	栽植
	榆叶梅	*Amygdalus triloba*	51.2	栽植
	珍珠梅	*Sorbaria kirilowii*	31.9	栽植
	紫玫瑰	*var.typica Reg.*	63.4	栽植
	柠条	*Caragana korshinskii f.korshinskii*	84.2	栽植
	刺枚	*Rosa xanthina*	97.8	栽植
	连翘	*Forsythia suspensa*	96.8	栽植
	沙地柏	*Sabina vulgaris*	98.6	栽植
	探春	*Jasminum floridum*	89.7	栽植
藤本	五叶地锦	*Parthenocissus tricuspidata*	82.1	栽植
草花、草本	荷兰菊	*Aster novi-belgii*	100	撒播
	蜀葵	*Althaea rosea*	100	撒播

续上表

植物类型	植物名称	拉丁名	成活率（%）	种植方式
草花、草本	碱茅	*Puccinellia distans*	100	撒播
	小冠花	*Coronilla buxifolia*	99	撒播
	紫花苜蓿	*Medicago sativa*	99.5	撒播
	马蔺	*Kalimeris indica*	54	撒播
	红豆草	*Onobrychis viciaefolia*	100	撒播
	苦豆子	*Sophora alopecuroides*	100	撒播
	多年生黑麦草	*Lolium perenne*	95	撒播
	高羊茅	*Festuca elata*	95	撒播

六、西北地区乡土植物筛选结论

（1）受干旱与盐碱等条件制约，除了养护条件相对较好的互通立交区外，高速公路各功能区的乡土植物选择范围较小。各种植物的建成与实施工程技术有着紧密的联系。

（2）该区中央分隔带可选用乔木有4种：侧柏、桧柏、圆柏、榆树；灌木有8种：枸杞、柽柳、刺枚、连翘、四翅滨藜、榆叶梅、沙棘、紫穗槐。皂荚、刺槐、沙枣、火炬、垂柳、旱柳和白蜡等乔木树形高大、饱满，景观效果好，适宜作为行道树。灌木分枝多、树形散乱、高度有限，不宜单植，可与植株比较高大的树种配合使用，这样可达到较好的景观效果。山桃、榆树易受虫害，宜与其他树种间植。

第四节　青藏高原区乡土植物资源筛选

一、筛选方案

青藏高原乡土植物资源筛选主要采用调查研究法。

二、筛选结果

在青藏高原区，随着黄土高原地带向青藏高原地带的过渡，植物种类变得单一，群落结构简单，逐渐由乔灌草混交植被向灌草混交植被、纯草本植被过渡。而随着海拔逐渐升高，生态恢复难度也逐渐加大。以西宁—倒淌河高速公路为例，在西宁，中央分隔带尚可以用连翘、榆叶梅、珍珠梅、祁连圆柏等绿化，随着海拔的升高，逐渐过渡到采用高寒地区的植物，如金露梅、银露梅、高山柳等，要实现中央分隔带的防眩变得越来越难甚至完全不可能，在靠近倒淌河处，中央分隔带已没有灌木可以采用。同样，在低海拔处，边坡绿化可以采用冰草与柠条混播，随着海拔的升高，逐渐过渡到用沙棘与披碱草、老芒麦等草本混播乃至纯草本播种的方式。在平安—阿岱高速公路的高寒地带也面临着同样的植物选择问题，在这些地区，生态恢复难度较大，公路生态环境建设应以草皮资源的保护与恢复再利用为主。结合已有试验，本研究认为在青藏高原地区，植被恢复可以采用的植物种类及组合见表5–19。

青海省适用草种及混播方式　　表5–19

分区类型	适宜种植的草种	建议混播方式
寒冷—半干旱区	垂穗鹅观草、紫羊茅、老芒麦、冷地早熟禾、垂穗披碱草、糙毛鹅观草、洽草	1. 30%的垂穗鹅观草+35%的紫羊茅+25%的老芒麦+10%的洽草； 2. 50%的冷地早熟禾+25%的老芒麦+25%的糙毛鹅观草
寒冷—半湿润区	冷地早熟禾、草地早熟禾、紫羊茅、中华羊茅、毛稃羊茅、垂穗披碱草、老芒麦、垂穗鹅观草、糙毛鹅观草、同德披碱草、青牧1号老芒麦、洽草	1. 30%冷地早熟禾+40%紫羊茅+15%老芒麦+15%垂穗鹅观草； 2. 35%草地早熟禾+35%中华羊茅+15%垂穗披碱草+15%老芒麦
冷温—半湿润区	无芒雀麦、布顿大麦草、冷地早熟禾、草地早熟禾、中华羊茅、紫羊茅、毛稃羊茅、老芒麦	1. 30%无芒雀麦+20%冷地早熟禾+20%中华羊茅+30%毛稃羊茅； 2. 30%布顿大麦草+35%草地早熟禾+35%紫羊茅； 3. 40%老芒麦+30%紫羊茅+30%草地早熟禾
冷温—半干旱区	以上介绍的绝大部分草种均适宜本地区	以上均可
微温—半干旱区	芨芨草、扁穗冰草、西伯利亚冰草、赖草、灰藜、驼绒藜、冷地早熟禾	1. 20%芨芨草+40%扁穗冰草+40%青海固沙草； 2. 40%扁穗冰草+30%冷地早熟禾+30%灰藜； 3. 50%驼绒藜+50%灰藜

第五节　乡土植物资源筛选研究结论

乡土植物资源筛选研究在西南区完成了原有边坡试验小区的继续观测、公路边坡新型植物种类或组合筛选以及路域适用花卉及木本植物筛选。在西北地区以试验研究、调查研究等形式完成了路域边坡、中央分隔带、隔离栅绿篱、行道树等区域的植物筛选。在青藏高原地区重点调查筛选了湟水河流域西段和214线路域乡土植物资源，筛选出了适合不同地区不同植被建植需求的乡土植物种类，为各区路域生态工程技术实施奠定了基础。研究主要结论如下：

（1）西南区边坡护坡植物的选择是路域生态工程技术的重点，可以通过选择持续性较好的草本植物以及木本植物完成。适合该地区的草本植物有非洲狗尾草、云南狼尾草、弯叶画眉草、东非狼尾草、紫花苜蓿、狗牙根、云南知风草、白三叶、高羊茅、芒和戟叶酸模11种。灌木与乔木乡土种20种，包括苦刺、坡柳、黄槐、马棘、黑荆树、刺槐、苦楝、臭椿、盐肤木、乌桕、枫杨、黄连木、构树、波叶山蚂蟥、胡枝子、荆条、紫穗槐、决明、柘树、冻绿等。6种草花，包括金鸡菊、野菊花、月见草、孔雀草、黑心菊、常夏石竹等。采用斑块化建植手段可以实现所有这些目标物种的建立。这些筛选出的植物为实现该区边坡灌木化奠定了基础。

（2）乡土植物开发需要相当长的时间进行研究，在西南地区通过调查研究筛选出的一批有利用前景的乡土植物尚可在以后的群落建植试验中进一步研究，以提高路域生态恢复效果。

（3）西北黄土地区及风沙干旱区植物种类相对单一，但在不同区域仍有一些表现良好的护坡灌木与草种可以满足边坡生物防护的需要。这些植物包括灌木：柠条、柽柳、唐古特白刺、紫穗槐、沙地柏、苦豆子、黄芪；乔木：榆树、刺槐；乡土草本植物：赖草、沙蒿（半灌木）、芨芨草、骆驼蓬、紫花苜蓿、赖草、沙打旺、牛心朴子、无芒雀麦、红豆草、蜀葵。此外，小冠花、冰草、高羊茅、虎尾草和白茎盐生草等5种也可在局部地段应用。这些地区边坡防护可用乡土灌木为建群种、乡土草本植物为伴生种的多种组合模式，可取得良好效果。

（4）在西北地区除了管护条件较高的立交服务区对适用植物选择要求不高外，中央分隔带、隔离栅行道树、绿篱等都应选择抗旱、耐盐碱、耐贫瘠的优良乡土植物。适用于该区中央分隔带种植的植物种类有常绿植物7种，包括：祁连圆柏、青海云杉、刺柏、北京桧、侧柏、桧柏、圆柏；落叶植物及花灌木10种，分别是：榆树、枸杞、柽柳、刺枚、连翘、四翅滨藜、榆叶梅、沙棘、紫穗槐、丁香。在降雨相对充沛的黄土高原地区可以采用常绿植物与花灌木相结合的方式，而在降雨不足、土壤盐碱化较突出的黄土地区以及西北干旱风沙区可以采用柽柳、枸杞等落叶植物进行中央分隔带绿化美化。适用于生物围栏的植物有：沙枣、沙棘。适用于普通路段的行道树树种有宁夏区的皂荚、刺槐、沙枣、垂柳、旱柳、臭椿、火炬树、白蜡和青海区的国槐、新疆杨、白桦、白榆、青杨。适用于沙害路段的固沙植物有沙蒿、紫穗槐、柠条、细枝岩黄蓍、唐古特白刺、柽柳、赖草、牛心朴子。

（5）各区乡土植物资源能否顺利建成与采用的建植技术、当地土壤状况以及气候特点紧密相关，为了促进乡土植物的建成，必须在各个方面采取综合技术管理措施。

第六章 边坡综合防护技术研究

第一节 研究方案

本研究采用两种方案，一是调查研究，调查西部各地区边坡工程防护形式，分析边坡工程防护与植物生长、演替之间的关系，达到二者的最佳结合。重点针对我国公路生态工程建设起步较早的云南省开展植被退化原因调查与分析，并以湖北、宁夏、青海等地高速公路边坡防护调查为补充，分析各区边坡综合防护最佳模式，提炼出各区的边坡综合防护技术。二是试验研究，即在工程防护仅做局部调整的条件下进行坡面植被建植试验研究，以提高综合防护效果。西南地区的试验研究包括基于强风化岩质边坡直接液压喷播灌木化技术研究，这部分研究已在早期的研究课题中实施，本课题继续进行观测总结。此外还包括在云南安楚高速公路中实施弱风化岩质边坡挂网锚固、土工格室固土、轮胎固土的客土喷播灌木化技术研究。在湖北沪蓉西高速公路中实施藤本绿化、岩质边坡打孔绿化等技术的试验研究。

第二节 边坡防护技术适用性调查

一、调查范围与路线

在云南，调查的公路包括石林—昆明—安宁—楚雄—大理—保山与曲靖—昆明—玉溪—元江—磨黑—思茅—小勐养，涵盖了云南省北亚热带、中亚热带、南亚热带及北热带4种气候类型区。

石林—昆明—保山高速公路横贯滇东高原湖盆区至滇西横断山脉纵谷地貌区，沿线土壤成土母质主要为石灰岩、紫红色页岩、玄武岩和砂岩，土壤为山地红壤、红棕壤、棕壤、紫色土、水稻土等。石林—昆明、安宁—楚雄除部分边坡采取客土喷播建植植被外，其余边坡均采用液压喷播。而楚雄—大理—保山段基本全部采用液压喷播。

二、调查结果

依托云南、湖北省，对主要公路干线边坡防护形式进行调查，结果见表6-1。可以看出，综合防护主要有以下几种形式：

（1）混凝土骨架+植被措施。

（2）混凝土骨架+土工格室+植被措施。

（3）混凝土骨架+空心砖+植被措施。

（4）预制结构+植被：包括预制砖骨架+植被，空心砖+植被，混凝土骨架+空心砖+植被。

（5）直接建植植被。

（6）土工网+植被。

（7）喷水泥浆（或浆砌片石）+空心砖+植被。

（8）挂网客土喷播+植被措施。

通过调查可以看出：

（1）边坡不同工程防护形式可改变坡面水文特征，影响水土保持效果，从而间接影响植被状况。在工程防护效果方面，以混凝土骨架与土工格室或空心砖结合固土效果好。在生物防护中，以灌木与草本结合固土效果好，防治水土流失效果显著，因此混凝土骨架+土工格室或空心砖+草本+灌木防护效果最佳，工程防护的作用在这种模式中占据主导地位。不仅如此，混凝土骨架+土工格室或空心砖工程防护下的植物生长要好于其他工程防护方式。以楚大高速公路为例，20个干旱少雨带的严重退化边坡均为框架梁防护或预制空心砖梁防护等格梁防护形式，而框架梁+空心砖防护的边坡植被仅出现轻度退化，是该区边坡防护中较好的类型。可见，可以通过微地形设计，如空心砖防护等改变小气候水文条件，以保持水土，为植物生长提供基础。

表 6-1

西南地区边坡综合防护调查表

序号	公路名称	气候带	建设时期	边坡岩质、土壤特性	边坡主要综合防护方式	边坡建群种类	防护效果
1	昆明—曲靖	北亚热带	1996年~1997年	中风化石灰岩	混凝土骨架+草本植被	弯叶画眉草	植被退化较严重，沟蚀
				同上	空心砖+木本+草本	桤木	防护效果优，侵蚀弱
				同上	空心砖+草本	弯叶画眉草	防护效果中
				强风化石灰岩	草本护坡	弯叶画眉草、云南知风草	坡比1：2以下防护效果优，反之差
2	昆明—玉溪	北亚热带 中亚热带	1999年~2001年	中强风化石灰岩	空心砖+草本	弯叶画眉草	防护效果中
					空心砖+木本+草本	猪屎豆	防护效果优，侵蚀弱
					混凝土骨架+空心砖+木本+草本		防护效果优，侵蚀弱
3	昆明—石林	北亚热带	2001年~2002年	弱风化石灰岩	客土喷播+草本+灌木	弯叶画眉草或东非狼尾草+马棘等	防护效果根据植被覆盖度差异较大，中弱侵蚀
				中强风化石灰岩	混凝土骨架+木本+草本	弯叶画眉草、坡柳等	植被覆盖不良，较强面蚀
4	安宁—楚雄—大理	中亚热带	1997年~1999年	中强风化砂岩	混凝土骨架+草本	弯叶画眉草	植被覆盖不良，沟蚀强烈
				中强风化砂岩	混凝土骨架+空心砖+草本	弯叶画眉草	植被覆盖中等，沟蚀强烈
				砂土	预制块骨架	弯叶画眉草	植被覆盖差，片蚀强烈，甚至有土体大量滑动

续上表

序号	公路名称	气候带	建设时期	边坡岩质、土壤特性	边坡主要综合防护方式	边坡建群种类	防护效果
5	大理—保山	北亚热带、中亚热带	1999年~2001年	中风化破碎砂岩	土工网	弯叶画眉草、云南知风草、坡柳等	植被覆盖中等，边坡侵蚀弱
				中强风化砂岩	喷水泥浆+空心砖植草防护	戟叶酸模	植被覆盖差，侵蚀弱
				强风化砂岩	无防护	山毛豆、猪屎豆、马桑、苦刺等灌木	植被覆盖优，侵蚀弱
6	玉溪—元江	中亚热带、南亚热带	2000年~2002年	中强风化石灰岩	混凝土骨架+空心砖+草本	非洲狗尾草、弯叶画眉草等	植被覆盖中等或优
7	元江—磨黑	南亚热带	2001年~2003年	中强风化石灰岩	混凝土骨架+草本+木本	思茅松、山毛豆、弯叶画眉草等	植被覆盖优，边坡侵蚀弱
8	思茅—小勐养	北热带	2003年~2006年	中或强风化石灰岩	混凝土骨架+土工格室+草本+木本	山毛豆、木豆、猪屎豆、合欢等	表现同上
					混凝土骨架+植生袋+草本+木本	同上	表现同上
9	京珠高速公路北段	中亚热带	2001年	弱风化石灰岩	轮胎固土+木本植物绿化	马棘	表现同上
					轮胎固土+木本植物绿化	弯叶画眉草	植被覆盖中，边坡侵蚀较弱
					浆砌片石+植草砖+草本	葱兰	植被覆盖差，边坡侵蚀弱
10	汉十高速公路	中亚热带北亚热带	2003年~2004年	弱风化石灰岩	挂网客土喷播+草本	高羊茅	植被覆盖差，边坡侵蚀较强
					挂网客土喷播+草本+灌木	狗牙根+马棘	植被覆盖良，边坡侵蚀较弱

（2）客土喷播+植被措施与轮胎固土+植被措施也是一种良好的综合防护方式。在这一模式中，土壤侵蚀状况很大程度上取决于群落结构类型。

（3）预制砖骨架+植被防护模式中，预制砖骨架很难对土体形成稳固的支撑，故固土能力弱，水力侵蚀强，甚至有浅层滑坡（<40cm），草本植被生长较差，必须进行改良。较简单的改良方式是引入灌木植被防止坡面水土流失。

（4）截断坡体水分交换的防护方式效果很差，极易造成边坡植被退化，不宜在公路边坡综合防护中应用。比较典型的是云南大保高速公路喷水泥浆+空心砖+植被防护中，虽然回填的20cm土壤为细土，但植被盖度较低，仅为30%，主要为戟叶酸模与一年生的马唐群落。湖北的浆砌片石+植草砖+葱兰效果也较差，其植被覆盖率不足10%。

可见，边坡的工程防护为植物的生长提供了基础，是人工植被建立的前提。在稳固的工程防护基础上，可构建群落类型丰富的灌草混合边坡植被，实现边坡的灌木化。

第三节　边坡灌木化技术研究

一、灌木化植被恢复目标与方案

（一）西南区

我国南方公路边坡植被营建大多通过喷播方法完成，受经验与技术水平制约，直至目前喷播工程仍在大量采用引进草坪草及牧草种子。许多草种，尤其是进口的草坪草栽培种，适应性与抗逆性较差，养护管理要求高，在公路绿化工程交工验收后，退化十分严重，甚至出现边坡二次裸露、水土流失加剧的现象。

木本植物群落在防治边坡浅层滑坡、截流降雨等方面具有草本植物不可替代的优势。建立边坡乔灌草相结合的立体混交植被，增加群落层次，提高生物多样性，不仅可以有效降低土壤侵蚀，同时也是防止路域植被退化的重要手段。对公路而言，建立持续性能良好的木本植被的过程是实现边坡森林化的过程，这是日本边坡防护提出的一个目标。在我国，对于在路侧边坡上大量采用乔木是否会因为乔木倒伏影响公路行车安全尚存在较大争议，因此针对西南区提出边坡灌木化的植被建植目标，也就是在边坡上建立以灌木为主体、灌乔草相结合的复合植被的过程。

综上所述，本研究将在西南区开展以外来草本植物作为先锋保护种，乡土木本植物为建群种，利用客土喷播与液压喷播技术建立弱风化与强风化岩质边坡灌草植被的试验研究。

（二）西北黄土高原地区及干旱半干旱区

调查涵盖了宁夏、青海广大地区及甘肃个别地区的公路、铁路边坡植被护坡。该区的灌木化试验内容包括：进一步分析原有课题在黄土高原地区进行的液压喷播灌草混交植被建植的效果；并进行多种草灌混交模式的建植研究。

二、西南地区边坡灌木化试验研究

（一）强风化岩质边坡灌木化试验

本研究包括两个方面，一是依托原大保高速公路试验段进行观测，试验所采用的植物及组合见表6-2；二是依托昆曲高速公路进行退化植被恢复技术研究。第二部分的研究主要利用第一部分研究成果和路域边坡灌木植被侵入生长状况的调查成果来设计相应植物组合。

云南灌木化试验植物种类组合与配比　　表6-2

小区	组　合	建植目标
1	高羊茅+紫羊茅+红三叶+毛苕子+月见草+猪屎豆+波叶山蚂璜	草灌花混交植被
2	高羊茅+紫羊茅+白三叶+万寿菊+毛苕子+狗屎花+短萼灰叶+望江南+小雀花	草灌花混交植被
3	高羊茅+紫羊茅+红三叶+火棘+苦刺+马桑+波叶山蚂蟥	草灌混交植被
4	高羊茅+紫羊茅+白三叶+毛苕子+牵牛花+滇橄榄+马棘+鸡嗉果+野樱桃	草灌乔混交植被
5	高羊茅+紫羊茅+白三叶+毛苕子+波叶山蚂蟥+鸡嗉果	草灌乔混交植被
6	高羊茅+紫羊茅+云南狼尾草+白三叶+短萼灰叶+黄栌+车桑子+马桑+牵牛花	草灌乔混交植被

记录各试验区植物在各年度的生长覆盖状况。观测指标包括：群落盖度、灌草比例、灌木层高度等。结果表明，各参试小区均顺利实现了边坡灌木化，试验结论如下：

（1）利用乡土野生灌木是实现路域边坡灌木化的一条有效途径。本研究采用了云南的短萼灰叶、猪屎豆、苦刺、马棘、坡柳、波叶山蚂蟥、小雀花、望江南、火棘等乡土灌木，这些灌木均能通过液压喷播方式在强风化岩质边坡上建成。

（2）为了有利于乡土灌木的建成，必须降低组合中草本植物的播种量，草本植物的播种量应根据灌木的生长速度而定。

（3）实现边坡灌木化可以采用以下5种植物混播及管护模式。

①速生灌木混播模式。由于灌木生长速度快，草本植物对灌木的建成不会产生明显的影响。短萼灰叶+猪屎豆是这一类型的典型代表。运用速生型灌木是实现边坡快速覆盖，提高早期群落质量的一种有效方法。

②慢生灌木混播模式。选用生长速度相差不大的灌木种类更有利于建成平衡和谐的草灌混交群落，控制其中草本植物的添加量。本次试验中的苦刺+波叶山蚂蟥+马桑+禾草组合就是一个成功案例。

③养分控制手段。除了速生型灌木模式实现边坡灌木化外，肥料与水分的充足添加，尤其是氮肥的过量添加只会促进草本的竞争优势，采用粗放养护方式与控制水肥可促进边坡灌木植被的建成。

④人工植被的建植必须为灌木在土壤种子库中营造机会。火棘与野樱桃在4年后才抽样观测到建成，这表明灌木的建成是一个相对长期的过程，同时也要求我们在植被建植时应尽量考虑到物种多样性。

⑤速生型灌木会对慢生型灌木形成竞争抑制，使其不易建成，必须降低在混播组合中的播种量。

（二）弱风化岩质边坡灌木化试验

依托安宁—楚雄高速公路岩质边坡试验段实施。设计主要研究内容为：草灌比例对灌木建成的影响；灌木类型对灌木植被建成效果的影响；表土资源利用对边坡灌木化的影响。此外，利用斑块化植被建植技术的研究成果，依托湖北沪蓉西高速公路进行混播灌木种群的建植试验。

1. 边坡灌草比例设计

根据日本客土喷播实践以及以往的研究经验，在灌草比例0.11~5之间共设计了6个灌草混播梯度，其中4个梯度的设计方法是以灌草比例为0.11和5的反正切函数值（角度）为基准的插值（表6–3）。混播组合中额外添加一些乔木种，由于目前通过客土喷播方式建立乔木类型较少成功，因此乔木的数量不计入整个组合设计。

安楚高速公路灌草比例设计　　表6-3

梯度设计	角度范围	梯度	灌草比	灌木/千粒	理论设计密度（粒/m²）			
					4 000	2 000	6 000	8 000
0.11	6.34	6.34	0.11	100	400	200	600	800
—	—	20.81	0.38	275	1 102	551	1 652	2 203
—	—	35.28	0.71	414	1 657	829	2 486	3 315
—	—	49.75	1.18	542	2 166	1 083	3 249	4 332
—	—	64.22	2.07	674	2 697	1 349	4 046	5 395
5	78.69	78.69	5.00	833	3 333	1 667	5 000	6 667

2. 灌木组合种类设计

根据已有的液压喷播植被建植研究成果，不同灌木种类建植效果并不一样。生长速度相当的灌木配合较好，而生长速度差异大的灌木组合中，速生型灌木由于前期强烈的竞争作用，对慢生型灌木具有较大的抑制作用。因此，本研究尝试降低速生型+慢生型灌木中的速生型灌木的比例，以建立不同生长速度的灌木混交类型，同时采用生长速度相当的灌木组合进行对照试验。所采用的组合种类为：

（1）组合类型一（中速型灌木+慢生型灌木+乔木）：狗牙根+马棘+马桑+胡枝子+旱冬瓜+云南松+坡柳+苦刺+波叶山蚂蟥。

（2）组合类型二（中速型灌木+慢生型灌木）：狗牙根+马棘+马桑+胡枝子。

（3）组合类型三（慢生型灌木混播）：狗牙根+坡柳+苦刺+波叶山蚂蟥。

（4）组合类型四（快速型灌木混播）：狗牙根+短萼灰叶+猪屎豆+木豆。

3. 客土基材设计

研究表土中的种子库对灌木建成的影响，并通过设计添加不同量的客土成分，以探讨对边坡植被建植的影响。各种基材配合材料的化验结果和比例见表6-4和表6-5。

4. 斑块化植被种群混交建植试验

试验设置在沪蓉西高速公路宜都至长阳段二标ZK6+320~ZK6+750段，原砾岩边坡客土示范区。在建植第1年，由于客土基材表土里杂草生长迅速，导致个别边坡灌木建植失败，形成裸斑；次年，在裸斑处种植了荆条、乌桕、构树等灌乔木种，种植时采用松土、穴播等技术手段。

客土基材养分分析结果　　表6-4

指标 土类	碱解氮（mg/kg）	速效磷（mg/kg）	速效钾（mg/kg）	pH值	有机质（g/kg）
混合生土	22.5	2.87	46.9	5.1	5.58
腐殖表土	862.8	33.2	321.7	5.14	132.18
腐熟鸡粪	2 354.9	1 046.2	1 480.7	7.88	252.91

客土基材混合比例　　表6-5

指标 土类	施　　量
基材一	$1m^3$生土+化肥（5kg复合肥10∶10∶10+3kg磷肥）+腐熟鸡粪（10kg）
基材二	$0.75m^3$生土+0.25 m^3腐殖质表土+化肥（5kg复合肥10∶10∶10+3kg磷肥）+腐熟鸡粪（10kg）
基材三	$0.875m^3$生土+0.125 m^3腐殖质表土+化肥（5kg复合肥10∶10∶10+3kg磷肥）+腐熟鸡粪（10kg）

5. 试验结果

（1）灌草比例对群落质量的影响

几个灌草比例梯度形成植被2年后的表现见表6-6。在灌木种类基本相同的条件下，XV区的群落质量表现最好，灌木密度和盖度均为各试验区之首，且远高于其他区，其次为XⅣ区。除以上两区，其他区的表现无显著差异。

对试验设计灌木密度、草本密度与综合评价指数进行了相关性分析，见表6-7。可以看出，植被质量（边坡植被的灌木化）与灌草比呈现正相关，但是相关程度较低，相关系数仅为0.25，而群落中建成的主要草本植物狗牙根的设计密度与植被综合评价指数间存在着较大的负相关（-0.66）。因此，在保证前期的生长前提下，应最大限度地降低草本的播量，以削弱对灌木的竞争。由本试验可以看出，岩质边坡客土喷播采用狗牙根时，密度达到400株/m^2即可，最大不超过700株/m^2，灌草比例达到0.8即可保证群落中灌木的竞争力。相对综合评价指数与灌木保存密度、灌木盖度正相关较强，这充分反映出边坡灌木化的特征。灌木分盖度与灌木保存密度也存在较大相关性，但与灌木设计密度相关性不大。可见，并不能简单通过增加灌木的设计密度实现边坡灌木化，而应将控制草本植物的竞争作为主要手段。

不同灌草比例条件下的群落质量　　表6-6

小区编号		Ⅰ区	Ⅱ区	Ⅺ区	Ⅻ区	XⅢ区	XⅣ区	XⅤ区	XⅥ区	XⅦ区
灌草比例		0.11	0.38	0.71	1.18	2.07	5.0	0.51	0.38	0.38
狗牙根设计密度		1 800	1 300	900	1 650	1 300	400	700	1 750	3 000
灌木设计密度（株/m^2）		570	1 650	2 450	3 250	4 050	5 000	680	1 100	2 200
总盖度（%）		100	100	100	100	100	100	100	100	100
灌木株数（株/m^2）		1.69	2.25	1.89	0.88	4.29	6.60	10.49	3.08	1.13
灌木高度（cm）		110.6	104.2	95.2	116.7	125.1	104.4	100.4	133.0	95.7
灌木分盖度（%）	胡枝子	—	—	—	0.6	0.5	—	—	—	—
	苦刺	0.7	3.2	—	—	0.7	6.6	3.5	—	—
	马棘	13.1	24.0	14.5	12.1	12.0	22.6	17.3	16.2	21.1
	山蚂蟥	0.0	9.0	6.3	—	—	—	—	—	—
	坡柳	5.4	16.7	21.7	4.5	12.0	49.3	63.4	10.9	11.0
灌木相对盖度（%）		24.5	31.1	41.9	14.6	21.9	40.4	63.7	30.9	26.0
相对综合评价指数		59.4	62.2	63.9	54.8	67.3	76.2	93.9	69.5	55.9

试验设计指标与植被质量的相关性分析评价　　表6-7

指　　标	灌草比例	狗牙根设计密度	灌木设计密度	灌木保存密度	灌木相对盖度	相对综合评价指数
灌草比例	1.00					
狗牙根设计密度	−0.54	1.00				
灌木设计密度	0.86	−0.30	1.00			
灌木保存密度	0.35	−0.65	0.01	1.00		
灌木相对盖度	0.06	−0.59	−0.26	0.82	1.00	
相对综合评价指数	0.25	−0.66	−0.11	0.98	0.88	1.00

（2）灌草组合形式对群落质量的影响

不同灌草组合形式的植物生长主要指标见表6-8。在不同灌草组合形式中，Ⅹ区和Ⅷ区相对综合评价指数最高，主要是其中猪屎豆、马棘密度较大、生长迅速。在本试验中，慢生灌木的各种组合效果均不理想，苦刺、波叶山蚂蟥等生长速度较慢的灌木均被迅速生长的草本植物所覆盖而从群落中消亡。可见，对于岩质边坡而言，采用速生型灌木进行客土喷播是实现边坡灌木化的重要手段。草本+中速型灌木+快速型灌木、草本+快速型灌木均是可以推广的灌草组合模式。

不同灌草组合模式的群落质量　　表6-8

小区编号		Ⅶ区	Ⅷ区	Ⅸ区	Ⅹ区
总盖度（%）		100	100	100	100
灌木株数		128	147	148	193
灌木高度（cm）		127.3	134.8	99.2	128.3
灌木分盖度（%）	马棘	12.5	21.1	9.8	8.0
	坡柳	9.1	9.1	7.3	3.6
	波叶山蚂蟥	—	—	3.5	—
	猪屎豆	—	—	—	25.0
	望江南	—	—	—	2.1
灌木相对盖度（%）		23.5	30.1	18.5	28.8
相对综合评价指数		85	94	78	98

（3）客土基材对群落质量的影响

不同客土基材配比的群落建成3年后的表现见表6-9。可以看出，基材试验小区相对综合评价指数大小依次为：Ⅳ＞Ⅴ＞Ⅲ。小区相对综合评价指数随腐殖质表土含量的增加而升高。这是因为腐殖质表土中营养物质丰富，腐殖质能改善土壤结构、提高土壤肥力，可协调土壤保肥供肥能力、透水保水能力以及改善土壤透气性，有利于植物生长。同时，表土也是一个种子库，野生灌木刺天茄即是表土种子库中所萌发的乡土植物，其密度随表土含量的增加而增大，在表土含量为25%的Ⅳ区，其分盖度仅次于马棘，对边坡实现灌木化贡献较大。加入12.5%表土的Ⅴ区灌木盖度比Ⅲ区高19%，可见腐殖质表土不仅通过种子库对边坡灌木化产生影响，而且通过对土壤结构性能的改善，对灌木发芽、生长等的促进使边坡更易实现灌木化。

不同基材配比对群落质量的影响　　表6-9

小区编号		Ⅲ区	Ⅳ区	Ⅴ区
总盖度（%）		100	100	95
分盖度（%）	苦刺	3.6	5.1	2.25
	马棘	7.5	23.4	7.22
	坡柳	3.8	9.1	16
	胡枝子	–	2.3	–
	波叶山蚂蟥	1.9	2.6	5.2
	刺天茄	–	22.7	6.48

续上表

小区编号		Ⅲ区	Ⅳ区	Ⅴ区
灌木相对盖度（%）		15.7	48.3	34.7
小区灌木数量	苦刺	11	65	20
	马棘	26	45	14
	坡柳	150	165	250
	胡枝子	—	10	—
	波叶山蚂蝗	9	2	8
	刺天茄	—	40	15
灌木总株数		196	327	307
灌木高度（cm）		111.2	103.5	98.4
相对综合评价指数		73	99	86

（4）斑块化植被建植技术试验

本试验是依托湖北沪蓉西高速公路进行的。荆条与构树是我国南方与北方地区广泛分布的植物种类，但一般均为自然扩散式侵入生长，在工程实践中尚没有成功应用的报道。此前我们曾在湖北襄十路等高速公路中多次尝试进行该群落的建植，效果均不理想，其出苗效果一般，幼苗期与草坪草的竞争力弱，很快消亡。为此，此次试验采用了斑块化建植技术，试验选择在早期喷播的石灰岩边坡形成的一些裸斑上，在这些斑块上人工种植了这两种植物。2006年8月调查发现，两种群落植被总盖度已达到80%，植株密度均在10株/m^{2}以上，群落发展态势良好。

6. 试验结论

（1）灌草比例对灌木建成并无显著相关关系，而草本植物总数对灌木的出苗、生长、发育影响最大，草本设计密度超过一定值后，灌木种子的增加对群落质量的影响不显著。在保证植被前期效果时，应最大限度地降低草本的播量，以削弱对灌木的竞争。在本试验中，草本植物狗牙根设计密度在不超过700株/m^{2}时，可保证群落中灌木的竞争力，但以400株/m^{2}为佳，季节不同这一数量会有所差异。

（2）种子混合客土喷播方式对许多植物建成会产生较大影响，主要是因为空气压力形成的强大冲击会使土壤易于板结。在试验中，白三叶、匍匐翦股颖以及许多能通过普通液压喷播方式建成的慢生型植物种类，如波叶山蚂蟥、苦刺等都未能建植成功。另外，本试验尝试降低速生型与中生型/慢生型混播模式中速生植物种子添加量以保证慢生型植物的建成也没能成功。这有两个方面的原因，一是客土比较肥沃，从而使草本生长旺盛，造成慢生物种很快就被淘汰；二是土壤覆盖会对种子发芽生长造成一定的不良影响。但从长期发展来看，将多种种子添加到客土中，可以丰富土壤种子库，有利于植被的健康发展。

（3）表土是一种非常优良的自然资源，它含有丰富的野生植物种子，丰富的氮、磷、钾以及多种微肥和丰富的腐殖质，对灌木植被的建立具有良好的作用。本试验成功地利用表土种子库中的野生刺天茄种子建成了草灌混交植被。但另一方面，表土也可将杂草种子带入群落中，如在湖北沪蓉西高速公路，由于采用了农田表土，不仅没能实现灌木化，反而引入大量杂草，使灌木初期建植失败。

（4）六角空心砖、框架梁、轮胎以及普通客土喷播方式也是固定土壤、实现边坡灌木植被建立的有效手段。

（5）斑块化种植技术是一种促进灌木初期建成的有效手段，可以在保证总体植被前期综合表现的基础上规避激烈的种间竞争，从而为群落成功引入新的乡土植物种奠定基础。

（三）岩质边坡灌木化研究

对云南边坡灌木化情况进行了调查（表6-10），结合湖北省岩质边坡灌木化调查，可以看出：

云南省高速公路边坡主要群落类型　　表6-10

类型	群　落	分布路段	建植方式	适应区域	备　注
1	弯叶画眉草群落	楚大、大保、玉元路	液压喷播	北亚热带—北热带	强风化石质/土质坡
2	云南知风草群落	大保路	液压喷播	北亚热带—南亚热带	弱—强风化石质/土质坡
3	狗牙根群落	安楚、大保路	客土喷播、液压喷播	北亚热带—北热带	强风化石质边坡/土质坡
4	一年生狗尾草—马唐群落	大保路	自然侵入	北亚热带—北热带	喷锚+空心砖防护边坡
5	一年生杂类草群落	昆曲、楚大路	自然侵入	北亚热带—中亚热带	土质、砂质边坡退化植被群落
6	紫茎泽兰群落	楚大、昆曲、昆玉、玉元、元磨路	自然侵入	北亚热带—北热带	强风化石质/土质坡
7	戟叶酸模群落	大保路	液压喷播	北亚热带—中亚热带	喷锚+空心砖防护边坡/弱风化边坡
8	戟叶酸模+紫茎泽兰群落	昆曲路	自然侵入	北亚热带—中亚热带	弱风化边坡

续上表

类型	群　落	分布路段	建植方式	适应区域	备　注
9	高羊茅—白三叶群落	楚大路	液压喷播	北亚热带—中亚热带	土质边坡
10	非洲狗尾草群落	昆曲、玉元	液压喷播	北亚热带—北热带	强风化石质边坡
11	粽叶芦群落	思小路	栽植	南亚热带—北热带	岩质客土边坡
12	云南狼尾草或云南狼尾草—非洲狗尾草群落	楚大路	液压喷播	北亚热带—中亚热带	石质边坡
13	坡柳群落	楚大路、大保路	液压喷播	北亚热带—北热带	土或石质边坡
14	马桑—苦刺—波叶山蚂蟥—火棘群落	大保路	液压喷播	北亚热带—北热带	强风化石质边坡
15	波叶山蚂蟥群落	大保路	液压喷播	中亚热带—北热带	强风化石质边坡
16	密蒙花群落	大保路	液压喷播中自然侵入	北亚热带—南亚热带	强风化石质边坡
17	猪屎豆群落	大保、安楚、元磨、思小路	液压喷播、植生袋+液压喷播、前期液压喷播+后期补播灌木	北亚热带—北热带	强风化石质边坡、岩质客土边坡
18	马棘群落	大保路	液压喷播	北亚热带—南亚热带	强风化石质边坡
19	画眉草—猪屎豆—山毛豆群落	大保、安楚、楚大、元磨、思小路	前期穴播灌木+后期液压喷播、液压喷播、植生袋+液压喷播、前期液压喷播+后期补播灌木	南亚热带—北热带	强风化石质边坡
20	木豆群落	安楚、元磨、思小路	液压喷播或前期穴播灌木+后期液压喷播	南亚热带—北热带	强风化石质边坡、岩质客土边坡
21	木豆—山毛豆群落	元磨、思小路	液压喷播	南亚热带—北热带	同上
22	木豆—猪屎豆群落	安楚、元磨、思小路	液压喷播	南亚热带—北热带	同上
23	山毛豆—新银合欢群落	元磨、思小路	液压喷播或前期穴播灌木+后期液压喷播	南亚热带—北热带	同上
24	山毛豆—坡柳群落	元磨	液压喷播或前期穴播灌木+后期液压喷播	南亚热带—北热带	同上
25	猪屎豆—新银合欢群落	元磨、思小路	液压喷播或前期穴播灌木+后期液压喷播	南亚热带—北热带	同上
26	金光菊—画眉草群落	元磨路	液压喷播	南亚热带—北热带	强风化石质边坡
27	画眉草—桤木群落	楚大路	液压喷播中自然侵入	北亚热带—北热带	强风化石质边坡
28	画眉草—思茅松/云南松群落	元磨路	前期穴播灌木+后期液压喷播	北亚热带—南亚热带	强风化石质边坡
29	画眉草—云南松—桤木群落	楚大路	液压喷播中自然侵入	北亚热带—北热带	弱风化石质边坡
30	桤木—马桑群落	昆曲路	自然侵入	北亚热带—中亚热带	弱风化石质边坡

（1）速生灌木混播型边坡绿化方式已成为各地实施的一种主要形式。山毛豆、木豆、猪屎豆、合欢等速生型灌木在云南元磨路、思小路中已成为边坡绿化的主要植物种。

（2）中速型灌木主要是马棘群落，在湖北襄十、孝襄高速公路中运用较多。马棘与草本竞争能力强，主要通过灌草混播方式建成。

（3）慢生型灌木如云南松、思茅松、坡柳在云南元磨路已局部建成。主要采用分时建植的手段，即先播种灌木种子再进行喷播草本的方式以削弱灌草竞争对灌木建成的影响。

（4）植生袋+液压喷播+栽植方式是思小高速公路边坡灌木化的主要形式，绿化效果极佳。

（5）边坡灌木化面临的主要问题是植物种类较单一，与自然融合能力较差，这为以后边坡灌木化提出了一个新课题，即实现边坡生物多样性与自然的和谐统一。

三、西北黄土高原区与干旱半干旱区边坡灌木化试验研究

（一）液压喷播灌草植被建植

依托青海马（场垣）—平（安）高速公路进行。试验植物种及组合见表6-11。

种子及来源 表6-11

组合	植物名称	学名	纯净度	发芽率	来源
组合1	中间冰草	*Agropyron intermedium*	0.95	0.91	美国
	沙打旺	*Astragalus adsurgens*	0.72	0.88	甘肃
	柠条	*Caragan korshinskili*	0.94	0.87	青海
	波斯菊	*Cosmos bipennatus*	0.78	0.81	云南
组合2	小冠花	*Coronilla varia*	0.92	0.68	甘肃
	紫穗槐	*Amorpha fruticosa*	0.51	0.52	北京
	唐古特白刺	*Nitraria tangutica*	0.82	0.51	青海
	星星草	*Puccinellia tenuiflora.*	0.85	0.89	青海
	骆驼蓬	*Peganum harmala*	0.85	0.61	青海

为研究黄土地区土壤处理、植物组合、覆盖处理及边坡坡向、坡度对喷播植被建植的影响，共设计8个处理措施，3次重复，共计24个小区，各小区面积30m^2，随机区组设计。8种处理措施具体如下：

（1）S1：直接喷播+植物组合1+无纺布+南–东南向坡。

（2）S2：水平阶+植物组合1+无纺布+南–东南向坡。

（3）S3：水平阶+植物组合1+遮光网+南–东南向坡。

（4）S4：水平阶+植物组合1+麦草+东–东南向坡。

（5）S5：水平阶+植物组合1+无纺布+西向坡。

（6）S6：水平阶+植物组合1+麦草+西向坡。

（7）S7：水平阶+植物组合2+麦草+西向坡。

（8）S8：水平阶+植物组合2+无纺布+西向坡。

不同边坡处理、不同覆盖措施植被的表现见图6–1、图6–2及图6–3。从图中可以看出：通过微环境改良与液压喷播技术相结合可以建成草灌混交植被。水平阶开挖、麦草覆盖等微环境改良技术对植被建成有良好效应。覆盖遮光网与无纺布效果相对较差。东—东南向坡及西向坡植被建成效果优于南—东南向坡。

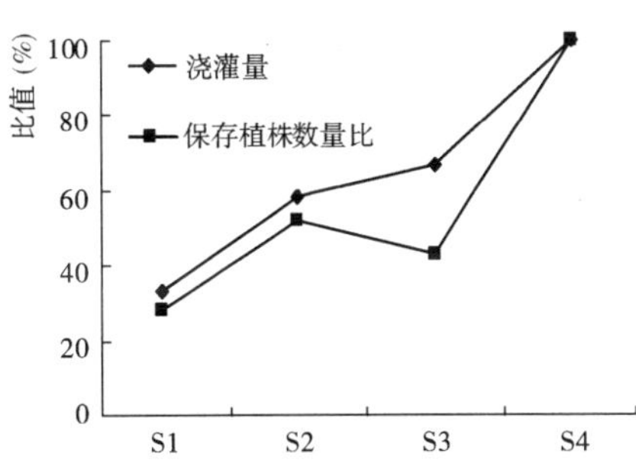

图6–1　不同浇灌量对保存植株数量比的影响

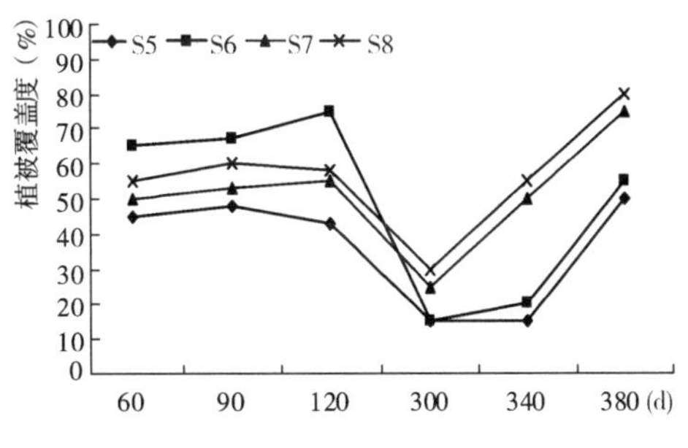

图6–2　不同覆盖与种子组合对植被覆盖度的影响

由于黄土地区气候与土壤的特异性，需采用适当措施促进喷播植被建成，这些措施主要有：

（1）控制喷播层、黄土的冲蚀。黄土粒子及其与喷播层的黏结性均较差，可适当增加黏结剂和覆盖料，选择喷洒浇灌方式，进行土壤合理改良等措施减少冲刷，促使初始植被的建成。

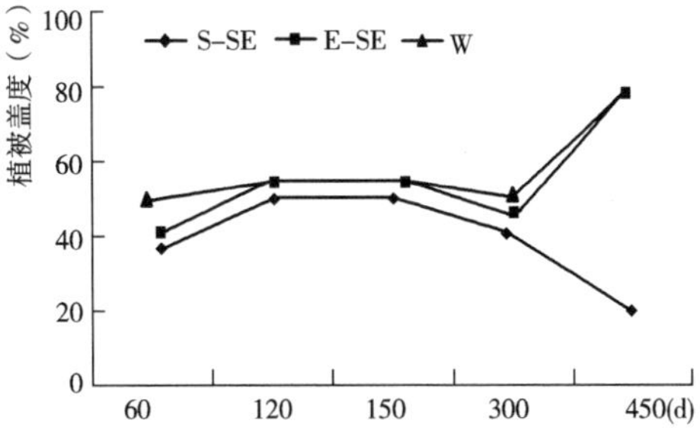

图6–3　不同坡向植被盖度–时间动态变化

（2）增加植物水分供给，抑制盐分积聚。通过开挖水平阶、鱼鳞坑、疏松土壤等措施增加边坡糙度；选择合理的覆盖方式降低表面蒸发，如覆盖麦草；选择春末夏初雨季到来之际施工等。

（3）加强植被建植前期水分管理。建植第1年水分管理是必需的。冬春干旱是植被建植失败的重要因素之一。

（4）选择适用的植物种类与配比。黄土地区一般蒸发量较高，土壤干旱、盐碱性强，公路路基的高压实度又大大增加了边坡的盐碱度，因此，植被建植应选择耐盐碱、抗干旱的本土植物。植被建植宜以乡土灌草混交为目标，其中柠条、唐古特白刺均是这一区域的理想灌木种类，唐古特白刺+星星草+骆驼蓬是一种理想的喷播组合方式。外来草种在这一地区退化迅速，不宜用作边坡植被建植。

（二）普通人工植被建植试验

采用隔行条播进行空间分割以消除草本植物对灌木建成的竞争，在宁大路设计了4种灌草组合模式，包括柠条+扁穗冰草+碱茅、沙棘+扁穗冰草+碱茅、白刺+扁穗冰草+碱茅和枸杞+柠条+扁穗冰草+碱茅。这些灌木种类均是该地区的主要建群种，观测结果见表6-12。可以看出，除小区1盖度一直保持较高水平外，其他小区盖度均有大幅度增加。柠条、沙棘分盖度大幅增加，草本盖度也大多有所增加。各植物高度均有大幅增加。小区1、2中由于灌木种植密度较大，第二年出现了自疏现象，密度大幅下降。

4种植物群落的灌草组合模式 表6-12

观测时间（年/月）		2005-9	2006-9	2005-9	2006-9	2005-9	2006-9	2005-9	2006-9
小区编号	植物名称	总盖度（%）		分盖度（%）		株高（cm）		密度（株/m²）	
1	柠条	80.0	81.0	4.8	25.1	5.8	23.0	83	29
	扁穗冰草			73.8	80.0	13	43.0		
	碱茅			23.7	24.4	5.8	53.0		
2	沙棘	64.2	85.0	2.4	70.0	4.8	70.7	60	10
	扁穗冰草			23.8	40.0	12	20.0		
	碱茅			38	25.0	8	15.0		
3	白刺	44.2	66.7	0.2	5.0	2.8	11.0	5	2
	扁穗冰草			23.1	43.3	6.3	40.0		
	碱茅			20.9	36.7	7.5	15.0		
4	柠条	61.2	70.7	1.55	23.3	5.8	20.4	31	23
	枸杞			—	—	—	—	—	—
	扁穗冰草			31.2	36.7	7.2	34.0		
	碱茅			28.5	56.7	6.5	31.0		

由于隔行种植，柠条和沙棘群落已基本建成。白刺种皮较厚，自身出苗率低，宜沙藏催芽后再播种。枸杞未能出苗，其培育技术有待进一步研究。

沙棘生长速度最快，在种植第2年高度达到70.7cm，盖度达到70%。调查发现柠条在青海应用比较广泛，但沙棘除湟倒路部分路段表现较好外，在边坡植被建植中运用较少，一般在隔离栅进行栽植使用。沙棘抗旱、抗寒性强，建议在青海边坡生态恢复中推广应用。

（三）灌草植被建植调查

对各种群落的调查结果表明：

（1）分时种植是黄土高原地区与干旱半干旱区边坡植被建植的有效手段。由于大多数草本植被均会出现不同程度的退化，其中赖草、骆驼蓬、沙打旺、沙蒿等乡土草本的退化进程略微慢些，其他如紫花苜蓿、草木樨、高羊茅等均退化较迅速，退化后形成的裸斑成为灌木建植的最佳场所。先期豆科草本的生长与固氮作用起到了改良土壤的作用，因此灌木极易建成。建成的主要方式有：先播草本，等草本退化到一定程度后再进行灌木穴播、灌木扦插等。

（2）草灌混播种植效果一般较差，由于草本的激烈竞争常常导致灌木难以建成，不适合在该地区推广。

（3）空间间隔种植也是该区灌草植被建植的一种有效形式，即借鉴斑块种植模式，在同一坡面上，采用灌木与草本分行间植，也可在草本行列中穴播或扦插灌木，均能起到较好作用。

第四节　硬岩边坡综合防护技术研究

硬岩边坡综合防护技术研究主要依托湖北省沪蓉西高速公路试验工程展开，所研究的内容主要包括：边坡客土喷播防护工程技术、边坡打孔客土绿化工程技术以及边坡藤本垂直绿化技术等3个方面。

一、不同工程与生物防护结合试验

（一）不同工程防护措施的生物防护试验

依托云南安楚、湖北沪蓉西高速公路完成了不同工程防护措施的生物防护试验。其中云南地区试验的防护方式有：土工格室、格子梁、轮胎、六角空心砖等固土方式与植被绿化方式。湖北试验了挂网客土喷播下不同草灌组合类型和土工格室固土绿化防护方式。

植被建成两年后的表现见表6-13。可以看出，在植物配比设计一致的情况下，轮胎和六角空心砖防护下建成的植被群落表现相对较好，灌木株数和灌木盖度均明显高于其他两种防护形式。土工格室、格子梁、六角空心砖已是广泛运用的边坡防护方式，而轮胎防护由于材料的特殊性等原因，应用较少，由本试验可以看出它也是一种优良的边坡防护形式，其优点是很好地利用了轮胎的物理形状将土壤牢牢地固定其中，且进入的水分也不易流失，为植物生长提供了优良的基础。湖北砾岩边坡，采用土工格室固土绿化方式进行了坡比为1: 0.5的坡面绿化，出现了土工格室大面积撕裂，土壤滑塌，边坡绿化失败，可见土工格室固土绿化对坡面坡率要求在1: 0.75以下。

不同防护类型对群落建成的影响　　表6-13

防护类型		土工格室	格子梁	轮　胎	六角空心砖
总盖度		100	95	95	95
灌木株数		176	150	386	332
灌木高度（cm）		97	76.8	62.3	80
灌木分盖度（%）	望江南	4.7	7.4	5.5	3.2
	马棘	10.4	5.1	6.5	14.4
	山蚂蟥	—	—	—	3.3
	坡柳	18.2	8.5	15.8	15.2
	苦刺	—	4.5	1.5	3.7
灌木相对盖度（%）		22.5	23.2	35.8	36.3
相对综合评价指数		74.2	71.3	89.5	90.9

由表6-14可以看出，轮胎在防止土壤养分流失方面比土工格室更加有效。由于边坡是一个斜面，植物残体、种子和凋落物在坡面的保存量有限，可以说坡面植被是一个氮、磷、钾养分净输出系统。在低养护条件下，坡面土壤养分得不到补充，轮胎则能较好地固定养分，有利于植被建植及群落的形成。

除了上述防护方式外，还试验了框架梁固土绿化方式，但由于土壤全部为人工涂抹，土壤与岩壁结合不够紧密，大雨冲刷较为严重，灌木植被没能建植成功。可见，岩质坡面客土喷播绿化必须保证喷播材料以足够的冲击力喷射到坡面上，即保持材料的坚韧性，只有这样才能保证不被雨水冲刷。

不同防护类型两年后养分含量　　表6-14

防护类型＼养分含量	碱解氮（mg/kg）	速效磷（mg/kg）	速效钾（mg/kg）	pH	有机质（g/kg）	全氮（g/kg）	全磷（g/kg）	全钾（g/kg）
轮胎	61.7	26.0	259.5	7.24	17.80	1.33	0.13	8.32
土工格室	67.2	25.2	148.9	6.93	15.10	1.12	0.16	5.08

（二）挂网固土与不同植物组合防护试验

1. 植物组合设计

分草本混播、草灌混播及草灌乔混播三种模式，依托湖北沪蓉西高速公路进行具体设计，见表6-15。

砾岩边坡植物组合设计　　表6-15

试验类型	小区编号	植物种类与组合
草本混播区	X1	弯叶画眉草 83%+白三叶 10%+鸡眼草7%
	X2	狗牙根 86%+白三叶 14%
	X3	百喜草 81%+白三叶 11%+鸡眼草8%
	X4	狗牙根 93%+鸡眼草7%
	X5	高羊茅+紫羊茅
草灌（花）混播区	X6	高羊茅 17%+紫羊茅 8%+苦刺 25%+荆条 25%+长波叶山蚂蟥25%
	X7	高羊茅 17%+紫羊茅 8%+美丽胡枝子 25%+马棘 25%+紫穗槐25%
	X8	高羊茅29%+紫羊茅22%+美丽胡枝子18%+糯米条12%+大叶醉鱼草12%+坡柳7%
	X9	高羊茅31%+紫羊茅23%+马桑23%+美丽胡枝子15%+苦刺8%
	X10	高羊茅43%+紫羊茅32%+木豆3%+山毛豆11%+猪屎豆11%
草灌乔（花）混播区	X11	高羊茅34%+紫羊茅26%+马棘9%+胡枝子5%+桤木26%
	X12	高羊茅26%+紫羊茅13%+盐肤木13%+黄栌13%+荆条5%+大叶醉鱼草18%+刺槐12%
	X13	高羊茅32%+紫羊茅25%+盐肤木16%+长波叶山蚂蟥 6%+刺槐16%+乌桕5%
	X14	高羊茅19%+紫羊茅15%+马棘15%+胡枝子9%+桤木28%+刺槐14%
	X15	高羊茅43%+紫羊茅17%+木豆7%+刺槐11%+马尾松22%

2. 植被建植当年表现

几种草本植物组合的生长表现见表6-16。可以看出，几种草本植物混播月度变化并无明显差异，只是在初期，组合X4覆盖度较差，这主要与狗牙根在温度低时出苗较慢有关。组合X1中，弯叶画眉草夏季出现大量死亡，群落逐渐以白三叶和鸡眼草为主体，这可能是与该坡面夏季较阴暗潮湿有关。在狗牙根与白三叶组合中，狗牙根后期生长速度很快，白三叶夏季枯黄死亡，逐渐形成狗牙根单一群落，总盖度尚可。组合X3中，百喜草夏季颜色脆绿、生长表现优良。高羊茅与紫羊茅对夏季的高温天气适应性较差，盖度降低较大。可见在该地区不能利用冷季型草坪草作为建群种，而只能用作先锋物种。

草本植物当年生长覆盖度表（单位：%）　　表6-16

日期/小区编号盖度	X1	X2	X3	X4	X5
2005年5年22日	97	75	93	15	30
2005年6年08日	100	98	100	90	85
2005年6年28日	90	90	90	90	80
2005年7年16日	80	85	80	85	70

草灌混播组合植被总盖度及灌木分盖度见表6-17。可以看出，初期各草灌组合在总覆盖度上并未表现出明显差异，这是因为各组合中建群草种相同，而草种在初期对总盖度影响最大，5月至6月是各草种旺盛生长的时期，植被盖度迅速提高，尤其是速生型山毛豆、木豆组合表现更佳，而冷季型草坪草高羊茅和紫羊茅难以适应高温干旱条件，大量死亡，导致群落总盖度大幅下降。

草灌混播植物生长表现　　表6-17

小　　区		X6	X7	X8	X9	X10
观测值	平均总盖度（%）	72.2	67.8	76.0	77.7	80.0
	平均分盖度（%）	21.7	46.7	36.7	13.0	61.0
最大值标准化值	平均总盖度	0.90	0.85	0.95	0.97	1.00
	平均分盖度	0.36	0.77	0.60	0.21	1.00
	平均分值	62.9	80.6	77.6	59.2	100.0

在草灌组合中，灌木分盖度基本呈现出稳步提高的趋势，其中，组合X10灌木分盖度迅速上升，这是由于其中的木豆迅速生长从而使群落整体盖度提高。其次为组合X7，其中马棘生长迅速，成功建植。

草灌乔组合的生长表现见表6-18。以组合X14表现最佳，即马棘+刺槐为建群组合模式，不论总盖度，还是木本盖度、木本植物平均高度，均是参试小区中最高的，其次为组合X13及X15。

草灌乔混播植物质量动态（前3个月） 表6-18

小区		X11	X12	X13	X14	X15
观测值	平均总盖度（%）	57.7	71.3	66.0	74.7	71.7
	各月木本盖度（%）	13.3	31.3	30.7	57.7	24.7
	季末木本高度（cm）	33.1	25.6	38.4	45.2	37.4
最大值标准化值	平均总盖度	0.77	0.96	0.88	1.00	0.96
	各月木本盖度	0.23	0.54	0.53	1.00	0.43
	季末木本高度	0.73	0.57	0.85	1.00	0.83
平均分值		57.9	68.8	75.5	100.0	73.8

不论是草灌组合还是草灌乔组合小区，随着夏季高温天气到来，各小区均长出大量农田杂草，以狗尾草、灰灰菜及马唐等一年生植物为主，这些杂草逐渐成为各小区中的优势植物。在这些杂草的激烈竞争下，小区内生长低矮的灌木逐渐死亡，并从群落中消失，保存下来的仅有木豆、猪屎豆、山毛豆、刺槐、马棘及盐肤木等几种生长速度较快的灌木，即组合X7、X10、X13、X14、X15等4个组合中的速生灌木与乔木。这些组合中的慢生木本植物在激烈的种间竞争中消亡，其他组合的物种均在杂草的激烈竞争中死亡。

农田杂草的大量出现与所采用的客土基材中大量使用农田表土有关。可见，在公路建设中，不是所有表土都可直接应用于公路边坡绿化，用于边坡绿化的客土应以山间表土为主，而对于农田表土，应至少放置一年，促使杂草种子萌发后再用除草剂除去，或直接用薰蒸型除草剂杀死其中的杂草种子，以防对混播群落产生影响。

3. 植被次年表现

冬季到来之后，原来种植的山毛豆、猪屎豆、木豆等南亚热带—热带引种灌木全部因低温严寒而冻死，第2年春季这些植物都没有成功返青。有较大播量的速生型灌木马棘的X7组合和较大播量的刺槐X13、X14组合表现十分理想，群落盖度稳步提高，建植基本成功。而播量过少的组合以及没有速生型灌木的组合均没有建植成功，这些小区在夏季到来之后，去年落入土壤中的杂草种子重新萌发，并对土壤形成良好的覆盖，只是冬季到来之后景观效果十分不理想。

二、生物防护为主绿化试验

（一）钻孔客土绿化防护种植试验

1. 试验设计

采用种植槽袋苗+钻孔灌木种子种植+客土湿喷，施工步骤为：清理坡面→划分栽植区域→测量放线→开挖种植槽→回填种植土→营养袋苗栽植→坡面上钻孔→回填营养土→人工种子种植→盖无纺布→浇水养护。

钻孔规格：直径×孔深=20cm×25cm；孔距：50cm×50cm。

植物种类：乔木（栎树、盐肤木、马尾松、漆树、乌桕、黄栌、黄连木、合欢、刺槐、桤木、枫香等）；灌木（醉鱼草、糯米条、紫穗槐、马棘、美丽胡枝子、波叶山蚂蟥、短萼灰叶、木豆、苦刺、火棘、荆条、坡柳、猪屎豆）。

种植方式：袋苗种植、种子播种，每穴栽种植物3株。

试验面积：3 420m^2。

试验地点：K6+052~YK6+232二、三级平台。

2. 试验结果

全部栽植试验于2005年12月完成，植物在较粗放养护下，经历了缓苗期与返青期。2006年6月对孔穴内植物进行成活率统计，结果见表6–19。可以看出，钻孔绿化孔穴内植物成活率极差，除合欢达到78%外，其余植株均未超过50%，且近2 000个孔穴内植物全部死亡。

钻孔边坡绿化试验结果（2006年6月） 表6–19

物 种	合欢	首冠藤	葛藤	紫藤	香樟	栓皮栎	油麻藤	爬山虎	盐肤木	刺槐	地石榴	荆条
成活率（%）	78	31.5	10	45	5.5	25	26	8	24.5	31	8	19

孔穴内植株成活率差主要有以下三个原因：

一是孔穴内回填土壤条件太差，这是导致植物大量死亡的最根本原因。植物生长应以高有机质含量、结构疏松、透水透气性好的壤土为宜，本试验工程中直接应用当地红黏土并以客土喷播方式填入土壤，土壤结构性差，保水保肥能力弱，从而导致植物大量死亡。

二是养护没有跟上。由于土壤土质较差，保水保肥能力弱，为了保证植物存活，必须在后期精心浇水养护。据调查，下台边坡由于养护条件相对较好，因此有苗孔穴数达到70%~80%，而最上台边坡，养护时常不到位，无苗孔穴数达到40%~50%，死亡较为严重之处位于边坡最上台（第4级），无苗孔穴数甚至达到80%~90%。

三是一些植物自身对边坡干旱条件适应性较差，经历了冬春干旱后大量死亡，如香樟、爬山虎在坡面孔穴内栽植效果也很差。

虽然植物成活率不高，但第1级边坡1年后植物覆盖达到60%~70%，说明钻孔种植仍是一种可供选择的硬质岩边坡绿化方式，但必须做好土壤改良、植物选择与前期养护。

（二）藤本植物垂直绿化防护试验

1. 试验设计

利用藤本植物的垂直生长习性，达到实现坡面绿化的目的。通过2种方式实现用藤本、垂悬植物绿化边坡。

（1）坡体下侧及坡中平台设置种植槽，种植藤本植物。

主要试验5种藤本植物：油麻藤、常春藤、爬山虎、凌霄、葛藤。

观测内容：藤本植物生长动态（含坡面的覆盖变化）；支撑物对藤本植物生长速度的影响。

（2）直接在边坡打孔栽植袋苗以及在边坡平台设置种植槽种植营养袋苗。

试验内容包括：植物种类筛选、藤本植物种植方式。

钻孔边坡藤本袋苗种植施工方式：边坡打孔→袋苗种植→挂铁丝网→打植锚杆固定。

所选择的植物种类有：油麻藤、常春藤、地锦、凌霄、爬山虎、络实、薜荔、扶芳藤、鸡血藤、岩豆藤、葛藤、铁线莲、紫藤、金银花。

2. 试验结果

（1）藤本植物覆盖坡面综合表现

常春藤、油麻藤、葛藤、爬山虎等综合运用，取得了一定效果，但植物覆盖在边坡不同位置呈现出较大的差异。2006年8月，对试验示范段边坡全面调查，见表6-20。可以看出，不同坡高的攀缘植物生长有较大差异，边坡越矮，植被覆盖状况越好，如K6+900处，边坡高度仅3m，植被覆盖度达到90%。对攀缘植物已生长3年的边坡，当坡比为1:0.3时，一级坡面植被盖度达65%，可见采用藤本植物可实现高陡边坡绿化。

边坡攀缘植物覆盖表现　　表6-20

桩　号	种植年限（年）	边坡坡高（m）	边坡坡比	坡面覆盖度（%）		
				一级台阶	二级台阶	三级台阶
K1+200	3	8	1：0.3	65	60	5
K6+900	1	3	1：0.5	90	—	—
K8+100	1	9	1：0.3	8	1	0.5
K8+150	1	9	1：0.3	40	10	—
K10	1	10	1：0.3	30	30	5

不同台级攀缘植物生长有很大差异，以攀缘植物已种植3年的边坡K1+200为例，一级台阶与二级台阶植被盖度相差不大，都为60%，而三级坡面仅为5%。在其他坡面也有类似规律，这是因为越靠近下侧，养护条件相对越好，植物生长也越好。

（2）几种藤本植物前期生长表现

几种藤本植物的前期生长表现见图6-4。可以看出，5种藤本植物中，以葛藤生长表现最佳，其次为凌霄、常春藤、油麻藤。油麻藤扦插苗远比播种实生苗生长速度快，这是由于植物生命曲线呈现慢—快—慢的生长规律，播种苗正在缓慢生长时期，而扦插苗已经是旺盛生长期，所以对于播种苗而言，更需加强幼苗时期的杂草防除。

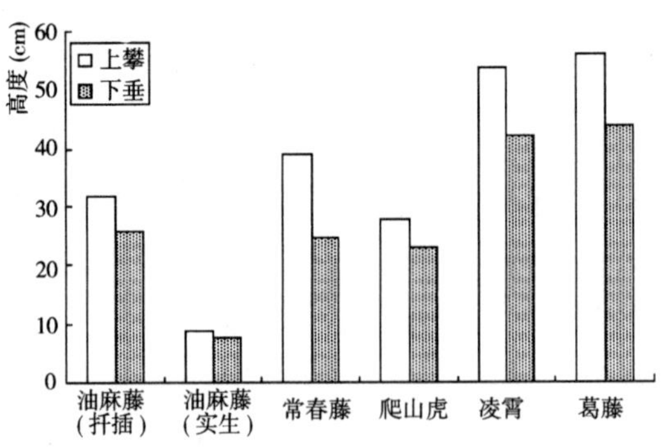

图6-4　几种藤本植物4~5月生长情况

（3）支撑物对植物生长的影响

为进一步了解攀缘植物生长习性，设置了供植物攀缘的支架作为对照。各种植物在无支架和有支架时的生长速度，见表6-21。可以看出，无论是上攀生长还是下垂生长，支架支撑都有助于植物生长，支架对植物生长攀缘提高作用最高可达92%。

支撑对藤本植物的生长影响（4~5月）　　表6-21

植物名称	无支架支撑生长速度（cm）		支架生长速度（cm）	
	上攀	下垂	上攀	下垂
油麻藤	55.1	46.4	75.9	71.2
常春藤	39.1	24.7	48.2	47.5
爬山虎	30.8	26.3	36.5	34.2
凌霄	53.8	42.1	66.7	65.2
葛藤	56.1	43.8	68.8	66.3

第七章 公路水土流失规律及水土保持技术研究

第一节 公路边坡水力侵蚀规律及水土保持技术研究

一、研究内容与方法

水力侵蚀是西部大多数地区公路边坡土壤侵蚀的主要形式，本节针对公路建设过程中公路边坡水力侵蚀发生、发展规律，分析公路边坡水力侵蚀与降雨、土壤、植被等因素的关系，并比较不同防护措施的水土保持效果。

为使研究结果具有代表性，分别选取湖北沪蓉西及云南安楚高速公路（西南地区），宁夏银武高速公路（西北干旱地区），青海平阿、宁大高速公路（青藏高原区）等代表不同自然区域的公路路段开展试验。

在湖北沪蓉西高速公路观测段，路堑边坡比较陡，主要采用简易观测场研究自然条件下的土壤侵蚀。在云南、宁夏和青海主要采用径流小区和简易观测小区研究土壤侵蚀。简易观测场虽然没有径流小区和模拟降雨的试验手段精确，但在公路路域边坡较长，环境条件多变时简单实用。考虑到公路建设工程的复杂性，以沿线调查方法作为补充，对建设期边坡水力侵蚀情况进行综合分析，以便全面把握公路水力侵蚀规律，使研究结论更具有普遍性。

二、降雨与土壤侵蚀关系研究

（一）研究区降雨特征

降雨是边坡水力侵蚀最主要的外营力。西部地区地域广大，降水各地差异很大，对土壤侵蚀的影响也不同。长江流域及其以南地区土壤侵蚀外营力主要是降雨击溅力和由此引发的地表径流冲刷力和下渗水分的作用力。

我国按降雨强度指标把降雨分为小雨、中雨、大雨、暴雨、大暴雨和特大暴雨，具体划分标准见表7–1。根据此标准，对不同研究路段降雨特征进行分析。

降雨强度划分标准　　表7–1

降雨等级	降雨量（mm/d）	降雨强度（mm/h）
小雨	<10	<2.5
中雨	10 ~ 25	2.5 ~ 8.0
大雨	25 ~ 50	8.0 ~ 16.0
暴雨	50 ~ 100	≥16.0
大暴雨	100 ~ 200	
特大暴雨	≥200	

1. 湖北沪蓉西高速公路宜长段

研究路段地处鄂西南多雨区，属亚热带季风气候，降雨充沛。根据雨量计观测和收集的资料，试验区2005年4月11日至9月25日降雨（间隔12h以内降雨算作一场降雨）统计分析见表7–2和表7–3。可以看出，从4月11日至9月25日，共降雨40次，降雨总量为655.4 mm，主要集中在5~8月。4月开始降雨量逐渐增多，7月达到最大降雨量243.3 mm，以后逐渐减少，直至雨季结束。其中单场降雨量在10mm以上达15次，占整个观测期降雨总量的83.8%。平均降雨强度在2.5mm/h以下、2.5~5.0mm/h和5.0~10.0mm/h三个范围内降雨量相差不大，其中平均降雨强度在2.5~5.0mm/h的降雨量为237.6 mm，占整个观测期间降雨总量的36.3%。

观测期间降雨量和降雨强度的量级分配　　表7–2

项　目	降雨量量级（mm）				平均降雨强度量级（mm/h）				总计
	<2.5	2.5 ~ 5.0	5.0 ~ 10.0	≥10.0	<2.5	2.5 ~ 5.0	5.0 ~ 10.0	≥10.0	
降雨场次	6	11	8	15	25	7	6	2	40
降雨总量（mm）	8.4	42.0	56.0	549.0	204.3	237.6	180.2	33.3	655.4

观测期间月降雨量统计表　　表7–3

月　份	4	5	6	7	8	9	小计
降雨次数	4	13	3	7	8	5	40
降雨总量（mm）	13.3	85.4	87.9	243.3	200.2	25.3	655.4

2. 宁夏银武高速公路固原段

将13场降雨分类（表7–4），得到不同量级降雨场次占总观测降雨场次的比例（图7–1）。从表7–4、图7–1可以看出，小雨和中雨共有8场，占总场次的61.5%，但降雨量只占观测期内降雨总量的21.5%，而大雨和暴雨只有5场，占总场次的38.5%，但降雨量却占观测期内降雨总量的78.5%，其中2场暴雨的降雨量就占观测期内降雨总量的44.5%，可见该区降雨大部分是以暴雨和大雨形式产生的。

降雨强度分级表　　表7–4

等　级	12h降雨量（mm）	24h降雨量（mm）	场次（场）	降雨量（mm）
小雨	0.2~5.0	<10.0	5	10.3
中雨	5.0~15.0	10.0~25.0	3	29.3
大雨	15.0~30.0	25.0~50.0	3	62.7
暴雨	30.0~70.0	50.0~100.0	2	82.1
大暴雨	70.0~140.0	100.0~200.0	—	—
特大暴雨	>140.0	>200.0	—	—

3. 青海平阿高速公路

试验区设在平阿高速公路青沙山，地处南部山区多雨地带，降雨充沛，年降雨量在500mm以上。根据雨量计观测，试验区2005年7月13日到2005年10月6日的降雨统计分析见表7–5、表7–6。由表7–5和表7–6可知，该区降雨量在8月份达到最大值，为114.1mm，以后逐渐减少，直至雨季结束。观测期间内共降雨35次，其中单场降雨量在10mm以上的达9次，降雨总量为161.3mm，占整个观测期间降雨总量的57.8%。平均降雨强度小于2.0mm/h的降雨总量为204.6mm，占整个观测期间降雨总量的68.9%。

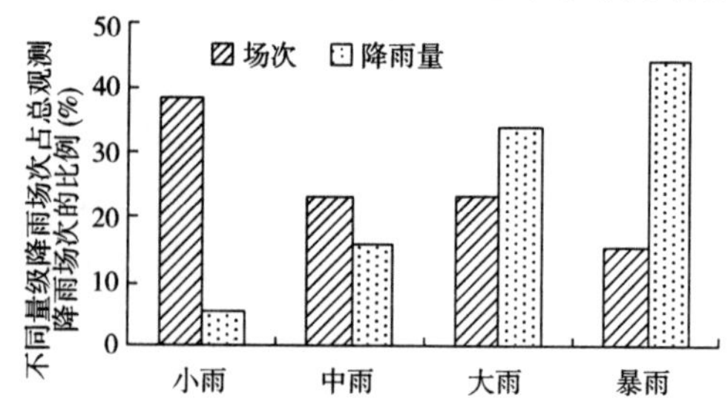

图7–1　不同量级降雨场次占总观测降雨场次的比例

青沙山7月13日至10月6日降雨量统计 表7-5

月　份	7	8	9	10
降雨次数	13	13	6	3
降雨总量（mm）	87.6	114.1	57.6	19.8
百分比（%）	31.40	40.90	20.60	7.10

降雨量与降雨强度的量级分配 表7-6

项　目	降雨量量级（mm）				降雨强度量级（mm/h）			
	<2.0	2.0~5.0	5.0~10.0	>10.0	<2.0	2.0~5.0	5.0~10.0	>10.0
降雨场次	7	5	14	9	23	6	5	1
降雨总量（mm）	4.7	14.5	98.6	161.3	204.6	32.3	40.1	2.1

从分析结果来看，各地降雨特征表现出明显差异。首先雨季持续时间不同，西南地区雨季为5~8月，西北干旱区和青藏高原区是在7~9月；二是降雨峰值出现时间不同，西南地区降雨在7月最为集中，西北干旱区也是在7月，而青藏高原区在8月；三是降雨强度分布不同，西南地区和西北干旱区的暴雨雨量占了总降雨量的绝大部分，而在青藏高原区暴雨雨量所占比例相对较小，平均降雨强度小于2.0 mm/h的降雨量占整个观测期降雨总量的大部分。

（二）单场降雨与土壤侵蚀关系

1. 湖北沪蓉西高速公路宜长段

将观测的降雨总量、降雨历时、前期降雨量和平均降雨强度等数据与相对应的路基边坡、取弃土场所产生的土壤侵蚀量进行相关性分析，得出土壤侵蚀量与降雨的关系（表7-7）。可以看出，土壤侵蚀量与降雨历时和平均降雨强度的相关性不显著。影响土壤侵蚀量的主要降雨因子是降雨量和前期降雨量，呈现出极显著的正相关关系，但在植被恢复比较好的弃土场，土壤侵蚀量与各降雨因子相关性均不显著，这主要是因为弃土场采取了综合治理措施，小区内植被状况良好，植被盖度达75%，地表已形成一定厚度的枯落物，所以降雨被林冠和枯落物截留，防止了土壤侵蚀。

降雨因子和土壤侵蚀量相关性分析　　表7-7

观测小区	土壤侵蚀因子	降雨因子							
		降雨量		降雨历时		平均降雨强度		前期降雨量	
		相关系数 r	双侧显著性检验 P	相关系数 r	双侧显著性检验 P	相关系数 r	双侧显著性检验 P	相关系数 r	双侧显著性检验 P
Ⅳ标路堤一级边坡	土壤侵蚀量	0.988**	0	0.660*	0.027	0.268	0.425	0.722*	0.012
Ⅳ标路堤二级边坡	土壤侵蚀量	0.963**	0	0.565	0.070	0.265	0.431	0.741**	0.009
框架梁小区z	土壤侵蚀量	0.976**	0	0.272	0.369	0.082	0.791	0.830**	0
框架梁小区y	土壤侵蚀量	0.960**	0	0.228	0.454	0.127	0.678	0.809**	0.001
Ⅰ标弃土场	土壤侵蚀量	0.978**	0	0.446	0.083	−0.026	0.925	0.595*	0.015
Ⅳ标弃土场	土壤侵蚀量	0.984**	0	0.535	0.138	0.180	0.642	0.964**	0
Ⅰ标恢复弃土场	土壤侵蚀量	0.379	0.529	0.399	0.506	−0.278	0.651	−0.321	0.598

注：1.**显著性系数<0.01，相关关系极显著；
2.*显著性系数<0.05，相关关系显著。

取降雨量和前期降雨量两个指标对土壤侵蚀量（标准值）做多元回归分析（表7-8），回归分析采用强迫引入法（Enter），以土壤侵蚀量为因变量，降雨量和前期降雨量为自变量进行多元线性回归，其回归方程一般形式为：

$$y=a_1x_1+a_2x_2+b \tag{7-1}$$

降雨因子与土壤侵蚀量回归分析结果　　表7-8

观测小区	因变量	x_1的回归系数a_1	x_2的回归系数a_2	常数项b	复相关系数R	统计量F	显著性检验P
Ⅳ标路堤一级边坡	土壤侵蚀量（y）	0.985	0.005	4.65E−009	0.988**	169.058	0.000
Ⅳ标路堤二级边坡	土壤侵蚀量（y）	0.900	0.086	−8.31E−007	0.964**	53.128	0.000
框架梁小区z	土壤侵蚀量（y）	0.887	0.110	7.66E−007	0.978**	109.811	0.000
框架梁小区y	土壤侵蚀量（y）	0.891	0.085	1.52E−006	0.961**	60.316	0.000
Ⅰ标弃土场	土壤侵蚀量（y）	0.989	−0.017	−3.61E−009	0.978**	146.159	0.000
Ⅳ标弃土场	土壤侵蚀量（y）	0.353	−0.032	−1.29E−006	0.379	90.916	0.856

注：1. **显著性系数<0.01，相关关系极显著；
2. *显著性系数<0.05，相关关系显著。

式中：y——土壤侵蚀量；

a_1——降雨量x_1的回归系数；

a_2——前期降雨量x_2的回归系数；

b——常数项。

从表7–8显著性检验一栏可以看到，除Ⅳ标弃土场外，其他观测小区土壤侵蚀量与降雨量x_1和前期降雨量x_2的线性关系均达到极显著水平，表明所建立的回归方程是有效的，同时也表明这两个降雨指标直接制约着土壤侵蚀量。

2. 青海试验区

对弃土场边坡选取降雨量、降雨强度两个因子，分别与土壤侵蚀量进行回归分析，结果如表7–9所示。可以看出，土壤侵蚀量和降雨量呈极显著正相关关系，表明在降雨量达到一定的程度时，土壤侵蚀量会随着降雨量的增加而增加。

降雨量与土壤侵蚀量的关系　　表7–9

径流小区编号	降雨量与土壤侵蚀量的回归结果		
	公式	R值	显著性系数Sig.
PA1–1	y=0.909x	0.909**	0.000
PA1–2	y=0.924x	0.897**	0.000
PA1–3	y=0.736x	0.736*	0.062
PA1–4	y=0.894x	0.894**	0.000
PA2–1	y=0.900x–0.017	0.912**	0.000
PA2–2	y=0.888x–0.017	0.889**	0.000
PA2–3	y=0.860x–0.016	0.871**	0.000

注：1. **显著性系数<0.01，相关关系极显著；
　　2. *显著性系数<0.05，相关关系显著。

另由表7–10可以看出，土壤侵蚀量和降雨强度呈极显著正相关关系，表明在降雨强度达到一定程度时，土壤侵蚀量会随着降雨强度的加大而增加。

3. 宁夏试验区

为分析每个观测小区降雨量与侵蚀量关系，对试验地的单场降雨量与其所对应的侵蚀量进行回归分析。每个观测小区降雨量与侵蚀量见表7–11。

降雨强度与土壤侵蚀量的关系　　表7–10

径流小区编号	降雨强度与土壤侵蚀量的关系		
	公式	*R*值	显著性系数Sig.
PA1–1	$y=0.742x$	0.742**	0.000
PA1–2	$y=0.484x$	0.484**	0.049
PA1–3	$y=0.427x$	0.427**	0.021
PA1–4	$y=0.79x$	0.790**	0.000
PA2–1	$y=0.367x$	0.351*	0.067
PA2–2	$y=0.763x-5.2\times10^{-6}$	0.730**	0.000
PA2–3	$y=0.548x-0.416\times10^{-6}$	0.525**	0.004

注：1. **显著性系数<0.01，相关关系极显著；

2. *显著性系数<0.05，相关关系显著。

试验区降雨量与其所对应的侵蚀量　　表7–11

日　期	降雨量（mm）	侵蚀量（t/km²）					
		I	II	III	IV	V	VI
6月22日	1	0	0	0	0	0	0
6月28日	6.5	446.7	483.3	246.7	120.8	110.8	366.3
7月2日	30	2 233.3	2 175	1 233.3	2 416.7	1 108.3	1 465
7月4日	2	0	0	0	0	0	0
7月8日	1.3	0	0	0	0	0	0
7月10日	4.2	335	362.5	123.3	120.8	0	122.1
7月21日	31.9	1 228.3	1 208.3	986.7	1 450	665	976.7
7月24日	2.8	0	0	0	0	0	0
7月31日	12.6	893.3	967.3	493.3	604.2	221.7	488.3
8月5日	15.4	1 005	1 570.8	740	966.7	443.3	732.5
8月14日	52.1	2 680	3 265.5	1 480	2 658.3	1 330	1 831.3
8月19日	15.4	1 567.8	966.7	740	1 691.7	886.7	1 098.8
8月20日	10.2	558.4	483.3	246.7	362.5	110.8	244.2
合计	185.4	10 947.8	11 482.7	6 290	10 391.7	4 876.6	7 325.3

以降雨量为自变量x，侵蚀量为因变量y，对试验地的单场降雨量和其所对应的侵蚀量进行一元线性回归分析，得到观测小区降雨量与侵蚀量相关关系（表7–12）。可以看出，对各小区降雨量和侵蚀量数据进行线性拟合后，两者呈现较好的正相关关系，它们的相关系数R值均大于0.9。在不考虑影响坡面土壤侵蚀其他因素的前提下，随着降雨量增大，土壤侵蚀量也逐渐加大。

试验区降雨量与侵蚀量相关关系　　表7-12

小区号	降雨量与侵蚀量相关关系式	相关系数R	显著性系数Sig.
I	y=53.77x+76.122	0.930 8**	0.000
II	y=61.084x+13.067	0.947 3**	0.009
III	y=30.523x+49.006	0.915 0**	0.031
IV	y=58.077x-28.013	0.925 7**	0.012
V	y=28.341x-28.624	0.918 5**	0.000
VI	y=37.789x+25.129	0.941 0**	0.000

注：1. **显著性系数<0.01，相关关系极显著；
2. *显著性系数<0.05，相关关系显著。

从以上分析可以看出，无论在西南地区、黄土地区还是青藏高原地区，公路边坡土壤侵蚀与降雨关系密切，但由于自然条件的不同，降雨各因子在不同地区对土壤侵蚀量的影响也有一定的差别。

（三）降雨对年内土壤侵蚀量时空分布影响

1. 湖北试验区

逐月降雨量与土壤侵蚀量的关系如图7-2所示。可以看出，各观测小区的每月土壤侵蚀量变化基本上与相应月降雨量变化一致，月降雨量从4月份开始增加，7月份达到最大，8月份开始下降，相应的各观测小区月土壤侵蚀量呈现一致的变化趋势。

所有观测小区6月份土壤侵蚀量都有所降低，这是由于当地出现“伏旱”天气所致。在6月份，当地降雨量相对较少，气温较高，土壤水分蒸发量大，故土壤含水率降低，即使有降雨，也被土壤吸收而不易形成地表径流，故土壤侵蚀量减少。

值得注意的是，所有观测小区7月份和8月份的土壤侵蚀量占整个观测期间土壤侵蚀总量的比例最大，这与7、8月份降雨量占观测期间降雨总量比例最大一致。这进一步说明，降雨量和前期降雨量在土壤侵蚀过程中起主要的作用，与前面的分析结果一致。这为水土保持措施配置时间给出了具体参考，即在水土保持措施布设时，应充分考虑7、8月份集中降雨对土壤侵蚀的影响。

2. 青海试验区

对2005年5~10月的月降雨量与土壤侵蚀强度进行逐月分析，结果如图7-3所示，其中土壤侵蚀强度为弃土场7个径流观测小区的平均侵蚀强度。

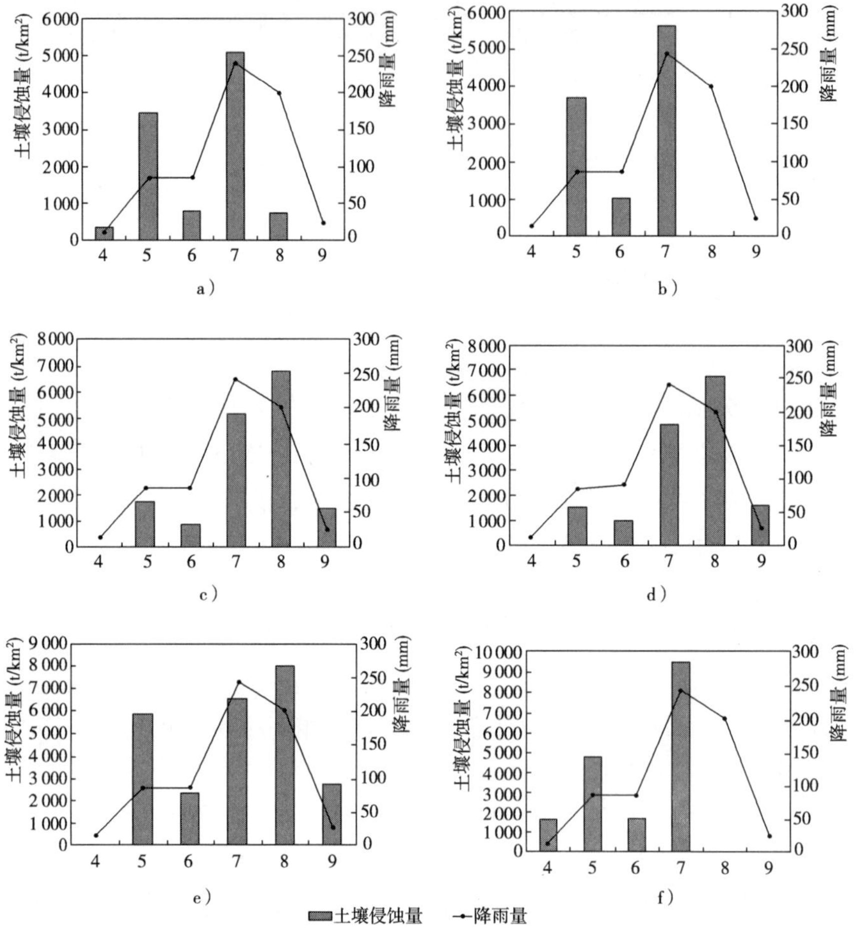

a）

b）

c）

d）

e）

f）

土壤侵蚀量 —●—降雨量

图7-2　各观测小区逐月降雨量与土壤侵蚀量的关系

a）Ⅳ标路堤一级边坡；b）Ⅳ标路堤二级边坡；c）框架梁小区z；d）框架梁小区y；e）Ⅰ标弃土场；f）Ⅳ标弃土场

可以看出，土质弃土场高强度的水土流失发生在降雨较大的7、8、9三个月，分别占到总量的50.1%、30.9%和13.0%。

综上所述，通过对西部地区降雨特征研究可以得出以下结论：

（1）在西南地区，雨季为5~8月，西北干旱区和青藏高原区大部分地区雨季在7~9月，这些地区的水土保持措施，如坡面生物防护，最好在雨季开始前完成，才能够起到较好的水土保持效果，同时植物也能在雨季得到充分生长。

（2）雨季施工时，应注意做好临时水土保持措施，例如松散的弃渣体、裸露的路基边坡应采取适当的覆盖措施，以免产生大规模的水土流失，影响主体工程的顺利施工。在鄂西南地区和西北干旱区，降雨在7月最为集中，因此防护重点是7月，而青藏高原区是在8月。

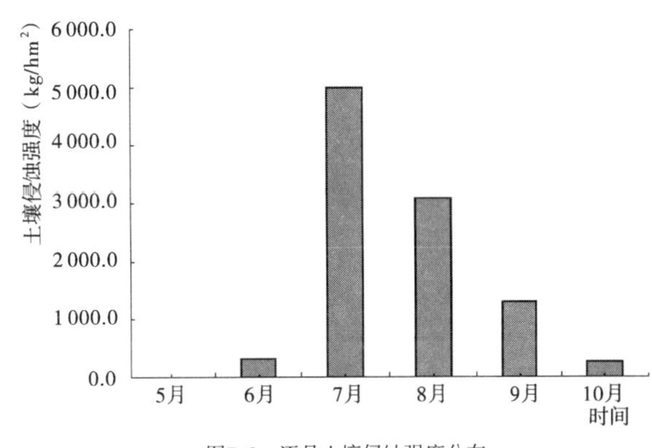

图7-3　逐月土壤侵蚀强度分布

（3）从降雨特征上看，西南地区和西北干旱区的暴雨雨量占到总降雨量的绝大部分。因此，在这两个地区，产流方式是以超渗产流为主，地表径流数量居多，在采取水土保持措施时，应特别注意防止径流对裸露坡面的冲刷，并做好过水能力充分的排水设施，防止出现积涝现象。在青藏高原区，暴雨雨量所占比例相对较小，平均降雨强度小于2.0mm/h的降雨量占整个观测期间降雨总量的68.9%。在该地区，除超渗产流外，还有很大一部分为蓄满产流，因此，在采取水土保持措施时，除防止地表冲刷外，还要特别注意坡体内部的排水，防止坡体内积水导致滑坡、崩塌等大规模水土流失的发生。

三、植被措施对土壤侵蚀的影响

（一）不同植物混播类型对土壤侵蚀的影响

1. 湖北试验区

依托湖北沪蓉西高速公路，选取主体工程路堤边坡拱形框架梁小区为研究对象，分析不同的植物混播类型对土壤侵蚀的影响。

从表7-13可以看出，速生型草灌混播和速生型草灌乔混播模式的水土保持效果优于普通草本混播类型。在这两种混播模式中，木豆、猪屎豆、刺槐生长速度极快，甚至高于普通草种狗牙根，故水土保持效果较佳。中速型草灌混播模式，即胡枝子、马棘、荆条等，由于组合中灌木生长速度较慢，故水土保持效果不及单一草本混播类型。

综上，从路域水土保持效果出发，植被措施应尽快覆盖坡面，可通过采用速生树种与中慢生建群种相结合的方式建立先锋群落，通过速生树种迅速完成覆盖，依靠中慢生树种建立建群种。

框架梁观测小区不同植物混播类型对土壤侵蚀的影响　　表7-13

位　置	混播类型	代号	植物种类	降雨总量（mm）	平均侵蚀深度（mm）	土壤侵蚀量（t/km^2）
ZK（左线右侧）	草本混播	H-2	狗牙根、白三叶	649.1	11.7	16 380
	草灌混播	H-10	高羊茅、紫羊茅、木豆、山毛豆、猪屎豆	649.1	11.0	15 400
	草灌乔混播	H-15	高羊茅、紫羊茅、木豆、刺槐、马尾松	649.1	11.4	15 960
YK（右线左侧）	草本混播	H-1	弯叶画眉草、百脉根、白三叶	649.1	11.7	16 380
	草灌混播	H-7	高羊茅、紫羊茅、胡枝子、马棘、荆条	649.1	12.8	17 920
		H-10	高羊茅、紫羊茅、木豆、山毛豆、猪屎豆	649.1	10.8	15 120
	草灌乔混播	H-14	高羊茅、紫羊茅、马棘、胡枝子、桤木、刺槐	649.1	11.0	15 400
		H-15	高羊茅、紫羊茅、木豆、刺槐、马尾松	649.1	11.0	15 400

2. 宁夏及青海试验区

在宁夏试验区设置了7个观测点，除了沙冬青+赖草（移植）+苜蓿外，其他每种植被配置都设置了两个观测点，观测结果见表7-14。另布设两个没有植被的对比观测点，并以对比观测点的平均侵蚀量作为参照，由式（7-2）求算不同植被配置下的相对土壤流失率。

不同植被配置坡面侵蚀量（t/km^2）　　表7-14

小区号	1	2	3	4
植被配置	沙冬青+赖草（移植）+苜蓿	紫穗槐+柠条+苜蓿	柠条+白刺+苜蓿	白刺+沙冬青+苜蓿
6月28日	123.3	185.0	246.7	246.7
7月2日	616.7	863.4	924.8	1 356.7
7月21日	370.0	616.7	678.3	1 110.0
7月31日	123.3	123.3	246.7	555.0
8月5日	123.3	370.0	431.7	801.7
8月14日	863.3	1 110.0	1 171.7	1 603.4
8月19日	123.3	370.0	555.0	801.7
总计	2 343.2	3 638.3	4 254.7	6 475.1

$$E=D_i / A \tag{7-2}$$

式中：E——不同植被配置下的相对土壤流失率；

D_i——第i种植被配置下的平均土壤侵蚀量；

A——对比点的平均土壤侵蚀量。

由表7-15计算结果可以看出，4种不同植物组合中，沙冬青+冰草（移植）+苜蓿配置下的坡面平均土壤侵蚀量最小，表现出较好的水土保持效果，这主要是由于冰草为移植，能快速建坪，故小区覆盖效果理想。白刺+沙冬青+苜蓿的配置下的坡面平均土壤侵蚀量最大，这主要与植被建植初期的覆盖率有关。

不同植被配置相对土壤流失率　　　　表7-15

植被配置	沙冬青+冰草（移植）+苜蓿	紫穗槐+柠条+苜蓿	柠条+白刺+苜蓿	白刺+沙冬青+苜蓿
侵蚀量D_i（t/km^2）	2 343.2	3 638.3	4 254.7	6 475.1
对比点侵蚀量A（t/km^2）	11 901.6	11 901.6	11 901.6	11 901.6
土壤相对流失率E	0.197	0.306	0.357	0.544

在青海宁大高速公路试验区，路基边坡不同植物组合水土保持效果的研究结果认为：当地路基边坡防护效果最好的植物组合是柠条+扁穗冰草+骆驼蓬，其次是柠条+扁穗冰草+碱茅、扁穗冰草+苜蓿、白刺+扁穗冰草+碱茅、柠条+扁穗冰草+碱茅、柠条+赖草、沙棘+扁穗冰草+碱茅。

（二）植被盖度对土壤侵蚀的影响

依托宁夏试验区，选择同一植物配置模式及相似地表状况下的两个植被盖度小区，设观测点对比不同覆盖度下公路边坡土壤侵蚀量，由表7-16可以看出，植被盖度与土壤侵蚀量呈负相关关系。如8月5日3号观测点的植被覆盖度为35%，4号观测点的植被覆盖度为20%，而侵蚀量前者为246.7t/km^2，后者为493.3 t/km^2。

紫穗槐+柠条+苜蓿不同覆盖度土壤侵蚀量　　　　表7-16

观测日期	7月2日		7月21日		8月5日		8月14日		8月19日	
观测点	3	4	3	4	3	4	3	4	3	4
覆盖度（%）	15	5	30	15	35	20	45	35	50	40
侵蚀量（t/km^2）	740.0	986.7	493.3	740.0	246.7	493.3	986.7	1 233.3	246.7	493.3

其他植被配置下不同盖度的土壤侵蚀量分别见表7-17和表7-18。表中数据同样显示出各小区的侵蚀量与植被覆盖度呈负相关关系。可见，不同植物盖度对土壤侵蚀的影响很显著。

柠条+白刺+苜蓿不同覆盖度土壤侵蚀量　　表7-17

观测日期	7月2日		7月21日		8月5日		8月14日		8月19日	
观测点	5	6	5	6	5	6	5	6	5	6
覆盖度（%）	5	10	15	25	20	30	35	40	40	45
侵蚀量（t/km²）	986.7	863.3	863.3	493.3	493.3	370.0	1 233.3	1 110.0	616.7	493.3

白刺+沙冬青+苜蓿不同覆盖度土壤侵蚀量　　表7-18

观测日期	7月2日		7月21日		8月5日		8月14日		8月19日	
观测点	7	8	7	8	7	8	7	8	7	8
覆盖度（%）	<5	5	5	10	10	15	15	20	20	25
侵蚀量（t/km²）	1 480.0	1 233.3	1 233.3	986.7	986.7	616.7	1 726.7	1 480.0	863.3	740.0

四、工程防护形式对土壤侵蚀的影响

在青海平阿路试验区观测了不同工程防护形式对土壤侵蚀的影响。从表7-19可以看出，在黄土条件下，工程防护措施对防止土壤侵蚀有显著作用。无工程防护措施的土壤侵蚀量远远大于有防护措施的土壤侵蚀量。此外，拱形格的防护效果好于菱形格，不易产生土壤侵蚀。

平阿路路基边坡不同工程防护措施土壤流失量　　表7-19

防护措施	桩号	海拔（m）	小区编号	土壤侵蚀量（t/hm²）
1.5m×1.5m菱形格	K3+500	2 170	PA-边-01	0.00
	石壁村	2 932	PA-边-02	176.76
3m×3m拱形格	K3+500	2 170	PA-边-03	3.49
	古城出口	2 640	PA-边-04	5.01
无防护	石壁村南1km	2 935	PA-边-05	338.67

五、小结

（1）无论在西南地区、黄土地区还是青藏高原地区，降雨是决定边坡土壤侵蚀最重要的因子。公路边坡土壤侵蚀与降雨关系密切，与降雨量、降雨强度和前期降雨量呈显著相关关系。由于自然条件不同，降雨各因子在不同地区对土壤侵蚀量的影响也有一定差别，不同区域的降雨特征不同，水力侵蚀规律有着显著的差异。

（2）植物防护可以有效减少土壤侵蚀量。不同植物盖度对土壤侵蚀的影响很显著，植被盖度与土壤侵蚀量呈负相关关系。草本与速生灌乔木混播防治土壤侵蚀效果最好，单一草本混播则较差。

（3）植被措施与工程防护相结合的综合防护应尽早实施，各个区域对坡面尽早绿化覆盖以及施工期对路域径流的泥沙拦截是防止土壤流失、保护周围环境的重要手段。

（4）工程防护措施对防止土壤侵蚀有显著作用，无工程防护措施的土壤侵蚀量远远大于有防护措施的土壤侵蚀量。

第二节　公路边坡风力侵蚀规律及水土保持技术研究

在施工过程中和工程竣工后的1~2年内，由于地表植被尚未完全恢复，使得施工区内地表裸露，轻质渣土在风力作用下易形成风蚀，这在西北黄土高原区及风沙干旱区表现尤为明显。因此，本研究重点针对我国西北地区公路路域边坡风蚀规律开展研究。

一、研究内容与方法

研究不同护坡措施对风蚀的影响。

在宁夏选择有代表性的公路边坡防护类型研究不同护坡措施对风蚀的影响。主要护坡措施有拱形框架梁、六棱砖、机械压实，并以无工程防护措施作为对照，设置10个观测场进行土壤侵蚀量的观测，观测地点位于宁夏固原，观测期为风蚀强烈的春季。观测小区基本情况见表7-20。

观测小区基本情况　　表7-20

小区	边坡防护工程措施	钎数	边坡类型	坡度	坡向
1	拱形框架梁A	16	填料路基	33°	东偏北20°
2	拱形框架梁A	16	填料路基	33°	东偏北20°
3	六棱砖	16	填料路基	33°	北偏东20°
4	六棱砖	16	填料路基	33°	南偏西20°
5	拱形框架梁B	16	填料路基	33°	西偏南20°
6	拱形框架梁B	16	填料路基	33°	西偏南20°
7	机械压实	16	填料路基	33°	西偏南20°
8	机械压实	16	填料路基	33°	西偏南20°
9	无措施	16	松散堆积物	35°	正西
10	无措施	16	松散堆积物	35°	正东

二、研究结果

观测期平均风速和历时的观测结果见表7–21，不同护坡措施对风蚀的影响观测结果见表7–22。

观测期平均风速和历时　　表7–21

观测日期	平均风速（m/s）	历时（h）	观测日期	平均风速（m/s）	历时（h）
3月27日	2.75	24	4月17日	5.61	4
4月2日	6.99	11	4月22日	3.75	15
4月8日	4.81	6	4月25日	6.05	8
4月11日	3.03	24	4月27日	7.43	7
4月15日	8.75	20			

观测期内小区风蚀量（单位：t/km²）　　表7–22

观测时期	观测小区									
	1	2	3	4	5	6	7	8	9	10
3月27日	0.00	0.00	0.00	0.00	0.00	0.00	0.00	0.00	106.93	75.63
4月2日	237.58	180.14	181.40	124.75	245.39	255.14	385.00	416.32	391.93	453.75
4月8日	95.15	90.14	45.39	41.63	98.13	127.57	144.45	185.00	178.18	189.12
4月11日	0.00	0.00	0.00	0.00	0.00	0.00	0.00	0.00	106.93	151.01
4月15日	380.00	405.07	272.02	291.00	490.63	382.57	481.25	462.50	535.23	491.62
4月17日	142.58	180.14	45.39	83.26	98.13	85.00	240.70	185.00	248.41	226.88
4月22日	47.58	45.07	0.00	41.63	147.27	127.57	144.45	185.15	106.93	151.37
4月25日	190.15	180.14	90.63	124.75	196.41	127.57	336.95	323.82	320.68	264.75
4月27日	237.58	270.14	180.96	124.75	196.41	170.14	481.25	416.18	320.68	378.13
合　计	1 330.60	1 350.84	815.79	831.77	1 472.37	1 275.56	2 214.05	2 173.97	2 315.90	2 382.26

为了比较不同边坡防护工程措施的防风蚀效果，以没有任何工程防护措施的9号和10号小区风蚀量的平均值2 349.08t/hm²作为标准，由式（7–3）求算不同边坡防护工程措施的防风蚀效果，计算结果见表7–23。

$$E=A_i/A_j \tag{7–3}$$

式中：A_i——第i种工程措施下的风蚀量（t/km²）；

A_j——无措施下的风蚀量（t/km²）。

由表7–23可以看出，采用六棱砖的坡面相对土壤流失率最小，为

0.351，拱形框架梁次之，而机械压实的相对土壤流失率最大为0.934。可见六棱砖工程防护措施防风蚀效果最好，该措施能更好地消减风能，而机械压实防风蚀效果最差，主要是由于边坡填料表层颗粒不能有效地黏结在一起，不能起到降低起沙风速的作用。

不同护坡工程措施相对土壤流失率　　表7–23

工程措施类型	平均风蚀量（t/km^2）	相对土壤流失率（E）
拱形框架梁A	1 340.72	0.571
六棱砖	823.78	0.351
拱形框架梁B	1 373.96	0.585
机械压实	2 194.01	0.934

将10个小区观测期内的平均风蚀量和平均风蚀强度分别与风速进行回归分析计算。结果显示：平均风蚀量与风速没有明显的相关关系，历时是影响风蚀量的主要因素，如10号小区4月2日的平均风速6.99m/s，虽然小于4月27日的7.43m/s，但由于前者的风速历时更长，所以平均风蚀量也更大。将平均风蚀强度与风速两者之间进行拟合后发现平均风蚀强度与风速存在如式（7–4）的关系。

$$Q=K\ln v-P \tag{7–4}$$

式中：Q——风蚀强度（t/km^2·h）；

v——风速（m/s）；

K——方程系数；

P——方程常数项。

令式（7–4）右端等于0，此时得到的解v_s就是小区土壤风蚀的起沙风速，也就是说当风速小于这一数值时，土壤不发生风蚀。计算得到的土壤风蚀起沙风速与实测起沙风速基本相近，平均风蚀强度Q与风速v之间的关系以及各小区起沙风速v_s见表7–24。

由表7–24可以看出，9、10号小区的起沙风速明显低于其他小区，主要因为9、10号小区是没有任何工程防护措施的松散堆积物，抗风蚀性差。在边坡类型相同的小区，1、2、5、6、7、8号小区起沙风速基本相当，3、4号小区的起沙风速明显高于其他小区，这与3、4小区号采用了六棱砖防护有很大关系。

平均风蚀强度与风速的相关关系　　表7-24

小区号	相关关系方程	回归系数R	风蚀起沙风速v_s（m/s）
1	Q=26.875ln$v$−26.767	0.804 1	2.707
2	Q=28.062ln$v$−27.832	0.709 9	2.696
3	Q=18.853ln$v$−21.125	0.874 4	3.066
4	Q=16.343ln$v$−17.632	0.845 6	2.941
5	Q=25.359ln$v$−24.612	0.945 7	2.639
6	Q=21.023ln$v$−19.392	0.887 1	2.515
7	Q=44.395ln$v$−42.983	0.731 6	2.633
8	Q=39.888ln$v$−37.142	0.784	2.537
9	Q=35.481ln$v$−29.321	0.717 4	2.285
10	Q=36.091ln$v$−29.81	0.741 8	2.284

三、小结

（1）不同的护坡工程防护措施防风蚀效果差异明显，六棱砖防护措施防风蚀效果最好，拱形框架梁防风蚀效果次之，采用机械压实的方法防风蚀效果最差。

（2）经分析拟合得到平均风蚀强度与风速之间关系式为 $Q=K\ln v-P$。在提高起沙风速方面，六棱砖比拱形框架梁和机械压实更有效。

第三节　公路取弃土场水土流失特点及水土保持技术研究

一、研究内容与研究方法

（一）研究内容

（1）取弃土场与公路其他功能区域土壤侵蚀量的比较。

（2）取弃土场土壤侵蚀特征及发生规律。

（3）取弃土场植物防护措施对土壤侵蚀量的影响。

（二）研究方法

（1）建立径流场，比较同期降雨过程中，取弃土场和公路其他部位的土壤侵蚀量。

（2）通过连续实地调查和现场观测，分析取弃土场土壤侵蚀特征。对采用不同防护措施的取、弃土场坡面水土流失状况进行观测和比较。

二、结果与分析

（一）取弃土场与公路其他功能区域土壤侵蚀量比较

依托湖北沪蓉西高速公路，将取弃土场与公路工程其他部位土壤侵蚀量进行比较（附图11）。结果表明：弃土场坡面土壤侵蚀量最大。这就要求必须将弃土场水土流失防治作为重点，在雨季前必须采取有效的水土保持防治措施。

（二）取弃土场土壤侵蚀特征及规律

通过调查，水力侵蚀是公路取弃土场最为普遍的一种土壤侵蚀类型，其中分布最广、危害最大的是沟蚀，因此重点对公路取弃土场沟蚀现象进行了调查和观测。

1. 沟蚀特征

以湖北试验区公路取弃土场典型边坡为例来分析沟蚀特征。从表7–25可以看出，取弃土场坡面土壤侵蚀主要以浅沟侵蚀为主。随着观测时间变化，细沟侵蚀在整个坡面沟蚀量中占的比重越来越小，而浅沟侵蚀和切沟侵蚀所占的比重越来越大。到2005年9月28日，细沟累计土壤侵蚀量为1.13m^3，占整个坡面累计沟蚀量的1.83%；浅沟土壤侵蚀量为23.12m^3，占整个坡面累计沟蚀量的37.54%；切沟侵蚀量为37.35m^3，占整个坡面累计沟蚀量的60.63%。

取弃土场观测坡面沟蚀量观测结果　　表7–25

侵蚀沟类型	观测时间	2005年5月15日	2005年7月17日	2005年8月4日	2005年9月28日
	累计降雨量（mm）	57.00	311.10	460.70	655.40
细沟	条数	21	15	10	3
	累计侵蚀量（m^3）	7.94	6.64	2.85	1.13
	沟壑密度（km·km^{-2}）	271.79	107.85	73.34	21.57
浅沟	条数	7	16	16	17
	累计侵蚀量（m^3）	29.94	15.04	26.28	23.12
	沟壑密度（km·km^{-2}）	150.99	115.04	148.82	125.11
切沟	条数	0	3	5	12
	累计侵蚀量（m^3）	—	16.91	14.30	37.35
	沟壑密度（km·km^{-2}）	—	21.57	35.95	86.28
合计	条数	28	33	31	32
	累计侵蚀量（m^3）	37.88	38.59	43.43	61.60
	沟壑密度（km•km^{-2}）	422.78	244.46	258.11	232.96

2. 沟蚀与沟间侵蚀的关系

为了探讨沟蚀在取弃土场坡面土壤侵蚀中的地位，将细沟侵蚀、浅沟侵蚀、切沟侵蚀归并为沟蚀，除沟蚀外的土壤侵蚀作为沟间侵蚀进行比较。

以湖北取弃土场为例，选取2005年5月15日、7月17日、8月4日和9月28日4个时间点观测坡面土壤沟蚀量和沟间侵蚀量的关系，观测结果见表7–26。可以看出，取弃土场坡面土壤沟蚀在整个取弃土场坡面土壤侵蚀中发展迅速。2005年7月17日，在整个坡面土壤侵蚀中，沟蚀量的贡献率为19.23%，而经过两个月到9月28日沟蚀量的贡献率迅速达到81.71%。这表明，在观测坡面，虽然沟蚀初期影响不是很大，但如果不采取有效措施沟蚀会急剧发展，因此在水土保持防治措施体系的配置中要有的放矢，加大力度对沟蚀采取预防措施。

表7–26同时也表明，取弃土场坡面土壤侵蚀量很大，从取弃土场开始堆弃到观测结束，坡面土壤侵蚀量已达152 789.35t/km^2，属剧烈侵蚀，因此必须采取相应的水土保持措施，以减轻土壤侵蚀。

取弃土场坡面沟蚀量与沟间侵蚀量对比　　表7–26

观测时间		2005年5月15日	2005年7月17日	2005年8月4日	2005年9月28日
累计降雨量（mm）		57.00	311.10	460.70	655.40
降雨量（mm）			254.10	149.60	194.7
侵蚀形式	累计沟蚀量（t·km^2）	78 243.94	79 710.51	89 707.85	127 239.35
	沟蚀量（t·km^2）		1 466.57	9 997.34	37 531.5
	贡献率（%）		19.23	55.83	81.71
	累计沟间侵蚀（t·km^2）	3 080	9 240	17 150	25 550
	沟间侵蚀（t·km^2）		6 160	7 910	8 400
	贡献率（%）		80.77	44.17	18.29
累计侵蚀量合计（t·km^2）		81 323.94	88 950.5	106 857.85	152 789.35
发生侵蚀量合计（t·km^2）			7 626.57	17 907.34	45 931.5

湖北观测资料显示，坡面沟蚀与降雨量具有很明显的相关关系。随着雨季的来临，取弃土场坡面土壤侵蚀越来越严重，沟蚀量逐渐增大，7月17日雨季刚开始时，土壤含水率低，降雨大部分能较快地被土壤吸收，取弃土场坡面产生径流少，所以沟蚀量也较少。另两个观测时间的沟蚀量与同期降雨量呈正相关，但具体相关性由于观测资料有限，有待今后进一步深

入研究。

从以上分析看出，公路坡面沟蚀主要与降雨形成的径流有关，干旱地区由于土壤含水率低，雨量小，不容易产流，从而沟蚀量小或基本不发生沟蚀。在湿润地区，公路边坡雨季土壤含水率高，降雨容易饱和而产生径流，从而易造成沟蚀。

（三）植被恢复对土壤侵蚀的影响

依托湖北省，在弃土场进行植被恢复小区及无恢复对照小区土壤侵蚀量比较分析。该小区已进行了4年恢复，植物为刺槐+麦冬，刺槐平均高度5m，郁闭度0.5以上，地面整体覆盖度达80%，植物生长良好。对照小区自2004年堆弃至今一直未采取水土保持防护措施，地面完全裸露。两小区基本情况见表7–27。通过对两小区水土流失观测结果可以看出（表7–28），相同降雨条件下，弃土场恢复小区坡面土壤侵蚀量很小，是对照小区的1/1 944~1/459，表明植被防护有效减少了土壤侵蚀量。

径流小区基本情况统计表　　表7–27

观测小区	高度（m）	表面积（m^2）	堆渣量（m^3）	表面状况	堆渣时间（年）
对照小区	43.6	10 850	350 000	裸露地面	1
恢复小区	12.5	1 250	—	植被覆盖	4

径流小区径流量与泥沙量统计表　　表7–28

观测时间	降雨量（mm）	单位含沙量（g/m^3）	总输沙量（g）	径流深（mm）	侵蚀量（kg/m^2）	对照侵蚀量（kg/m^2）
2006年7月26日	95.8	6 065.55	106.39	0.35	0.002 1	2.94
2006年8月04日	53.8	4 262.30	161.31	0.76	0.003 2	3.92
2006年8月16日	76.8	6 721.30	320.90	0.50	0.006 4	2.94
2006年8月17日	15.1	5 327.90	49.67	0.18	0.001 0	0.98
2006年8月23日	65.8	1 967.20	44.34	0.45	0.000 9	1.75

第四节　公路水土流失规律与水土保持技术研究小结

降雨是加剧公路路域水土流失最重要的因子，公路建设造成的大量可冲蚀土壤颗粒为水土流失提供了物质来源。由于西部各地区降雨均集中于夏季，并以暴雨、大雨等形式与取弃土场大量的可蚀土壤相耦合造成了巨大的水土流失，因此公路建设期土壤与降水的管理是水土保持成败的关键。

工程防护措施和植物防护措施对防止土壤侵蚀均有显著的作用，但单一的工程或生物措施均无法满足对坡面水土流失控制的要求，在公路建设中，必须尽早实施坡面综合防护措施。

不同生物、工程措施对水土保持有着不同的影响。六棱空心砖、拱形格等工程防护和速生型草灌或草灌乔混播模式是进行雨季水土保持的良好形式。此外，进一步加强各种工程防护方式与植被类型组合之间的优化配置研究是今后公路水土保持技术研究的一个方向。

第五节　公路建设水土资源综合管理措施

一、应用范围与时期

（一）应用范围

水土资源的综合管理措施应用于公路路域整个范围内，凡是涉及公路工程造成地面裸露、土石方搬移及地表渗透性减小的区域，均可应用本技术措施。这些区域具体包括：取弃土场、主体工程、施工便道、边坡、施工场、临时转运场和一些交叉工程。其中，取弃土场是防治的重点。

（二）应用时期

理想的水土资源综合管理措施应与主体工程及附属工程进行同步设计、同步施工、同步完工，即贯彻“三同时”制度。

二、技术构成

（一）径流减量化技术

由于公路建设中及建成后会造成局部地表土壤条件的硬化，造成地表水流的集中，从而加大周围水系网络负荷，同时对路域范围之外的土壤造成冲刷，因此公路建设中采用增加地表入渗或滞留方式一方面可以保持雨季周围水系网络不受影响，维持了周围排水管网的结构布局与相对稳定性，另一方面可以降低土壤侵蚀量，并可使运营期公路产生的淋溶物质，如土壤颗粒及重金属等得以经过路域土壤与植物的处理，达到过滤自净的目的，从而减弱对周围水体的污染。此外还可综合利用植被工程调节水资源时空分布的作用。具体径流减量化措施有：

1. 人工开挖径流拦截池或坑

这些人工开挖的洼地可以设置在大片硬地表面旁侧，通过截排水沟渠将水流导入池内。池子可以直接进行简单加工，使池底平整、池缘美观即可，所蓄的水通过池底渗透到地下，也可通过太阳辐射使之蒸发，或是与公路景观设计相结合，营建路域水体景观。

2. 利用取土场地形成的土坑

公路沿线往往分布有一些取土场地，可将取土场地简单改造为拦截蓄水池，这是调节水资源经济有效的手段之一。

3. 降低边坡坡度，增加土壤下渗能力

渣体堆积完成后，进行削坡整形和渣顶平整，一方面可增加土壤下渗能力，同时还可满足稳定要求并便于绿化。

4. 路域内外降水资源的分治措施

对扰动范围内的水资源和扰动范围外的水资源采用分开治理的方式。对于周围环境中的径流，可采用路域截水沟直接将其排入周围环境中的水体，以维持原有水量平衡，而对路域范围内的径流采用集流净化方式，经拦截、沉降与过滤再排入环境或进行生物工程利用。值得注意的是，雨量减量化并非要求不应修建排水设施，相反，在施工场地，雨季来临前应尽早疏通工地附近沟渠，以便暴雨来临时及时排洪、排涝。

（二）径流净化技术

通过对径流中各种混合物的过滤拦截，以净化水体，同时实现达标排放的目的。主要的径流净化技术措施如下：

1. 植被过滤带

主要通过各种活的植物体对径流泥沙进行拦截与过滤，达到净化水体，保护水资源的目的。等高绿篱是一种利用灌木沿坡体等高线密集种植的篱笆状拦挡结构，在实际操作中根据当地可用资源选择，如接骨木、柳树是西南地区可用的等高绿篱乡土植物。

2. 泥沙过滤网

对水流经过之处，可以设置各种拦挡设施，如土工或圬工拦沙坝、过滤网等。由于在公路建设期径流含沙量增大，故使用过程中，泥沙过滤网的过滤效率会降低，应及时将拦截的泥沙从网中清理出来。

3. 其他材料过滤网

在排水沟渠旁、跌水处，可以设置堆石、木屑等进行泥沙的过滤处理，提高径流水质。

4. 挡渣墙

渣体堆放场地应先行构筑拦挡设施，挡渣墙即是其中一种。墙上设排水孔，入口处应采用易渗的粗粒材料作反滤层，并在泄水口下方铺设黏土夯实层，防止积水渗入地基。挡渣墙主要采用重力式挡渣墙。渣堆积高度不大的，可用袋装石渣堆砌或块石码砌护脚。对沟底纵坡坡度较大的沟道型大型弃渣场，可根据弃渣施工进度，在沟底按一定间距设置若干临时挡墙，以保证弃渣场在施工期的稳定，防止弃渣沿沟底滑动。挡渣墙可与生物防护相结合，石笼+柳树就是生物防护与工程防护相结合的理想拦挡结构设施。

（三）土壤颗粒物源头控制技术

即防止路域坡面上易受降雨侵蚀的土壤源受到侵蚀。主要技术由以下几方面组成：

1. 裸露地表面积减量化措施

首先是减少土地占用，其次要促进占用土地尽早恢复，这就要求我们严格控制土壤裸露的时间。

2. 裸露地表临时覆盖措施

（1）基材覆盖方式。对堆放时间在1个月以内的临时场地可以采用稻草或其他材料进行覆盖。稻草可以纺织成草毯、草垫，任其腐烂降解，并可以起到改良土壤肥力的作用。如缺乏稻草，也可采用其他覆盖材料，同时如三维网或公路施工时砍伐清理的树皮树枝以及公路桥梁施工中产生的碎木屑等便于利用的材料。

（2）草皮临时覆盖方式。对堆放时间在1个月以上的临时场地可以采用撒播速生草籽的方式。草籽类型可根据堆放时间确定，1年以下的可以采用一年生速生禾草，如多花黑麦草、燕麦草等价格低廉的草种，也可结合边坡客土绿化播撒豆科牧草改良土壤，可选择的种类有紫云英、苕子、苜蓿、三叶草等。堆放时间在1年以上的，可以选择速生多年生草种进行混播，如高羊茅、多年生黑麦草等。

3. 路域边坡综合防治技术

由于不同边坡工程防护和生物防护技术防治效果不同，从水土保持效果出发，应着重选择速生型的快速覆盖坡面的植物种类及相应的工程施工技术。防护方式上，以生物防护与工程防护相结合的综合措施为宜，在植被结构上以乔灌草复合群落效果为佳，以上措施可对边坡土壤颗粒物形成良好的固定与覆盖保护。

4. 取弃土场的恢复与利用模式

以下所列的取弃土场的恢复与利用模式需要将植物措施与工程措施相结合。

（1）耕地再造模式。适用于土质条件相对较好或附近有较多可利用的土源（含已储存的表土资源）可满足复耕需要。基本步骤是在弃渣结束后，采取平整、改造、修复等土地整治措施。

（2）水土保持林地再造模式。如果坡度、渣体土质条件极为恶劣，而且缺乏生态恢复所需的土壤源时，可考虑采用造林方式，以绿化美化路域，提高水土保持效果。

（3）蓄水池或其他水池再造模式。公路建设过程中形成的采矿地、取土坑可与暴雨减量化方式相结合，根据实地条件将这些取土场地改造成蓄水池及污水排放处理应急池等蓄水设施。这些设施可与公路排水系统相连接，在公路营运期可以起到收集、净化水体的作用，同时所蓄积的雨水资源还可与公路生态环境建设相结合，起到供水水源的作用。需要注意的是，将取土场改造成鱼池时，应注意对水质进行监测，确保通过公路排水系统收集的雨水满足渔业用水水质标准。

总之，公路建设过程中水土资源的综合管理是一项系统工程，需要从土壤流失源头控制、径流暴雨减量化、水质净化等几个方面进行综合管理，确保公路建设对周围水文环境影响最小，从而保护生态环境。

第八章
公路路域生态工程效果评估研究

第一节　路域小气候特征研究

小气候特征受下垫面性质的影响较大，因此，路域环境中的植被护坡工程能够通过改变下垫面性质而影响小气候特征，公路路域植被护坡工程的生态效应也正是通过对路域小气候的改变而得到体现。考虑到路域小气候对植物生境的影响、对公路路面寿命的影响以及对污染物扩散的影响，本节重点研究植被护坡工程对路域温度、降水和风环境的影响。研究区域分别是西北地区和西南地区。

一、路域温度特征

（一）西北地区路域气温特征

1. 距地面1.5m高度的气温特征

对陕西西禹高速合阳段在没有实施植被护坡工程、公路未通车之前的路域气温分布状况进行了观测（表8-1），可以看出，东南坡受较多太阳辐射影响，坡面1.5m高度的温度明显高于其他观测点相同高度的温度。北偏西的坡面由于下午能够接受到较多阳光，因此温度也相对偏高，中央分隔带则与坡顶正常地形条件下的温度基本相似，并且低于两个坡面的温度。观测数据反映出路堑边坡形成的路域气温分布与自然沟谷中的气温分布状况相似。

山西太原绕城高速西北环地面1.5m高度的气温观测数据表明（表8-1），西坡坡面温度高于东坡坡面，位于谷底的中央分隔带温度由于没有行车影响，与两侧坡面温度差别不大，说明在边坡植被防护之后而又未通车的情况下，路域小气候与自然谷地相似。

典型路段坡面1.5m高度的温度　　表8-1

观测参数	西禹高速合阳段（观测时未通车，未进行植被护坡）				太原绕城高速西北环（观测时未通车，已植被护坡）				呼集高速卓资段（观测时已通车，已植被护坡）		
	西北坡中	中央分隔带	东南坡中	东南坡顶	中央分隔带	东坡顶	东坡中	西坡中	中央分隔带	阳坡顶	阳坡中
白天均值（℃）	27.29	26.23	32.07	26.54	24.46	24.46	24.52	25.07	18.01	17.63	17.89
夜晚均值（℃）	16.53	16.58	16.10	17.44	18.49	17.54	17.62	18.08	13.01	12.30	11.43
均值（℃）	22.22	21.68	24.54	22.25	21.79	21.70	21.43	21.60	15.69	15.15	14.88
极端高温（℃）	38.2	33.6	50.3	33.5	33.8	35	33	36.2	28.23	27.63	28.5
极端低温（℃）	12.9	12.1	12.6	13.9	12.7	11.7	11.4	12.4	3.06	2.12	2.4

从内蒙古呼集高速卓资段观测数据可以看出（表8-1），在边坡植被防护之后而且通车的情况下，该路段中央分隔带平均温度比阳坡坡面中部平均温度高出约0.8℃，这种特征在夜间表现得更为明显，差值可达到1.6℃，说明在由路堑式边坡构成的路域环境中，位于“谷底”的中央分隔带处的气温通常高于两侧边坡的气温，甚至高于代表当地自然本底状况的坡顶正常地面温度。

这种路域温度特征的形成，第一与行车造成的气候扰动和尾气排放密切相关，即气流的扰动破坏了冷空气聚集在坡底的条件，而尾气的排放对周围大气具有或多或少的热量输入作用；第二与路面材料的热力学性质有关。

2. 不同下垫面近地面温度特征

通过对呼集高速卓资段不同类型下垫面的温度进行观测（表8-2），可以看出，观测期内白天下垫面为植被的坡面平均温度在南北两坡分别为24.98℃和15.92℃，而下垫面为石质的坡面温度在南北两坡可达25.59℃和22.75℃。由于坡面植被的蒸散过程需要消耗热量，而夜间又有可能获得土壤下层热量的补充和水汽凝结释放的潜热，因此护坡植被表面温度的日变幅明显小于石质表面的日变幅。可见，在路域边坡建植的植被能够明显缓和路域温度的日变化。

内蒙呼集高速卓资段不同下垫面温度（2005年8月30日~9月16日）　表8-2

观测参数	北坡顶土表面	北二级台草下	北石坡上部石表面	南二级台草下	南石坡上部石表面
白天均值（℃）	24.60	15.92	22.75	24.98	25.59
夜晚均值（℃）	12.27	11.14	13.15	14.93	9.97
均值（℃）	18.86	13.70	18.28	20.31	18.33
极端高温（℃）	43	27	35.9	46.1	54.6
极端低温（℃）	3.6	6.2	4.4	6.5	1.2

山西太原绕城高速西北环不同下垫面表面温度观测结果也表明（表8-3），砖、黄土和沥青表面温度较高，植被坡面温度较低，这说明除了路堑地形特征影响近地面温度外，地表下垫面特征也直接影响近地面温度，通常表现为路面温度＞边坡岩石或者水泥砖表面温度＞草面温度。

山西太原绕城高速西北环不同下垫面温度（2004年9月）　表8-3

观测参数	东坡（低）草面	东坡砖面	路面	西坡中部草面	西坡黄土
白天均值（℃）	24.36	26.89	28.79	26.00	29.07
夜晚均值（℃）	15.55	19.55	20.53	16.77	18.85
均值（℃）	20.50	23.67	25.16	21.95	24.59
极端高温（℃）	38.8	36.1	47.6	44.9	51.1
极端低温（℃）	10.3	12.6	13.3	11.2	12.1

（二）西南地区路域气温特征

1. 距地面1.5m高度的气温特征

由于该研究区域靠近北回归线，因此观测结果表现出与西北地区不同的特征。云南安楚高速地面1.5m高度的气温观测结果表明（表8-4），不同坡向坡面1.5m高度的气温差异不明显。北坡坡面温度相对较高，其次为中央分隔带，南坡温度相对较低。

安楚高速1.5m高度各测点温度（2006年6月21日~23日）　　表8-4

观测参数	北坡顶	北坡中	北坡下	中央隔离带	南坡下	南坡中	南坡顶
白天均值（℃）	23.95	23.48	23.69	23.40	23.28	22.93	23.43
夜晚均值（℃）	17.15	18.76	17.83	18.04	17.87	17.33	17.37
均值（℃）	21.54	21.81	21.62	21.50	21.37	20.95	21.28
极端高温（℃）	39.1	34	33.6	33.1	32.6	32.9	34
极端低温（℃）	15.3	15.6	15.8	16.1	16	15.7	15.7

2. 不同下垫面近地面温度特征

对沥青路面、砌石坡面和人工草灌植被的近地面温度进行观测。从表8-5可以看出，不同下垫面对地表温度的影响规律与西北地区完全相同。沥青路面的近地面温度最高，其次为砌石坡面，植被护坡工程坡面近地面温度最低。以观测期内日平均温度为例，3种下垫面的近地面温度分别为23.67℃、22.26℃和20.96℃，表明实施植被防护后可以降低地表温度，起到调节路域小气候的作用。

安楚高速不同下垫面温度　　表8-5

观测参数	植被表面	沥青路面	石　面
白天均温（℃）	22.23	25.91	23.68
夜晚均温（℃）	18.92	20.07	19.98
均温（℃）	20.96	23.67	22.26
极端高温（℃）	32.5	47.8	35
极端低温（℃）	16.5	18.1	17.6

二、路域降水特征

（一）西北地区路域降水特征

西北地区路域降水特征的观测点设在内蒙古呼集高速卓资路段。从图8-1可以看出，公路中央隔离带处的降水量最高，整个观测期内为20mm，其次为路堑式路域的坡面顶部，降水量为19mm。公路两侧坡面降水量相对较少，降水量最少的坡面是北坡，仅为14.6mm。

（二）西南地区路域降水特征

对安楚高速观测点典型断面降雨特征进行分析。图8-2反映了观测

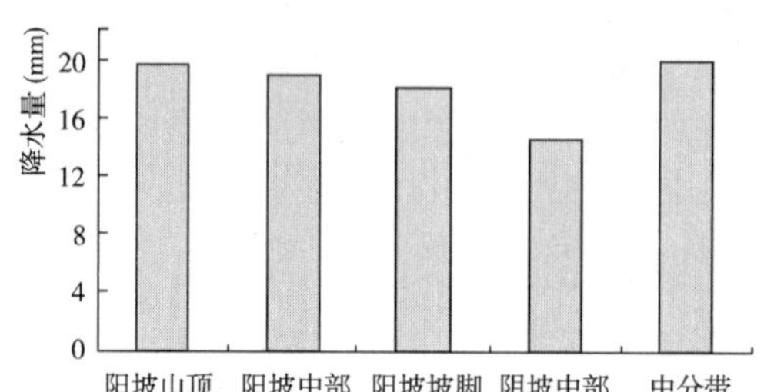

图8-1 内蒙古呼集高速卓资段不同测点2005年9月11日~9月16日总降雨量变化

期内路域不同部位的降水总量。统计结果表明，中央分隔带的总降水量达83.4mm，其次是南坡顶，降水量为80mm，约为中央分隔带的97%；北坡的降水量为74.49mm，约占中央分隔带的89%；南坡的降水量最少，为69.46mm，约为中央分隔带的83%。

综上，虽然西北和西南地区属于不同的自然带，具有完全不同的气候条件，但是在路域环境中，两个区域的降水量分配规律较为相似，即中央分隔带降雨量较大，基本相当或者高于当地平坦地面所接受到的降水量，迎风坡坡面的降水量次之，降水最少的坡面为背风坡。

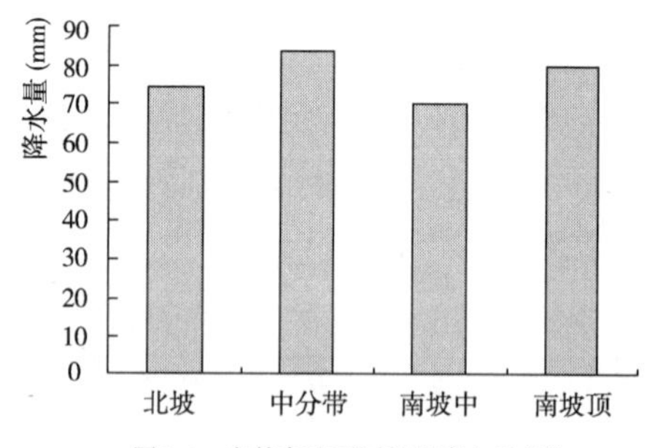

图8-2 安楚高速不同部位降水量变化

三、路域风速特征

（一）西北地区路域风速特征

内蒙古呼集高速卓资试验段的风速观测点分别设在中央分隔带、阳坡坡顶、阳坡中部和阴坡中部，每个观测点按距地面8m、4m、2m设置风向风速观测仪器，观测数据表明（图8-3），路域不同部位的近地面风速随高度变化的特征不尽相同。在坡顶平面和坡面中部，风速随高度增加而增加，但中央分隔带近地面风速则随着高度的增加而减小。究其原因，主要是中央分隔带近地面2m、4m处空气受车辆通行扰动较大，地面湍流强烈，因此风速较大。这种行车对风速的影响，随高度增加而减小，因此风速也相应逐渐减小。

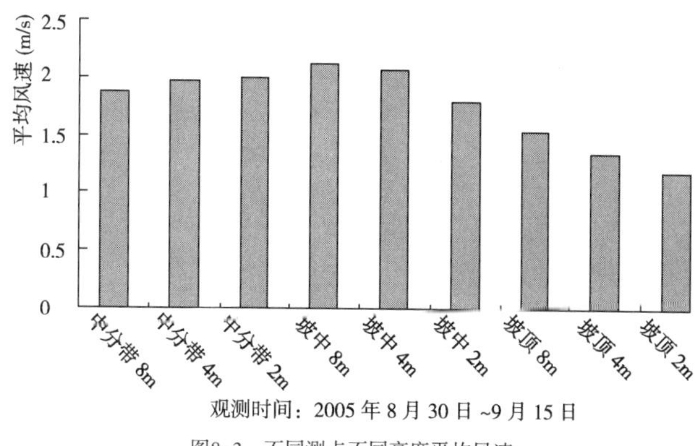

图8-3　不同测点不同高度平均风速

陕西西禹高速合阳路段观测数据代表了路堑型路域环境在投入运营之前风速的特点。图8-4和图8-5表明，该路段坡顶近地面风速随着高度的增加而增大，距离地面4m、2m和1.2m的平均风速分别为3.3m/s、2.7m/s和2.5m/s。与已经投入运营的路域相比，本路段中央隔离带近地面风速并未表现出随高度增加而减小的特征，而是不同高度风速基本相同，位于2m和1.2m的风速均为2.2m/s，4m处的风速略有增加，为2.3m/s。

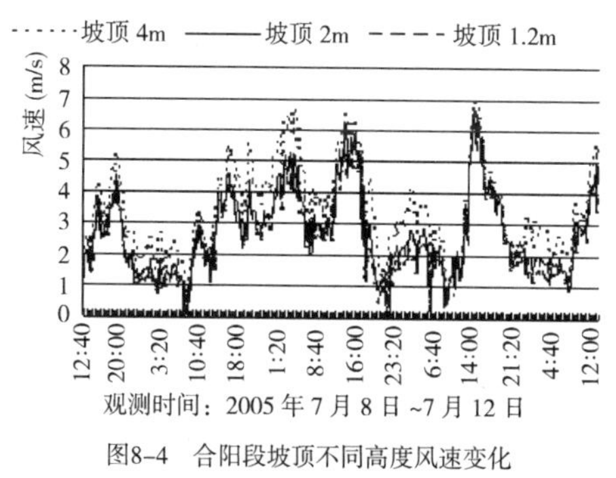

图8-4　合阳段坡顶不同高度风速变化

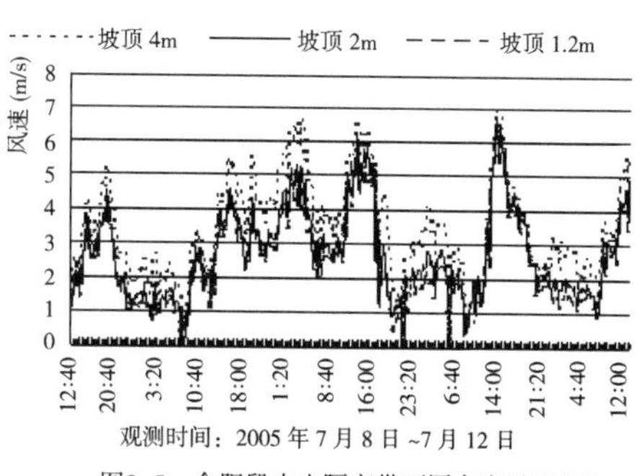

图8-5　合阳段中央隔离带不同高度风速变化

（二）西南地区路域风速特征

以云南安楚路为例（图8-6），2006年6月20日～6月25日的观测时段内，坡顶4m高风速为零的时刻有180个记录，而同一时间段内，中央隔离带相近高度风速为零的时刻有21个记录。另外，该时段内，中央隔离带4m高度的风速绝大多数时刻都高于坡顶4m高度的风速。

从风速的垂直变化特征看（表8-6），受车辆扰动，中央隔离带2m处的风速均高于或等于8m处的风速，4m处的风速也常常高于8m处风速。

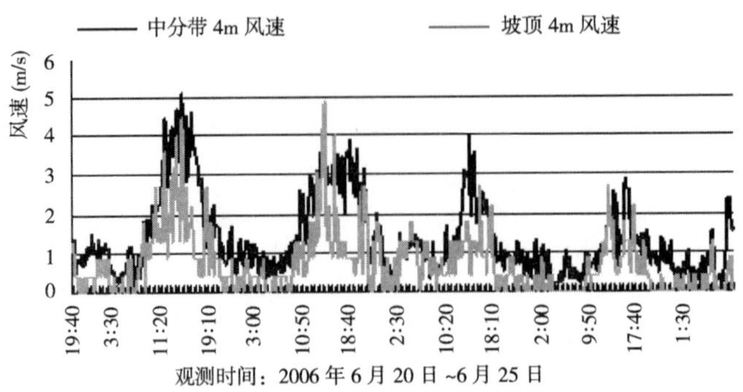

图8-6　云南安楚路中央分隔带和南坡顶4m高风速变化

云南安楚高速3个试验观测点中央分隔带不同高度的平均风速　　表8-6

观测点编号	8m高平均风速（m/s）	4m高平均风速(m/s)	2m高平均风速(m/s)
①号点	1.5	1.5	1.6
②号点	1.8	1.7	1.8
③号点	1.4	1.7	1.7

四、路域土壤水分特征

土壤水分特征虽然属于路域土壤的性质，但由于路域系统中土壤水分特征受不同部位接收的降水量、温度和地形条件等因素的影响，如参照小气候特征，将更容易揭示路域土壤水分特点。

（一）西北地区路域土壤水分特征

以内蒙古呼集高速公路卓资段为例，2003年7月在该公路边坡没有实施植被护坡工程之前进行了不同坡面土壤水分观测。表8-7显示了0～10cm土壤水分大小分别为：南坡顶＞北坡中＞南坡中。表8-8表明，2005年9月该路段实施植被护坡工程后不同坡面0～10cm的土壤含水率大小分别为：南坡顶＞北坡顶＞北二级坡下部＞南二级坡下部。土壤水分含量较植被恢复之前稳定，变动幅度明显小于植被恢复前。无论是北坡还是南坡的土壤水分含量，都是恢复后比恢复前的极差要小，特别是植被恢复前南坡顶的土壤水分极差为0.306，而植被恢复后南坡顶的土壤水分极差为0.152，前者约为后者的2倍。

从以上2年的土壤水分含量大小来看，有两点是一致的：一是坡顶平地的土壤水分含量高于坡面的土壤水分含量，这是由于土壤表层的水分易受地形影响而发生侧向移动，因此一般来说坡顶平地的土壤水分含量要比坡面高。二是从坡面不同部位的土壤水分含量比较来看，北坡中一般是高于南坡中的，这是因为在坡面坡度相似的情况下，阳坡接收较多的太阳辐射而使表层水分蒸发较多，因此阴坡的土壤水分高于相似坡度阳坡的土壤水分。

卓资段2003年不同部位0~10cm土壤水分特征值　　表8-7

项　目	南坡顶	南坡中	北坡中
最大值	0.822	0.465	0.846
最小值	0.516	0.137	0.447
极差	0.306	0.328	0.399
均值	0.746	0.186	0.610
标准差	0.033	0.054	0.075

卓资段2005年不同部位0~10cm土壤水分特征值　　表8-8

项　目	南坡顶	南二级坡下部	北二级坡下部	北坡顶
最大值	0.593	0.183	0.244	0.43
最小值	0.441	0.056	0.115	0.273
极差	0.152	0.127	0.129	0.157
均值	0.497	0.105	0.158	0.320
标准差	0.034	0.036	0.028	0.036

（二）西南地区路域土壤水分特征

由于云南安楚路在观测期内为连续阴雨天气，只有少数时段为多云间晴天气，在频繁的降水条件下，土壤水分含量逐渐增大并趋于稳定。由土壤水分变化特征图8-7可以看出，在6月23日10：10之前的多云天气状况下，土壤水分含量的大小是：北坡中>北坡顶>南坡中。在随后断断续续的降雨条件下，土壤水分含量的大小是：北坡顶>北坡中>南坡中。

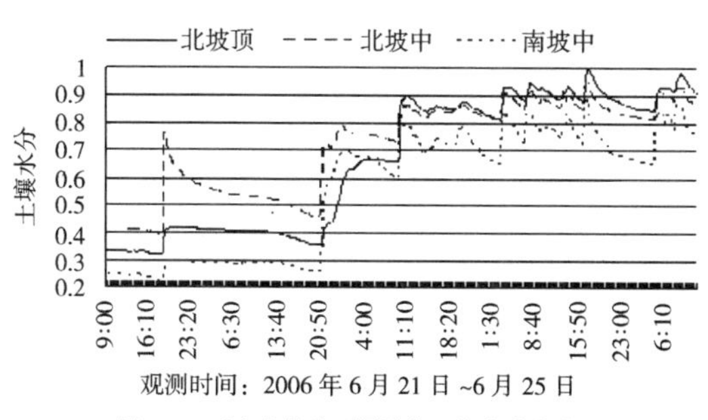

图8-7　云南安楚路不同坡位土壤水分变化

总体来看，该路段的土壤水分含量波动较大，这主要是因为：在地形不变的条件下，表层土壤水分含量易受太阳辐射的影响，而且该路段的天气变化剧烈，阴雨天气过程中伴有短时段辐射强烈的晴天，因此土壤水分含量有较大的日波动。

第二节　路域土壤改良效果研究

一、植被护坡后路域土壤剖面变化特征

在护坡植被恢复时间较短的坡面，土壤剖面干湿程度的差异明显，但剖面构成分层现象并不明显，与新挖边坡相比，已具有以下特殊变化：①表层枯落物有一定的积累；②受有机质含量、土壤淋溶、根系生长等因素的影响，边坡母质颜色加深；③0～20cm土层内已有大量植物根系。

二、植被护坡后路域土壤质地变化特征

公路边坡在实施植被护坡工程后，土壤物理性状逐渐得到改善。从表8-9可以看出，坡面植被恢复2年后，0~10cm土壤物理性黏粒含量比自然生境增加4.08倍，3年后黏粒含量比自然生境增加7.45倍，而10～20cm土层在坡面植被恢复2年后，黏粒含量比自然生境增加1.20倍，3年后黏粒含量比自然生境增加6.51倍。以上结果表明，边坡植被恢复后，土壤质地逐渐得到改善，改善效果随植被恢复时间的增加而增加明显。

不同时间序列的人工植被恢复边坡土壤物理性状（呼集高速卓资段）　表8-9

土样标号	人工生境（2年）		人工生境（3年）		自然生境		新挖边坡	
采样深度（cm）	0～10	10～20	0～10	10～20	0～10	10～20	0～10	10～20
沙粒含量（%）	94.3	93.5	92.8	92.6	96.2	94.2	95.4	96.2
黏粒含量（%）	0.204	0.12	0.36	0.64	0.05	0.1	0.04	0.14

三、植被护坡后路域土壤化学性状变化特征

通过对内蒙古卓资段、山西太原绕城西北环的土壤肥力化学性状分析可以看出（图8-8、图8-9）：随着植被恢复时间的增加，路域边坡0～20cm土壤有机质含量显著增加，并明显高于自然坡的有机质含量；土壤全磷含

量在南北两坡表现出较为一致的变化规律，即从施工当年开始持续增长，到第3年突然下降，但总体都要高于自然边坡土壤的全磷含量；土壤全氮增加较慢，但当护坡植被设计物种中含有豆科物种，土壤中含氮量则呈现持续增长趋势，而且在坡面植被恢复初期就高于自然坡含氮水平；在坡面植被恢复后，土壤pH值有所下降，并逐渐向适合植物生长的范围（pH=6.5~7.5）接近。

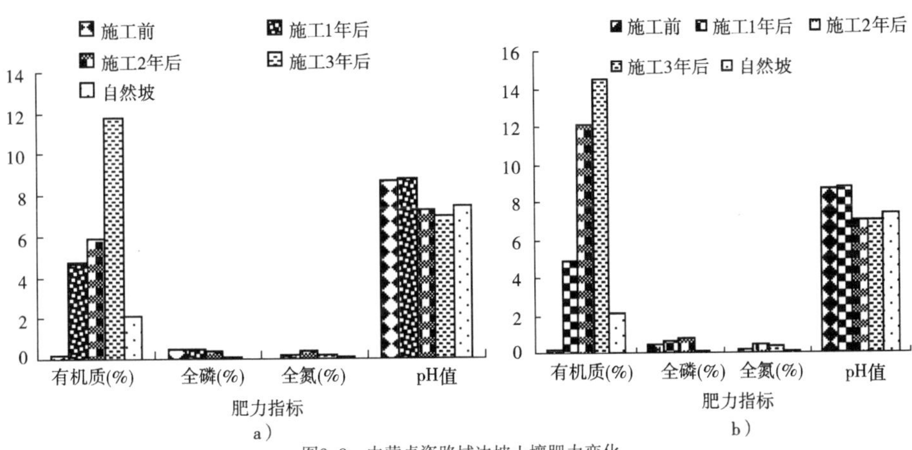

图8-8　内蒙卓资路域边坡土壤肥力变化

a)卓资北坡土壤肥力变化；b)卓资南坡土壤肥力变化

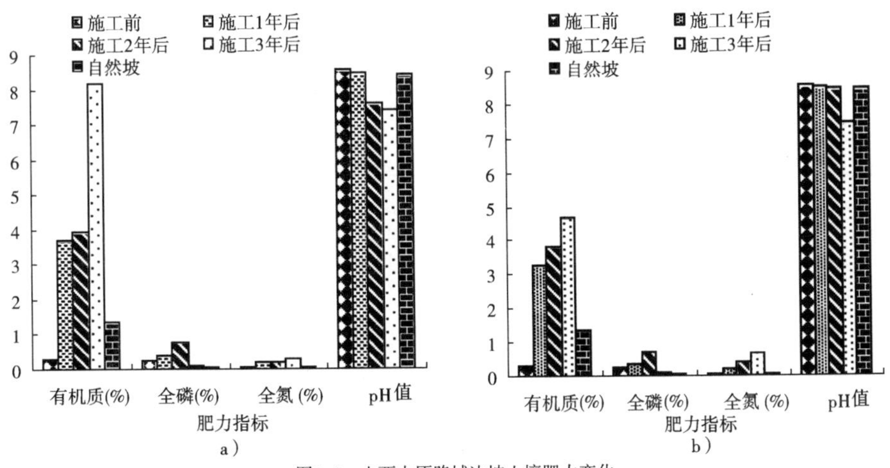

图8-9　山西太原路域边坡土壤肥力变化

a)太原西坡土壤肥力变化；b)太原东坡土壤肥力变化

第三节　路域护坡植被恢复效果研究

一、护坡植被生物量恢复效果

（一）山西太原绕城高速示范工程

从图8-10可以看出，该路段西坡地上生物量在植被恢复的第3年（2005年）达到最高值，东坡在植被恢复第2年达到最高值，此后坡面植被地上生物量呈逐年下降趋势，并逐渐接近当地自然坡面植被地上生物量。

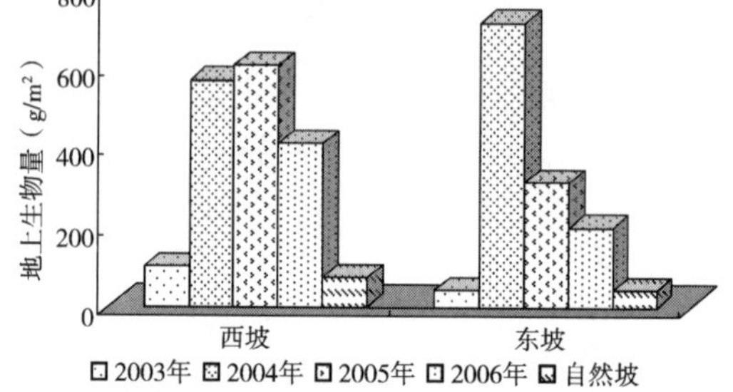

图8-10　山西太原绕城高速公路边坡地上生物量年变化

根据对该路段护坡植被地下生物量的调查（图8-11），2006年东西两坡在0~10cm和10~20cm两个层次上的根系生物量均高于2004年，其中2006年东坡0～10cm的根系生物量增幅明显，几乎是2004年的16倍，这主要是坡面先期的禾本科优势物种被紫花苜蓿和沙打旺等豆科植物种所替代的结果。

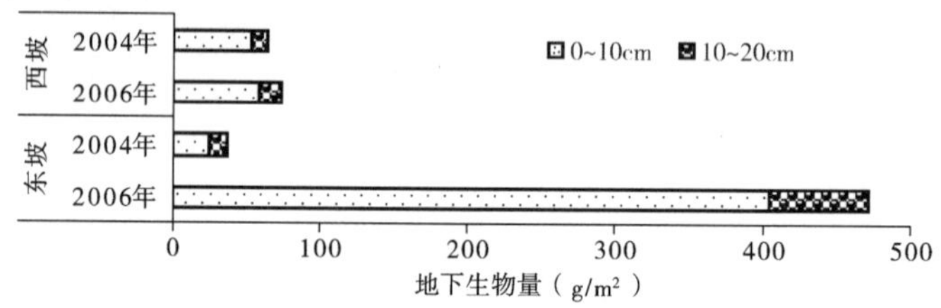

图8-11　山西太原绕城高速公路西北环边坡植被地下生物量

（二）内蒙古卓资段示范工程

从内蒙古呼集高速卓资段植被恢复边坡地上生物量变化（图8-12）可以看出，内蒙古呼集高速卓资段边坡坡面植被群落地上生物量在建植第2年达到最大值，以后总体呈逐年下降趋势，并最终达到一个相对稳定的数量。

根据2004年、2006年对卓资段高速公路边坡地下0~20cm范围生物量的调查结果（图8-13）可以看出，2006年阳坡根系生物量为598.5g/m²，阴坡根系生物量为179.75g/m²，而退耕还林和自然生境坡面根系生物量为20～50g/m²，这说明护坡植被根系生物量高于当地相似自然坡面，生态恢复效果良好。

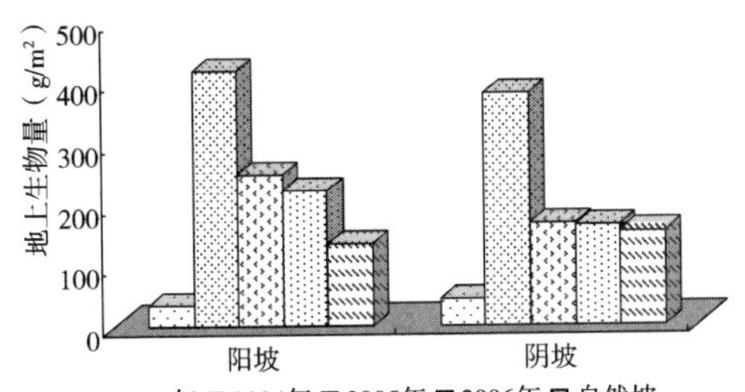

图8-12　内蒙古呼集高速卓资段植被恢复边坡地上生物量变化

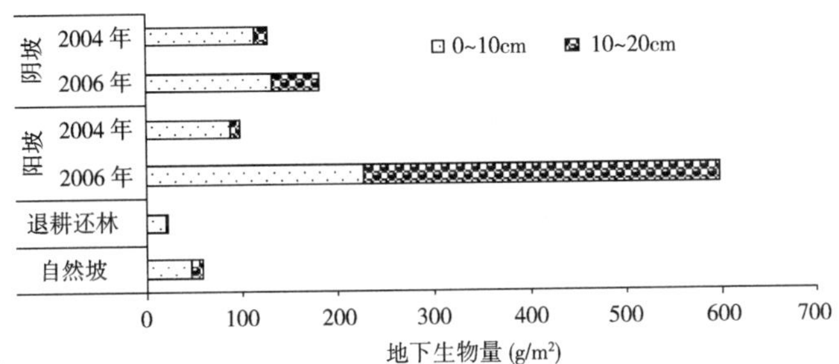

图8-13　内蒙古呼集高速卓资段边坡植被地下生物量年际变化

二、护坡植被覆盖度恢复效果

（一）山西太原示范工程

该路段护坡植被群落盖度在施工当年东西两坡均达到90%以上，并且均在第2年达到最高覆盖度（图8-14）。在随后的年份中，植被覆盖度出现逐渐下降的趋势，但仍高于当地相似自然坡面的植被覆盖度，达到了保护坡面的目的。

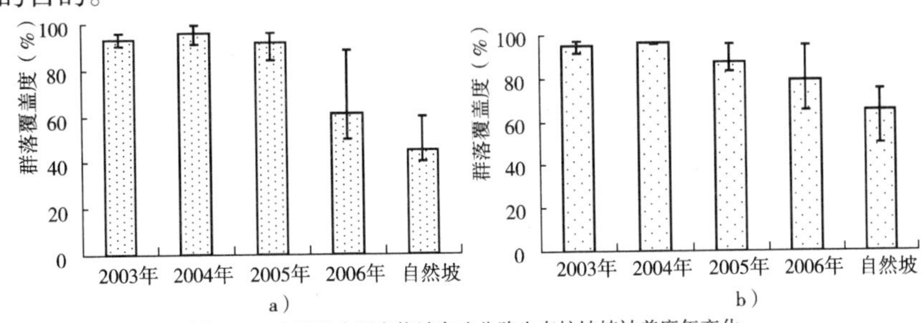

图8-14　山西省太原市绕城高速公路生态护坡植被盖度年变化

a)东坡；b)西坡

（二）内蒙古卓资段示范工程

从图8-15可以看出，该路段生态恢复后当年（2003年），阳坡群落盖度约为50%，阴坡群落盖度约为90%，起到了良好的坡面保护作用；第2

年（2004年），阳坡盖度比建植当年（2003年）有所增加，阴坡则略有降低；第3年（2005年）两坡面仍保持较高覆盖度，平均盖度在80%左右。

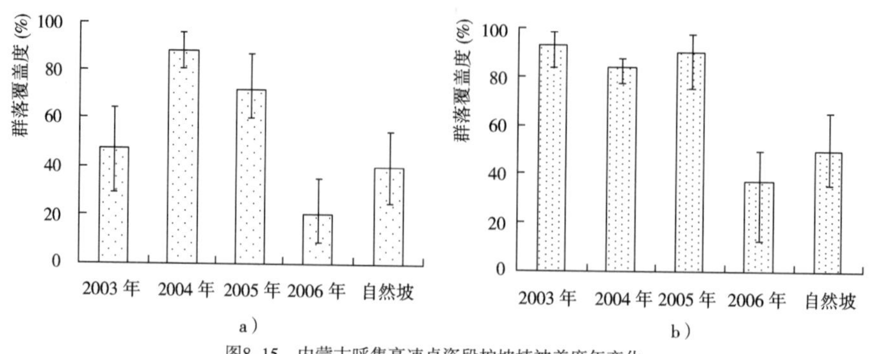

图8-15　内蒙古呼集高速卓资段护坡植被盖度年变化

a)阳坡；b)阴坡

在30°以下的阳坡和半阳坡，当地自然植被平均覆盖度为45%，只有在20°以下的阴坡，草原植被覆盖度才能够达到60%以上。对比生态恢复工程的坡面植被盖度变化可以看出，由于两侧水土护坡坡面坡度均在50°以上，远远大于自然坡面坡度，所以最终稳定的植被盖度要小于自然坡面。

（三）陕西合阳段示范工程

从图8-16可以看出，在生态恢复的前2年（2004年~2005年），该路段护坡植被在阴、阳两坡群落的覆盖度均大于80%，在第3年均略有下降，这与内蒙古呼集高速及山西太原绕城高速护坡植被盖度的变化趋势基本一致，即在植被护坡建植第1年和第2年，植被盖度会保持在一个较高的水平，在建植的第2年基本上达到植被盖度的最大值，在第3年盖度呈现逐步下降的趋势。

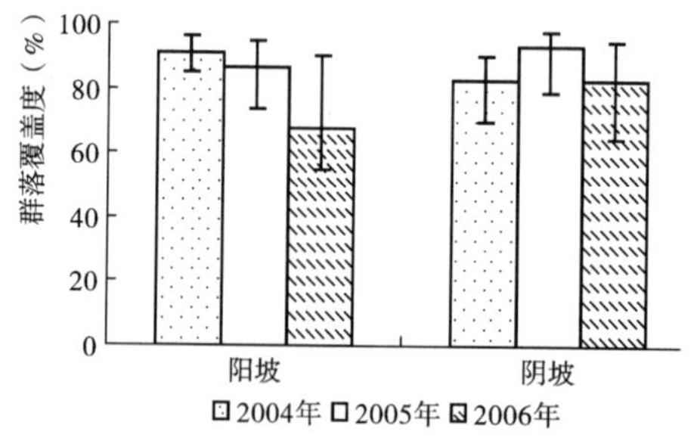

图8-16　陕西西禹高速合阳段生态护坡植被覆盖度年变化

从以上结果不难看出，通过人工建植技术恢复的坡面植被，初期植被覆盖度较大并且高于当地自然植被盖度，但其后覆盖度逐年降低并逐渐接近当地相似自然坡面的植被覆盖度，这种现象表明生态恢复工程应该充分参考当地自然植被状况，确定符合当地自然规律的植被速植目标，避免因片面追求建植初期的高覆盖度，从而导致的坡面生态恢复失败，造成投资损失。

三、植物多样性恢复效果

（一）山西太原示范工程

从图8-17可以看出，从2003年~2006年该路段进行植被护坡的西坡植物多样性指数基本保持稳定，而东坡植物多样性每年略有增加，并且两坡面植物多样性指数均高于自然坡面，表明该路段边坡植物多样性恢复较为理想。

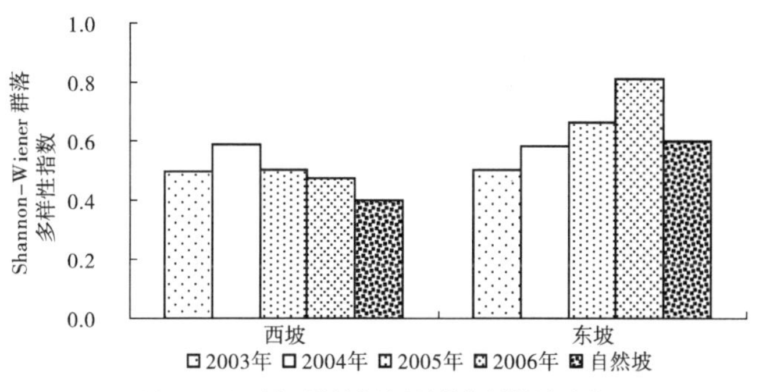

图8-17　山西太原植被护坡边坡植物多样性年变化

（二）内蒙古卓资段示范工程

从图8-18可以看出，该路段阴坡多样性指数逐年增加，阳坡多样性指数趋于稳定，阴、阳坡多样性指数都小于当地自然坡面，分析认为，阴坡植物多样性主要受坡面物种数目影响，阳坡植物多样性主要受坡面物种分布的均匀性影响。以阳坡为例，2004年~2006年群落盖度的70%以上都集中在老芒麦、赖草、蒙古冰草和扁穗冰草等4个物种上，导致群落中各物种比例失衡，从而降低了群落的植物多样性。

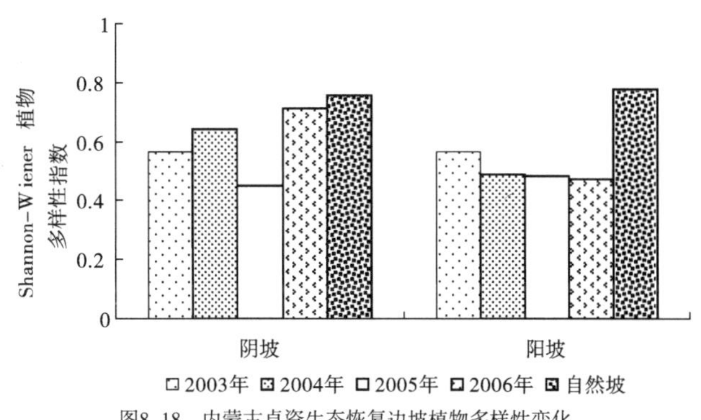

图8-18　内蒙古卓资生态恢复边坡植物多样性变化

四、豆科与禾本科植物比例变化分析

（一）山西太原示范工程

从表8-10可以看出，2003年~2006年该路段东、西两边坡豆科和禾本科草本的相对盖度之和基本都大于90%（2006年东坡除外），说明这两科植物始终是坡面群落优势物种。此外，豆科与禾本科相对盖度比例呈逐年增加趋势，说明豆科植物已经在坡面稳定生长，这对边坡的土壤改良，增加边坡土体稳定性都是有好处的。

山西太原绕城高速公路植被护坡群落豆科与禾本科相对盖度 表8-10

坡向	类　别	2003年	2004年	2005年	2006年	自然坡
东坡	豆科相对盖度（%）	16.23	13.00	50.77	43.98	3.00
	禾本科相对盖度（%）	83.70	80.00	43.08	29.47	7.06
	豆科/禾本科相对盖度比	0.19	0.16	1.18	1.49	0.42
西坡	豆科相对盖度（%）	17.44	33.56	58.20	62.34	3.92
	禾本科相对盖度（%）	77.79	64.88	41.30	36.77	9.27
	豆科/禾本科相对盖度比	0.22	0.52	1.41	1.70	0.42

（二）内蒙古卓资段示范工程

从表8-11可以看出，该路段阴阳两坡豆科与禾本科相对盖度均表现出逐年递减趋势，但是阳坡下降幅度更为明显，其中豆科相对盖度在第2年（2004年）就下降到3.19%，并低于自然坡面盖度。阴坡豆科相对盖度呈缓慢下降状态，截至2006年，豆科相对盖度为19.31%，仍高于自然坡面。由此可见，阴坡护坡植物群落，更有利于豆科植物生长，因此具有较好的氮营养条件，植物生长密度大，自身稳定性好，周边植物不易侵入，但这个特征也可能导致阴坡群落过渡到当地自然群落会需要较长的时间。

内蒙古呼集高速卓资段植被护坡群落豆科与禾本科相对盖度比变化 表8-11

坡向	类　别	2003年	2004年	2005年	2006年	自然坡
阳坡	豆科相对盖度（%）	42.42	3.19	0.58	42.37	9.96
	禾本科相对盖度（%）	57.01	96.81	96.45	29.52	22.52
	豆科/禾本科相对盖度比	0.74	0.03	0.01	1.44	0.44
阴坡	豆科相对盖度（%）	68.02	34.99	23.53	19.31	9.18
	禾本科相对盖度（%）	29.09	63.85	72.95	56.31	35.77
	豆科/禾本科相对盖度比	2.34	0.55	0.32	0.34	0.26

从以上各示范工程护坡植物群落豆科植物相对优势的变化可以看出，豆科植物在坡面植被中的存活时间比禾本科植物长，在较为干旱的生境中这种特征更为突出。因此，在生态恢复工程中，坡面豆科植物所占的比例，可以作为评价生态恢复工程质量的重要参考指标。

第四节　路域植被护坡工程表土保护效果研究

一、不同护坡措施初期表土保护效果

（一）坡面不同工程措施防治土壤侵蚀效果分析

从表8-12和图8-19可以看出，在相同条件下，坡面不同防护措施的土壤侵蚀量差别较大。在暴雨情况下，由于客土喷播措施边坡表面没有任何防护措施，土壤侵蚀量最大，为3 318g/m^2；其次是液压喷播，为440.48g/m^2；客土喷播+植生带土壤侵蚀量最小，为145.85g/m^2。在其他降雨条件下，3种措施对应的侵蚀量大小顺序也是：客土喷播＞液压喷播＞客土喷播+植生带。

试验期间降雨等级划分情况　　表8-12

降雨时间	2006年8月3日	2006年8月8日	2006年8月11日	2006年8月12日	2006年8月13日
24h降雨量（mm）	4.4	67.8	18.7	10.9	10.9
降雨强度（mm/10min）	1.47	6.78	1.06	0.91	0.68
试验降雨类型	小雨	暴雨	中雨①	中雨②	中雨③

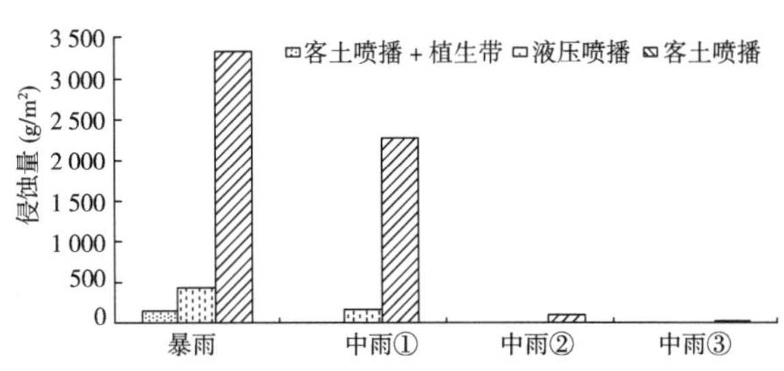

图8-19　三种工程措施坡面（40°）土壤侵蚀量对比

（二）不同喷播材料土壤侵蚀防治效果分析

从表8-13、表8-14可以看出，不同喷播材料在相同降雨量和都含有无机黏合剂的情况下，在60°客土喷播坡面平均土壤侵蚀量比基材喷播多

4 806.34g/m²，在40° 客土喷播坡面平均土壤侵蚀量比基材喷播多1 744.68g/m²。这种差异主要是由于基材中含有一定量的纤维可以对坡面的喷附物质起到黏结的作用。

60° 坡面不同喷播材料土壤侵蚀量对比（g/m²） 表8-13

降雨类型	小雨	暴雨	中雨①	平均值
基材喷播	44.64	7 795.18	280.32	2 706.713
客土喷播	84.28	20 594.5	1 860.37	7 513.05

40° 坡面不同喷播材料土壤侵蚀量对比（g/m²） 表8-14

降雨类型	暴雨	中雨①	中雨②	中雨③	平均值
基材喷播	19 545.42	884.48	101.43	16.25	5 136.895
客土喷播	24 475.55	2 924.06	119.12	7.56	6 881.573

二、不同植被盖度表土保护效果

从图8-20可以看出，坡面土壤侵蚀量随着植被覆盖度的增加而减少，当植被覆盖度达到70%或以上时分析，土壤侵蚀量曲线斜率明显减小，土壤侵蚀量随植被盖度增加而减少的速率有所下降，表明土壤侵蚀已得到很好控制。可见，在降雨量相同的条件下，单位面积的土壤侵蚀量与植被覆盖度之间呈明显的负指数关系，回归方程为：$y=ae^{bx}$，$a>0$、$b<0$为回归系数；x为植被覆盖度，取值范围为0～1。

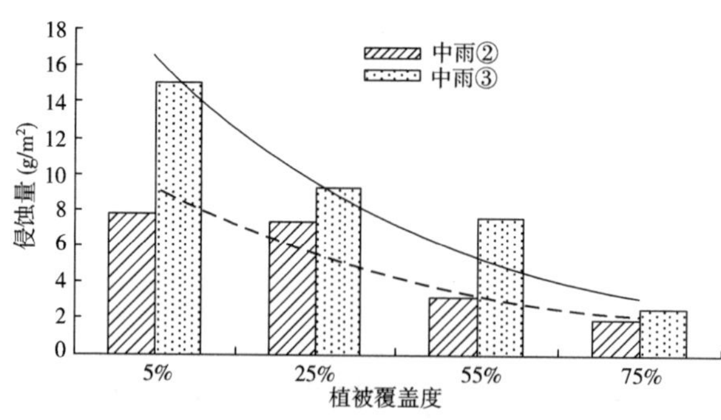

图8-20 坡面不同植被覆盖度侵蚀量

三、通用土壤流失方程在路域植被护坡工程表土保护效果评价中的应用

（一）通用土壤流失方程USLE简介

土壤水力侵蚀是在降雨径流作用下，土壤遭受分离、搬运、堆积的过程。影响这一过程的主要因素有：降雨、土壤、地形、地表覆盖以及水土保持措施等。建立通用土壤流失方程就是用数学方法定量评价这些因子，计算土壤流失量。通用土壤流失方程（USLE）如下：

$$A=RKLSCP \tag{8-1}$$

（二）模型基础指标选取

选择内蒙古半干旱区地区老集（老爷庙—集宁）高速公路生态护坡工程作为评价对象。

1. 降雨侵蚀力因子R值

R需要通过降雨历时和30min雨强等参数进行计算，但由于本研究的重点不是边坡侵蚀，而只是估算植被覆盖后对坡面表土的保护作用，因此R数值借用了对邻近区域准格尔旗的研究所得到的平均值，即$R=360$ MJ·mm/（ha·hr·a）

2. 土壤可蚀性因子K值

土壤可蚀性因子K表示由于土壤自身性质的不同而引起的土壤侵蚀量的差异，它等于标准径流小区单位降雨侵蚀力的土壤流失量。由于该项目区公路两侧坡面为栗钙土，因此对照区自然边坡土壤K值选择栗钙土K值。另外，喷播基材与红黏土具有相似的可蚀性，所以选择红黏土的K值代替喷播基材的K值。根据相关研究可知栗钙土K=0.13，红黏土K=0.084，并以此作为USLE方程中的基础因子指标。

3. 坡度、坡长因子L、S值

这两个因子被称为地形因子，实际工作中有时将其作为一个复合因子进行综合计算，它表示在其他条件相同的情况下，特定坡面的土壤侵蚀量与标准径流小区土壤侵蚀量的比值。

采用RUSLE中提出的栅格单元坡长因子计算公式，即：

$$L=(\lambda/22.1)^{m} \tag{8-2}$$

式中：L——坡长因子，无量纲；

λ——为栅格单元水平投影长度（m）；

m——坡长指数。

坡长指数m与细沟侵蚀（由水流引起）的比率有关，可以用以下公式计算：

$$m=\beta/(1+\beta) \qquad (8\text{–}3)$$

式中：β——细沟侵蚀和细沟间侵蚀的比率。

β由下式计算：

$$\beta=(\sin\theta/0.089\,6)/[3.0(\sin\theta)^{0.8}+0.56] \qquad (8\text{–}4)$$

式中：θ——栅格单元的坡度。

坡地S因子的计算采用USLE的S因子计算公式，即：

$$S=65.41\sin^2\theta+4.56\sin\theta+0.065 \qquad (8\text{–}5)$$

式中：θ——坡度。

本试验所测定坡面坡度为60度，坡面长度为30m。

经计算$L=0.749\,84$，$S=53.071\,46$，$LS=39.795\,1$。

（三）不同植被护坡工程指标选取

1. 植被与经营管理因子C值

该值表示在其他条件相同的情况下，某地块土壤流失量与无草、犁耕休闲地土壤侵蚀量的比值，其值见表8–15。本研究结合坡面不同植被护坡工程措施2004年~2006年植被样方调查数据来确定不同植被覆盖率的C值。

林草不同覆盖率的C值　　表8–15

种类	覆盖率					
	0	20%	40%	60%	80%	100%
草原	0.45	0.24	0.15	0.090	0.043	0.011
灌木	0.40	0.22	0.14	0.085	0.040	0.011
乔灌木	0.39	0.20	0.11	0.060	0.027	0.007
森林	0.10	0.08	0.06	0.020	0.004	0.001

2. 水土保持措施因子P值

P因子是在其他条件相同情况下实行某种保土措施后农地土壤侵蚀量与顺坡耕作农地土壤侵蚀量的比值。公路水土保持措施因子P值因措施的不同而变化，具体见表8–16。

各种水土保持措施因子*P*值　　表8-16

措施名称	植生带	三维网	拱形格	浆砌石	无措施
*P*值	0.129	0.312	0.265	0	1.000

（四）不同植被护坡工程防治边坡土壤侵蚀效果评价

植被护坡工程实施后，植被措施和工程措施对边坡土壤侵蚀的防护作用贡献大小是不同的，所以第一阶段主要是以工程措施防护为主，不考虑植被管理因子*C*；第二阶段是植物措施与工程措施相结合的防护。利用USLE公式进行防治土壤侵蚀效果评价。

对内蒙古老集高速主要存在的植生带、厚层基材+三维网、厚层基材+拱形格、厚层基材等4种生态护坡工程措施进行土壤侵蚀防治效果评价。

第一阶段工程措施起主要防护作用，植被覆盖度极低，这时植被因子*C*=0.45。从表8-17可以看出，植生带与对照区相比土壤侵蚀量减少率最大，为87.1%；厚层基材+拱形格、厚层基材+三维网、厚层基材与对照区相比土壤侵蚀量减少率分别为73.5%、61.8%、35.38%，表明4种工程措施初期防护效果差别较大。

第一阶段不同坡面工程措施减少土壤侵蚀效果对比　　表8-17

模型指标	防护类型				
	植生带	厚层基材+三维网	厚层基材+拱形格	厚层基材	对照区
R	360	360	360	360	360
K	0.084	0.084	0.084	0.084	0.13
LS	39.696 6	39.69	39.69	39.69	39.69
C	0.45	0.45	0.45	0.45	0.45
P	0.129	0.382	0.265	1	1
A	69.68	206.353	143.15	540.19	836.01
比对照区侵蚀量减少率（%）	87.1	61.8	73.5	35.38	0

第二阶段植被措施起主导防护作用，依据对内蒙古老集高速的调查，发现坡面植被2004年至2006年3年间的平均覆盖度为75%左右，依据表8-15得出*C*=0.06，*P*值从表8-16可以查到。

从表8-18可以看出，第二阶段各类边坡工程措施防治土壤侵蚀效果比第一阶段都有了较大幅度的提高，与对照区相比土壤侵蚀量减少率都在90%以上，说明在后期生物护坡工程对于坡面土壤侵蚀的防治效果还是非常明显的。不同措施防护效果从大到小依次为：植生带＞厚层基材+拱形格＞厚层基材+三维网＞厚层基材＞对照区，而且后期不同工程措施防护效果之间的差别逐渐减小。

第二阶段不同坡面工程措施减少土壤侵蚀效果对比　　表8-18

防护类别	防护类型				
	植生带	厚层基材+三维网	厚层基材+拱形格	厚层基材	对照区
R	360	360	360	360	360
K	0.084	0.084	0.084	0.084	0.13
LS	39.69	39.69	39.69	39.69	39.69
C	0.06	0.06	0.06	0.06	0.45
P	0.129	0.382	0.26	1.000	1.00
A	9.29	27.51	19.07	72.03	836.01
比对照区侵蚀量减少率（%）	98.8	96.7	97	91.3	0

第五节　公路路域生态工程对行车环境景观改善效果评价

公路景观是指人们驾车行驶在公路上以及从公路以外区域所看到的公路及其构造物和周围环境的景象，其中公路线形、沿线边坡和植被等为公路线性主要景观。根据公路路域生态工程的景观功能和车辆驾驶者的感受，公路路域生态工程对行车环境景观改善效果评价的主要内容包括路域生态工程自身景观构成特点、使用者的感觉和行车安全效果等。

一、景观评价目标及指标构建思路

要对公路路域生态工程景观效果进行准确的评价，就必须从影响路域生态工程景观的因子中选择合适的指标，建立一个比较客观合理的指标体系。路域生态工程景观效果的主要影响因子是路域植被。植被是具有生命力的要素，植被形成的景观多样性是观赏的基本要求。植被景观对行车环境改善效果主要是从中央分隔带植被的防眩效果、引导视线效果等方面来考虑指标的构建，选择的指标要满足科学性、合理性，指标内容丰富又相对独立。

二、评价指标体系

通过参考借鉴相关研究，在现场采用问卷调查并结合专家咨询筛选的基础上，确立评价指标体系。该评价指标体系可以分为3个层次：第一层为目标层，即公路路域生态工程对行车环境景观改善效果总目标；第二层为准则层，主要体现植被景观功能，即路域植被恢复景观效果和对行车环境的影响效果；第三层为指标层，包括10个指标，选取的指标见表8-19。

公路路域生态工程对行车环境景观改善效果评价指标体系　　表8-19

<table>
<tr><th>评价目标</th><th colspan="2">评价准则层F_i</th><th>评价指标层F_{ij}</th></tr>
<tr><td rowspan="10">公路路域生态工程对行车环境景观改善效果</td><td rowspan="7">公路路域生态工程植被景观表征指标</td><td rowspan="4">路域植被观赏性F_1</td><td>植被覆盖度F_{11}</td></tr>
<tr><td>绿期F_{12}</td></tr>
<tr><td>观赏特性物种数F_{13}</td></tr>
<tr><td>植被空间多样性F_{14}</td></tr>
<tr><td rowspan="3">工程措施F_2</td><td>坡面恢复结构指数F_{21}</td></tr>
<tr><td>生态工程类型F_{22}</td></tr>
<tr><td>植被对刚性防护的遮蔽比F_{23}</td></tr>
<tr><td rowspan="3">公路路域生态工程对安全影响表征指标</td><td rowspan="2">防眩效果F_3</td><td>中央分隔带植株高度F_{31}</td></tr>
<tr><td>中央分隔带植株冠幅间距F_{32}</td></tr>
<tr><td>引导视线F_4</td><td>路堤植株高度配置F_{41}</td></tr>
</table>

植被覆盖度：在单位面积内的垂直投影面积所占百分比，该指标可以通过调查获取。

绿期：群落植株20%萌生出叶的返青期至群落植株80%进入休眠状态的时期。该指标可用来评价植被观赏期的长短。通过询问道路养护人员可以得到具体数据。

观赏特性物种数：路域内植被具有观花、观果、观叶等观赏特征的物种的总数及植株造景类型的总数，可以通过调查统计得出。

植被空间多样性：根据植物群落外貌和结构分为单层水平郁闭型、多层垂直郁闭型、稀疏型和空旷型，可通过现场调查进行判断。

坡面恢复结构指数：对于特定的绿化坡面，坡面植被恢复面积与可恢复的面积比，通过现场测算获取。

生态工程类型：包括完全植被绿化边坡、水泥框架+植被绿化、水泥砌片边坡、三维网、土工格室、植生带、拱形支架、自然恢复等。

植被对刚性防护的遮蔽比：植被覆盖路域刚性材料的面积与全部刚性材料的面积比。

中央分隔带植株高度：中央分隔带植株的平均高度。

中央分隔带植株冠幅间距：中央分隔带植株冠幅之间的距离。

路堤植株高度配置：路堤植株在垂直层次上的配置高度。

三、评价指标权重确定

权重是反应不同评价因子间重要程度差异的数值，也体现评价因子在总指标中的地位、作用以及对总体指标的影响程度。由于多数评价因子比较抽象、宏观，故采用专家打分与层次分析方法相结合来确定各个评价因子的权重。各评价指标推荐权重分配见表8–20。

评价指标权重表　　表8–20

<table>
<tr><th>评价目标</th><th colspan="2">评价准则层F_i</th><th>权重W_i</th><th>评价指标层F_{ij}</th><th>权重W_{ij}</th></tr>
<tr><td rowspan="11">公路路域生态工程对行车环境景观改善效果</td><td rowspan="7">公路路域生态工程植被景观表征指标</td><td rowspan="4">路域植被观赏性F_1</td><td rowspan="4">0.50</td><td>植被覆盖度F_{11}</td><td>0.34</td></tr>
<tr><td>绿期F_{12}</td><td>0.26</td></tr>
<tr><td>观赏特性物种数F_{13}</td><td>0.22</td></tr>
<tr><td>植被空间多样性F_{14}</td><td>0.18</td></tr>
<tr><td rowspan="3">工程措施F_2</td><td rowspan="3">0.16</td><td>坡面恢复结构指数F_{21}</td><td>0.56</td></tr>
<tr><td>生态工程类型F_{22}</td><td>0.32</td></tr>
<tr><td>植被对刚性防护的遮蔽比F_{23}</td><td>0.12</td></tr>
<tr><td rowspan="3">公路路域生态工程对安全影响表征指标</td><td rowspan="2">防眩效果F_3</td><td rowspan="2">0.22</td><td>中央分隔带植株高度F_{31}</td><td>0.50</td></tr>
<tr><td>中央分隔带植株冠幅间距F_{32}</td><td>0.50</td></tr>
<tr><td>引导视线F_4</td><td>0.12</td><td>路堤植株高度配置F_{41}</td><td>1.00</td></tr>
</table>

四、评价指标作用分值确定

评价指标体系中评价因子作用分值的确定按照实际调查的结果及专家的评分值进行综合确定，分值采用10分制，以10、8、6、4、2的等级分值代表好、较好、中等、差和极差，进行定性指标的定量化赋值（表8–21）。

公路路域生态工程对行车环境景观改善效果评价因子分级指标　　表8-21

评价因子	评价地区	因子分级	赋值	因子分级	赋值	因子分级	赋值	因子分级	赋值
植被覆盖度	西南地区	＞85%	10	65%~85%	6	45%~65%	4	＜45%	2
	黄土高原区	＞70%	10	55%~70%	6	30%~55%	4	＜30%	2
	西北地区	＞60%	10	45%~60%	6	20%~45%	4	＜20%	2
绿期	西南地区	＞290d	10	240~290d	8	180~240d	6	＜180d	4
	黄土高原区	＞170d	10	150~170d	8	120~170d	6	＜120d	4
	西北地区	＞170d	10	150~170d	8	120~170d	6	＜120d	4
观赏特性物种数	西部地区	＞6	10	3~5	6	1~2	4	0	2
植被空间多样性	西部地区	多层垂直郁闭型	10	单层水平郁闭型	8	稀疏型	6	空旷型	2
植被恢复面积比	西部地区	1~0.8	10	0.6~0.8	8	0.4~0.6	4	＜0.4	2
生态工程类型	西部地区	厚层基材、客土喷附完全植被绿化边坡	10	三维网＋植被绿化、土工格室＋植被绿化、拱形支架＋植被绿化、方形水泥框架+植被绿化、植生带	8	六角空心砖＋绿化、浆砌石+植被、自然恢复、撒播绿化	6	浆砌片石护坡、水泥砖块	2
对刚性防护的遮蔽比	西部地区	1~0.7	10	0.4~0.7	8	0.2~0.4	6	＜0.2	4
中央隔离带植株高度	西部地区	1.5~1.7	10	1.2~1.5	8	1.0~1.2	6	金属防眩板＞1.8	2
中央隔离带植株冠幅间距	西部地区	1~1.5	10	0.8~1	8	0.5~0.8	4	金属防眩板＞1.8或＜1	2
路堤植株高度配置	西部地区	乔木+灌木	10	乔木	8	灌木	4	花丛	2

五、综合评价模型

参照已有研究成果，根据高等级公路绿化评价指标的特点，进行综合分析评价。评价过程如下：

1. 建立评价指标的层次结构

大类指标：F_i为大类指标。

单项指标：F_{ij}为在i大类指标内，第j个单项指标的分值。

2. 各级指标分值的确定方法

（1）单项指标的平均值可以根据指标的类型，按照具体的评价调查表得到。

（2）大类指标评价值是对单项指标的进一步汇总。可采用下式计算：

$$F_i=\sum W_{ij}F_{ij} \qquad i=1，2，3，4 \qquad j=1，2，4 \tag{8-6}$$

式中：W_{ij}——第i大类指标内部第j类单项指标的权重；

F_{ij}——第i大类指标内部第j类单项指标分值。

（3）综合评价值的计算。综合评价值是对于大类指标评价值的进一步综合，计算公式如下：

$$A=\sum_{i=1}^{4}W_iF_i \tag{8-7}$$

式中：A——高速公路路域生态工程对行车环境景观改善效果的综合评价指数；

W_i——第i大类指标的权重；

F_i——第i大类指标的评价分值；

$W_i F_i$——某评价指标下的评价分数值；

六、评价分值的等级划分

公路路域生态工程对行车环境景观改善效果的综合评价指数是由分指数叠加得出。将综合评价指数A的计算结果划分为不同的等级，分级标准见表8-22。

高速公路路域生态工程对路域景观改善分数等级的划分　　表8-22

等　级	优	良	中	差
景观综合分值	7.4 ~ 10	5 ~ 7.4	2.3 ~ 5	<2.3

七、示范工程案例评价

1. 内蒙古呼集高速卓资段路域景观评价

本示范工程路段景观评价结果见表8–23。可以看出，该路段的景观综合指数A为4.04，对照表8–22可知，该路段的景观综合评价等级为中等，路域生态工程对景观改善效果一般。

呼集高速卓资段路域景观评价表　　表8–23

景观综合指数A	调查指标	实地调查指标值	调查指标得分值
4.04	植被覆盖度	50%	4
	绿期	140d	6
	观赏特性物种数	2种	4
	植被空间多样性	单层水平郁闭型	8
	植被恢复面积比	0.4	4
	生态工程类型	浆砌石与厚层基材喷附结合	6
	对刚性防护的遮蔽比	0.1	2
	中央隔离带植株高度	金属防眩板	2
	中央隔离带植株冠幅间距	金属防眩板	2
	路堤植株高度配置	花丛	2

2. 陕西西禹高速合阳段路域景观评价

本示范工程路段景观评价结果见表8–24。可以看出，该路段的景观综合指数A为8.27，对照表8–22可知，该路段的景观综合评价等级为优，路域生态工程对景观改善效果非常好。

西禹高速合阳段路域景观评价表　　表8–24

景观综合指数A	调查指标	实地调查指标值	调查指标得分值
8.27	植被覆盖度	78%	10
	绿期	210d	10
	观赏特性物种数	3种	6
	植被空间多样性	单层水平郁闭型	8
	植被恢复面积比	1	10
	生态工程类型	厚层基材喷附结合	6
	对刚性防护的遮蔽比	1	10
	中央隔离带植株高度	1.6	10
	中央隔离带植株冠幅间距	0.5	4
	路堤植株高度配置	乔木	8

3. 云南安楚高速安丰营—禄丰段路域景观评价

从表8-25看出，该路段的景观综合指数*A*为8.69，对照表8-22可知，该路段的景观综合评价等级为优，路域生态工程对景观改善效果非常好。

安楚高速（安丰营—禄丰）段路域景观评价表 表8-25

景观综合指数*A*	调查指标	实地调查指标值	调查指标得分值
8.69	植被覆盖度	80%	10
	绿期	270d	8
	观赏特性物种数	6种	10
	植被空间多样性	多层垂直郁闭型	10
	植被恢复面积比	0.85	10
	生态工程类型	多种措施结合	8
	对刚性防护的遮蔽比	0.6	8
	中央隔离带植株高度	1.6	10
	中央隔离带植株冠幅间距	0.5	4
	路堤植株高度配置	乔木	8

第六节 路域植被护坡工程生态效果综合评价

一、评价指标选择依据

（一）降低公路工程对生态环境的负面影响

评价指标应选择能够代表路域植被护坡工程生态效应的因子，例如减轻土壤侵蚀效应，缓和路域极端气候效应，减少土壤重金属积累效应和吸尘减噪效应等。

（二）保护生物多样性

高速公路建设对植被的毁坏和对动物的阻隔作用，不可避免会对生物多样性造成影响，因此公路路域植被护坡工程是否有利于直接或间接缓和这种影响，是否有利于形成较好的生物环境，是衡量植被护坡工程生态效果的重要因子。

（三）融合当地自然景观

与自然相融合首先应该体现在遵循自然规律。对公路路域生态恢复效果的评估，不应脱离当地自然环境特征。当前普遍采用的盖度评价指标忽略当地自然条件，采用统一的坡面覆盖度大小作为评价工程质量的标准，不仅不利于提高公路生态保护效果，而且会促使工程刻意追求短期覆盖效果。

体现融合当地自然景观的另一个问题是路域植被护坡工程所建植的植被类型及物种组成应尽量贴近当地自然景观。如果在草原地区为追求景观效果而采用草坪物种进行路域生态恢复，将很难保证路域生态恢复的长期生态效应，同时会增加管护成本。

（四）可操作性强

理论上可以用于路域植被护坡工程生态效果评价的指标有很多，但其中很多指标测定困难，或缺乏代表性。因此，评价指标的选择应该遵循可操作性强原理，选择既能反映工程的生态环境效应，又便于测量的因子参与评价。

二、模糊综合评价数学模型构建

对于多层次的模糊综合评价模型的建立，主要分为以下3个步骤：

（1）对于评价因素的集合U，按照某一个属性c，将其划分成m个集，使它们满足$\begin{cases}\sum_{i=1}^{m} U_i = U \\ U_i \cap U_j = \Phi (i \neq j)\end{cases}$，这样就得到了第二级判断因素集合$U/c=$（$U_1$，$U_2 \cdots U_m$），式中，$U_i = \{u_{ik}\} (i = 1,2 \cdots m;\ k = 1,2 \cdots n_k)$表示子集$U_i$中含有$n_k$个评判因素。

（2）对于每一个子集U_i中的n_k个评判因素，按照单层次模糊综合评判模型进行评判。如果U_i中诸因素的权数分配为$\widetilde{A}_i$，其评判决策矩阵为R_i，则得到第i个子集U_i的综合评判结果$\widetilde{B}_i = \widetilde{A}_i \cdot R_i = [b_{i1}, b_{i2} \cdots b_{in}]$。

（3）对于U/c中的m个评判因素子集U_i（i=1，2⋯m），进行综合评判，其评判决策矩阵为：$R = \begin{bmatrix} \widetilde{B}_1 \\ \widetilde{B}_2 \\ \vdots \\ \widetilde{B}_m \end{bmatrix} = \begin{bmatrix} b_{11} & b_{12} & \cdots & b_{1m} \\ b_{21} & b_{22} & \cdots & b_{2m} \\ \vdots & \vdots & \vdots & \vdots \\ b_{n1} & b_{n2} & \cdots & b_{nm} \end{bmatrix}$，如果$U/c$中的评判因素子集的权数分配为$\widetilde{A}$，则得到综合判断结果：$\widetilde{B} = \widetilde{A} \cdot R$，其中$\widetilde{B}$既是对$U/c$的综合判断结果，也是对$U$中的所有评判因素综合评判结果。

三、路域植被护坡工程生态效果评价指标体系

（一）指标选择原则

1. 代表性原则

路域植被护坡工程效果与当地的生态环境特征息息相关，因此选择的评价指标必须能够代表当地生态环境特征。

2. 系统性原则

路域植被护坡工程效果评价是多因子、多指标的综合。因此，选取的指标必须要有系统性，既要选择直观反映生态特征的指标，也要选取那些通过系统运行而影响生态的指标，从而系统地反映整个植被护坡工程效果。

3. 科学性原则

评价路域植被护坡工程生态恢复效果的好坏是一个科学定义的过程，因此制定生态效果评价指标时必须遵循科学性的原则，符合生态特征和环境结构，选取的评价指标应科学定义准确，内涵清晰。

（二）指标体系建立

从路域植被护坡工程生态效果评价的内容出发，按照模糊综合评价的方法，结合西部公路植被护坡工程的自然地理条件和坡面植被群落的特点、功能，提出了14项指标（表8-26）。该指标体系包括了护坡植被因子、坡面土壤因子、小气候因子和景观因子，较全面地反映了公路植被护坡工程的生态效果，该指标体系具有指标数量少、可操作性强、易获取和易操作的特点。

首先建立公路路域植被护坡工程生态效果评价要素集$U=\{U_1,U_2,U_3,U_4\}$，其中各个要素子集 U_i（$i=1,2,3,4$）分别为：$U_1=\{u_{11}, u_{12} \dots u_{17}\}$、$U_2=\{u_{21},u_{22},u_{23}\}$、$U_3=\{u_{31},u_{32},u_{33}\}$、$U_4=\{u_{41}\}$。

（三）评价集合确定

为了确定路域植被护坡工程生态效果状况，建立评价集$V=\{v_1,v_2 \dots v_m\}$，将路域植被护坡生态效果分为优、良、中、差4个等级，则路域植被护坡工程生态效果评价集为$V=\{v_1,v_2 \dots v_m\}=\{优,良,中,差\}$。路域植被护坡工程生态效果评价指标及分级见表8-27。

植被护坡工程生态效果评价指标体系　　表8-26

评价目标	评价准则层	评价指标层
高速公路植被护坡工程生态效果	护坡植被因子U_1	坡面植被覆盖度/自然植被覆盖度U_{11}
		坡面植被地下生物量/自然植被地下生物量U_{12}
		坡面豆科植物数量/坡面植被群落物种总数U_{13}
		坡面地上生物量/自然植被地上生物量U_{14}
		坡面本地植物物种数U_{15}
		坡面群落多样性指数/自然群落多样性指数U_{16}
		植被生活型构成U_{17}
	坡面土壤因子U_2	坡面土壤有机质/自然土壤有机质U_{21}
		坡面土壤pH值/自然土壤pH值U_{22}
		土壤重金属污染综合指数级别U_{23}
	路域热环境因子U_3	不同下垫面表面温度标准差U_{31}
		不同部位1.5m温度的标准差U_{32}
		不同季节植被与路面温度差U_{33}
	景观因子U_4	景观综合指数U_{41}

路域植被护坡工程自然效果评价指标分级　　表8-27

评价指标因子	指标分级			
	优	良	中	差
坡面植被覆盖度/自然植被覆盖度U_{11}	0.8~1.2	0.6~0.8或1.2~1.4	0.4~0.6或1.4~1.8	<0.4或>1.8
坡面植被地下生物量/自然植被地下生物量U_{12}	0.8~1.3	0.6~0.8或1.3~1.8	0.4~0.6或1.8~2	<0.4或>2
坡面豆科植物数量/坡面植被群落物种总数U_{13}	>0.6	0.4~0.6	0.2~0.4	<0.2
坡面地上生物量/自然植被地上生物量U_{14}	>10	5~10	5~1	<1
坡面本地植物物种数U_{15}	>15	10~15	5~10	<5
坡面群落多样性指数/自然群落多样性指数U_{16}	>0.8	0.6~0.8	0.4~0.6	<0.4
植被生活型构成U_{17}	乔+灌+草	灌+草	灌	草本
坡面土壤有机质/自然土壤有机质U_{21}	>2.5	1.4~2.5	0.8~1.4	<0.8
坡面土壤pH值/自然土壤pH值U_{22}	0.95~1.05	0.9~0.95或1.05~1.1	0.85~0.9或1.1~1.15	<0.85或>1.15
土壤重金属污染综合指数级别U_{23}	1	2	3	4
不同下垫面表面温度标准差U_{31}	<3℃	3~4.5℃	4.5~6.5℃	>6.5℃
不同部位1.5m温度的标准差U_{32}	<6℃	6~7.5℃	7.5~10℃	>10℃
不同季节植被与路面温度差U_{33}	<10℃	10~13℃	13~15℃	>15℃
景观综合指数U_{41}	7.4~10	5~7.4	2.3~5	<2.3

（四）评价指标权重确定

为克服经验确定权重值的主观性，提高权重值的科学性，依据层次分析法原理，通过分析每两项指标间的相对重要性得出比较矩阵，再计算矩阵的标准化特征向量，求出各评判指标的权重值，并进行一致性检验，使结果有效。评价指标体系权重计算结果见表8–28。

评价指标体系权重计算结果　　表8–28

评价目标	评价准则层	权重	评价指标层	权重
高速公路植被护坡工程生态效果	护坡植被因子 U_1	0.32	坡面植被覆盖度/自然植被覆盖度 U_{11}	0.26
			坡面植被地下生物量/自然植被地下生物量 U_{12}	0.21
			坡面豆科植物数量/坡面植被群落物种总数 U_{13}	0.08
			坡面地上生物量/自然植被地上生物量 U_{14}	0.06
			坡面本地植物物种数 U_{15}	0.10
			坡面群落多样性指数/自然群落多样性指数 U_{16}	0.09
			植被生活型构成 U_{17}	0.19
	坡面土壤因子 U_2	0.28	坡面土壤有机质/自然土壤有机质 U_{21}	0.38
			坡面土壤pH值/自然土壤pH值 U_{22}	0.34
			土壤重金属污染综合指数级别 U_{23}	0.28
	路域热环境因子 U_3	0.22	不同部位1.5m温度的标准差 U_{31}	0.43
			不同部位表面温度的标准差 U_{32}	0.32
			不同季节植被与路面温度差 U_{33}	0.28
	景观因子 U_4	0.18	景观综合指数 U_{41}	1

各子集权重（一级权重）为：

$$\tilde{A} = [a_1, a_2, a_3, a_4]$$

各子集中 U_i（i=1，2，3，4）各要素的权重（二级权重）分别为：

$$\tilde{A}_1 = [a_{11}, a_{12}, a_{13}, a_{14}, a_{15}, a_{16}, a_{17}]$$

$$\tilde{A}_2 = [a_{21}, a_{22}, a_{23}]$$

$$\tilde{A}_3 = [a_{31}, a_{32}, a_{33}]$$

$$\tilde{A}_4 = [a_{41}]$$

（五）评价的实施

评判的实施就是根据路域植被护坡工程生态效果的各种实际调查数据、试验数据、工程基础数据，采用模糊数学和精确数学方法对各个评价指标进行估算，然后由判断专家小组的每一个成员根据已确定的评价等级对各个指标进行评价。假定评判专家小组有20名成员，其中7名对“植被生活型构成（U_{16}）”同意“良（v_2）”的评价等级，即持同一意见的专家占专家小组总人数的7/20，因此该指标的评价值就是0.35。以此类推，可以分别得出各个子集U_i（i=1，2，3，4）中单要素的评价决策矩阵R_i（i=1，2，3，4）分别为：

$$R_1=\begin{pmatrix} r_{11} & r_{12} & r_{13} & r_{14} \\ r_{21} & r_{22} & r_{23} & r_{24} \\ r_{31} & r_{32} & r_{33} & r_{34} \\ r_{41} & r_{42} & r_{43} & r_{44} \\ r_{51} & r_{52} & r_{53} & r_{54} \\ r_{61} & r_{62} & r_{63} & r_{64} \\ r_{71} & r_{72} & r_{73} & r_{74} \end{pmatrix} \qquad R_2=\begin{pmatrix} r_{81} & r_{82} & r_{83} & r_{84} \\ r_{91} & r_{92} & r_{93} & r_{94} \\ r_{101} & r_{102} & r_{103} & r_{104} \end{pmatrix}$$

$$R_3=\begin{pmatrix} r_{111} & r_{112} & r_{113} & r_{114} \\ r_{121} & r_{122} & r_{123} & r_{124} \\ r_{131} & r_{132} & r_{133} & r_{134} \end{pmatrix} \qquad R_4=\begin{pmatrix} r_{141} & r_{142} & r_{143} & r_{144} \end{pmatrix}$$

然后根据各单要素的权重系数向量$\widetilde{A}_i$和评价决策矩阵R_i，经过合成运算即可得到$\widetilde{B}_i=\widetilde{A}_i\cdot R_i=[b_{i1},b_{i2},b_{i3},b_{i4}](i=1,2,3,4)$。

基于单要素模糊综合评判结果，可以得到U中各个子集的综合评价决策矩阵：

$$R=\begin{pmatrix} \widetilde{B}_1 \\ \widetilde{B}_2 \\ \widetilde{B}_3 \\ \widetilde{B}_4 \end{pmatrix}=\begin{pmatrix} b_{11} & b_{12} & b_{13} & b_{14} \\ b_{21} & b_{22} & b_{23} & b_{24} \\ b_{31} & b_{32} & b_{33} & b_{34} \\ b_{41} & b_{42} & b_{43} & b_{44} \end{pmatrix}$$

最后再由U的各子集的权重系数向量$\widetilde{A}_i$和综合评价决策矩阵R，经过合成计算，即得出路域植被护坡工程的模糊综合评价结果$\widetilde{B}$，最后根据最大隶属度的原则来判断评价结果。

$$\widetilde{B}=\widetilde{A}_i\cdot R=[a_1,a_2,a_3,a_4]\begin{pmatrix}\widetilde{B}_1\\ \widetilde{B}_2\\ \widetilde{B}_3\\ \widetilde{B}_4\end{pmatrix}=[b_1,b_2,b_3,b_4]$$

四、示范工程生态恢复效果评价

（一）内蒙古呼集高速卓资段植被护坡工程生态效果评价

根据表8-27选择该路段2006年调查的各项指标的实测值，对于路域植被护坡工程生态效果，经20名专家测评，分别得到各个子集U_i（i=1，2，3，4）中诸要素的评价决策矩阵。

$$R_1=\begin{pmatrix}0.1&0.2&0.4&0.3\\0.1&0.3&0.3&0.3\\0.1&0.4&0.3&0.2\\0.1&0.2&0.3&0.4\\0.1&0.2&0.4&0.3\\0.1&0.4&0.4&0.1\\0.1&0.2&0.5&0.2\end{pmatrix}\qquad R_2=\begin{pmatrix}0.2&0.3&0.4&0.1\\0.2&0.2&0.4&0.2\\0.3&0.3&0.2&0.2\end{pmatrix}$$

$$R_3=\begin{pmatrix}0.1&0.3&0.4&0.2\\0&0.2&0.5&0.3\\0.1&0.4&0.3&0.2\end{pmatrix}\qquad R_4=\begin{pmatrix}0.3&0.4&0.2&0.1\end{pmatrix}$$

各子集中各要素的权重为：

$$\widetilde{A}=[0.32,0.28,0.22,0.18]$$

$$\widetilde{A}_1=[0.26,0.21,0.08,0.06,0.10,0.09,0.19]$$

$$\widetilde{A}_2=[0.38,0.34,0.28]$$

$$\widetilde{A}_3=[0.43,0.32,0.28]$$

$$\widetilde{A}_4=[1]$$

采用普通矩阵乘法，经过合成运算，得到各个子集U_i（i=1，2，3，4）的综合评判结果分别为：

$$\widetilde{B}_1=\widetilde{A}_1\cdot R_1=[0.1,0.255,0.385,0.26]$$

$$\widetilde{B}_2=\widetilde{A}_2\cdot R_2=[0.228,0.266,0.344,0.162]$$

$$\widetilde{B}_3=\widetilde{A}_3\cdot R_3=[0.071,0.305,0.416,0.238]$$

$$\widetilde{B}_4=\widetilde{A}_4\cdot R_4=[0.3,0.4,0.2,0.1]$$

因此，U式中各个子集的综合评价决策矩阵为：

$$R=\begin{pmatrix}\widetilde{B}_1\\\widetilde{B}_2\\\widetilde{B}_3\\\widetilde{B}_4\end{pmatrix}=\begin{pmatrix}0.1 & 0.255\,0 & 0.385\,0 & 0.260\,0\\0.228\,0 & 0.266 & 0.344 & 0.162\,0\\0.071\,0 & 0.305 & 0.416 & 0.238\\0.3 & 0.4 & 0.2 & 0.1\end{pmatrix}$$

所以，该路域生态效果模糊综合评价结果为：

$$\widetilde{B}=\widetilde{A}\cdot R=[0.165\,5,0.295\,2,0.347\,0,0.198\,9]$$

将其归一化处理得到：$\widetilde{B}=[0.164,0.293,0.345,0.198]$

根据隶属函数最大值的原则，该路段植被护坡工程的生态效果为中等。

（二）陕西西禹高速合阳段植被护坡工程生态效果评价

该路段评价参考的数据是2006年的调查数据。经过20名专家的评测，构建评价决策矩阵如下：

$$R_1=\begin{pmatrix}0.4 & 0.3 & 0.2 & 0.1\\0.2 & 0.4 & 0.2 & 0.2\\0.3 & 0.3 & 0.2 & 0.2\\0.2 & 0.4 & 0.2 & 0.2\\0.3 & 0.4 & 0.2 & 0.1\\0.4 & 0.4 & 0.2 & 0.0\\0.0 & 0.5 & 0.4 & 0.1\end{pmatrix}\qquad R_2=\begin{pmatrix}0.300\,0 & 0.300\,0 & 0.200\,0 & 0.200\,0\\0.100\,0 & 0.600\,0 & 0.200\,0 & 0.100\,0\\0.200\,0 & 0.500\,0 & 0.200\,0 & 0.100\,0\end{pmatrix}$$

$$R_3=\begin{pmatrix}0.200\,0 & 0.300\,0 & 0.300\,0 & 0.200\,0\\0.100\,0 & 0.300\,0 & 0.400\,0 & 0.200\,0\\0.300\,0 & 0.400\,0 & 0.200\,0 & 0.100\,0\end{pmatrix}\qquad R_4=(0.300\,0\ 0.400\,0\ 0.300\,0\ 0.0)$$

各子集中各要素的权重为：

$$\widetilde{A}=[0.32,0.28,0.22,0.18]$$

$$\widetilde{A}_1=[0.26,0.21,0.08,0.06,0.10,0.09,0.19]$$

$$\widetilde{A}_2=[0.38,0.34,0.28]$$

$$\widetilde{A}_3=[0.43,0.32,0.28]$$

$$\widetilde{A}_4=[1]$$

采用普通矩阵乘法，经过合成运算，得各个子集U_i（i=1，2，3，4）的综合评判结果分别为：

$$\widetilde{B}_1=\widetilde{A}_1\cdot R_1=[0.248\,0\quad 0.381\,0\quad 0.236\,0\quad 0.125\,0]$$

$$\widetilde{B}_2=\widetilde{A}_2\cdot R_2=[0.204\,0\quad 0.458\,0\quad 0.200\,0\quad 0.138\,0]$$

$$\widetilde{B}_3=\widetilde{A}_3\cdot R_3=[0.196\,0\quad 0.328\,0\quad 0.304\,0\quad 0.172\,0]$$

$$\widetilde{B}_4=\widetilde{A}_4\cdot R_4=[0.300\,0\quad 0.400\,0\quad 0.300\,0\quad 0.0]$$

因此，U式中各个子集的综合评价决策矩阵为：

$$R=\begin{pmatrix}\widetilde{B}_1\\ \widetilde{B}_2\\ \widetilde{B}_3\\ \widetilde{B}_4\end{pmatrix}=\begin{pmatrix}0.248\,0 & 0.381\,0 & 0.236\,0 & 0.125\,0\\ 0.204\,0 & 0.458\,0 & 0.200\,0 & 0.138\,0\\ 0.196\,0 & 0.328\,0 & 0.304\,0 & 0.172\,0\\ 0.300\,0 & 0.400\,0 & 0.300\,0 & 0.0\end{pmatrix}$$

所以，该路域生态效果模糊综合评价结果为：

$$\widetilde{B}=\widetilde{A}\cdot R=[\,0.233\,6\quad 0.394\,3\quad 0.252\,4\quad 0.116\,5]$$

将其归一化处理得到：$\widetilde{B}=[0.234\ 0.396\ 0.253\ 0.117]$

根据隶属函数最大值的原则，可以判断该路段植被护坡工程的生态效果属于良等级。

（三）云南安楚高速的植被护坡工程的生态效果评价

该路段评价参考的数据是2006年的调查数据。经过20名专家的评测，构建评价决策矩阵如下：

$$R_1=\begin{pmatrix}0.4000 & 0.4000 & 0.1000 & 0.1000\\ 0 & 0.3000 & 0.4000 & 0.2000\\ 0.4000 & 0.3000 & 0.2000 & 0.1000\\ 0.2000 & 0.4000 & 0.3000 & 0.1000\\ 0.3000 & 0.4000 & 0.2000 & 0.1000\\ 0.3000 & 0.4000 & 0.2000 & 0.1000\\ 0.6000 & 0.2000 & 0.2000 & 0\end{pmatrix}$$

$$R_2=\begin{pmatrix}0.2000 & 0.4000 & 0.3000 & 0.1000\\ 0.3000 & 0.5000 & 0.2000 & 0\\ 0.3000 & 0.4000 & 0.2000 & 0.1000\end{pmatrix}$$

$$R_3=\begin{pmatrix}0.3000 & 0.4000 & 0.2000 & 0.1000\\ 0.2000 & 0.6000 & 0.1000 & 0.2000\\ 0.2000 & 0.4000 & 0.3000 & 0.1000\end{pmatrix}\quad R_4=\begin{pmatrix}0.6000 & 0.2000 & 0.2000 & 0\end{pmatrix}$$

各子集中各要素的权重为：

$$\widetilde{A}=[0.32,0.28,0.22,0.18]$$

$$\widetilde{A}_1=[0.26,0.21,0.08,0.06,0.10,0.09,0.19]$$

$$\widetilde{A}_2=[0.38,0.34,0.28]$$

$$\widetilde{A}_3=[0.43,0.32,0.28]$$

$$\widetilde{A}_4=[1]$$

采用普通矩阵乘法，经过合成运算，得各个子集U_i（i=1，2，3，4）的综合评判结果分别为：

$$\widetilde{B}_1=\widetilde{A}_1\cdot R_1=[0.3190\quad 0.3290\quad 0.2200\quad 0.1010]$$

$$\widetilde{B}_2=\widetilde{A}_2\cdot R_2=[0.2620\quad 0.4340\quad 0.2380\quad 0.0660]$$

$$\widetilde{B}_3=\widetilde{A}_3\cdot R_3=[0.2490\quad 0.4760\quad 0.2020\quad 0.1350]$$

$$\widetilde{B}_4=\widetilde{A}_4\cdot R_4=[0.6000\quad 0.2000\quad 0.2000\quad 0]$$

因此，U式中各个子集的综合评价决策矩阵为：

$$R=\begin{pmatrix}\widetilde{B}_1\\ \widetilde{B}_2\\ \widetilde{B}_3\\ \widetilde{B}_4\end{pmatrix}=\begin{pmatrix}0.3190 & 0.3290 & 0.2200 & 0.1010\\ 0.2620 & 0.4340 & 0.2380 & 0.0660\\ 0.2490 & 0.4760 & 0.2020 & 0.1350\\ 0.6000 & 0.2000 & 0.2000 & 0\end{pmatrix}$$

将其归一化处理得到：$\widetilde{B}$=[0.409 0.321 0.197 0.073]

依照隶属函数最大的原则，可以判断该路段植被护坡工程的生态效果属于优等级。

第九章
典型公路路域生态工程案例分析

第一节　内蒙古草原区公路路域生态工程案例分析

一、内蒙古老爷庙至集宁高速公路示范工程

（一）路段基本特征及自然环境背景

老集高速公路起于内蒙古自治区与河北省交界的老爷庙，止于内蒙古乌兰察布盟兴和县城南（图9-1）。兴和县地处阴山北麓。该地区丘陵、平原、山地镶嵌分布。地带性植被为虎榛子、绣线菊灌丛和荆条灌丛。气候属中温带大陆性季风半干旱气候，年平均气温4.2℃，最热月为7月，平均气温19.9℃，最冷月为1月，平均气温-13.8℃。通常11月上旬或中旬开始封冻，到翌年3月下旬或4月上旬解冻，冻土深度一般在110~140cm，无霜期120d左右。年平均降水量为409mm。年平均风速3.7m/s，年平均大风日数45d，年平均蒸发量为2 036.8mm，是年降水量的5倍，年日照时数为2 874h。

示范工程位于老集路老爷庙至前河大桥K273+680~K294+400标段，地理坐标N40° 26′ ~N41° 26′ ，E113° 21′ ~E114° 07′ ，全长约21km，共有路堑边坡60多个，坡度介于45° ~ 65° ，最大坡高约50m。坡面物质组成为砂砾、黄土、红黏土。原始边坡见图9-2。

图9-1 示范工程位置

图9-2 原始坡面

（二）示范工程设计方案

1. 植物群落设计方案

根据老集路植被地带性特点，选取在当地经过多年培育种植的牧草为主要护坡植物，同时配以耐寒、耐旱、耐贫瘠、根系发达的灌木种，形成草灌护坡植物群落。具体选用的植物物种组合是：

阳坡：苜蓿、白花草木樨、披碱草、无芒雀麦、柠条。

阴坡：苜蓿、白花草木樨、冰草、无芒雀麦、柠条。

播种量的多少也是影响生物护坡效果的重要因素。经过研究和实验，确定老集路边坡生物防护的播种量在阳坡为2 500粒/m^2，阴坡3 000粒/ m^2，其中草本种子的比例占播种量的70%，灌木种子的比例占播种量的30%。

2. 人工土壤设计方案

考虑到边坡生物防护技术采用厚层基质喷附方法，结合老集路土壤地带性特点，确定边坡土壤（厚层基质）主要由当地原生土壤（最好是农田土壤）、草炭土、土壤改良剂（蛭石等）、有机肥料、速效无机肥、缓释性无机肥、保水剂等成分组成。

3. 施工技术方案

示范工程采用目前先进的厚层基质喷附技术。设计喷附厚度为7cm（当地自然土壤富含腐殖质的表层厚度为9~11cm）。

（三）施工技术特点及工艺流程

1. 技术原理

厚层基质喷附在施工时要与高强度镀锌机编网锚固坡面结合在一起（图9–3）。锚固在边坡上的高强度镀锌机编网，既可以加固坡面防止碎石脱落，又可以与厚层基质混成一体防止基质脱落。当植被在坡面形成覆盖之后，植物的根系与机编网纵横交错，在坡面上形成了一个由植物的叶、茎、根系和机编网所组成的具有三维空间的防护层，并与坡面紧密结合为一个有机整体（图9–4），最终达到保护坡面、恢复植被的目的。

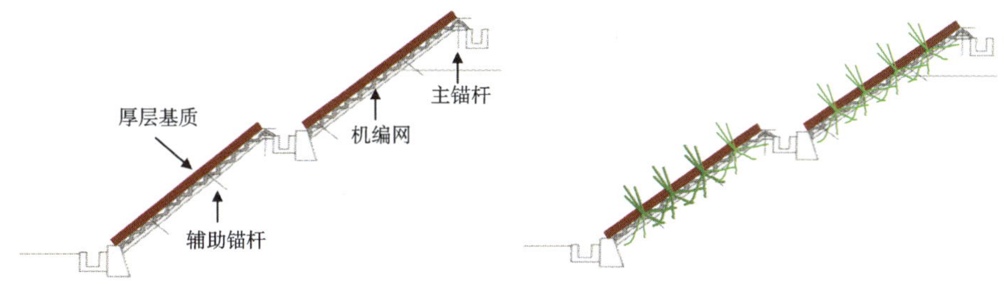

图9–3　厚层基质喷附施工断面　　　　图9–4　施工后坡面防护效果

2. 主要技术特点

厚层基质喷附技术的主要特点有两方面。一是能在坡面上形成较厚的植物生长发育所需的有机质层。这对于石质土边坡或岩石边坡来说，无疑是保证植物长期、稳定生长发育的最重要的基础条件。二是使植物种子有比较自然的发芽过程，保证喷撒的种子有较高的发芽率和成活率。厚层基质喷附由于不使用水，混在基质中的种子只有在水热条件适合时才能发芽，这样可以避免大量种子一起发芽所带来的争肥、争水等缺点。

3. 工艺流程

厚层基质喷附施工分为三个阶段。

第一阶段为施工准备阶段。由于厚层基质喷附需要使用较多的机械设备和喷附材料，因此需要在施工现场准备出两个场地，一个用于存放喷附材料，一个用于安装喷附设备。厚层基质喷附所需主要设备包括灰浆喷射机、空气压缩机、发电机、搅拌机、传送带等（图9-5），为保证施工安全和操作方便，这些设备最好成一字形排开。

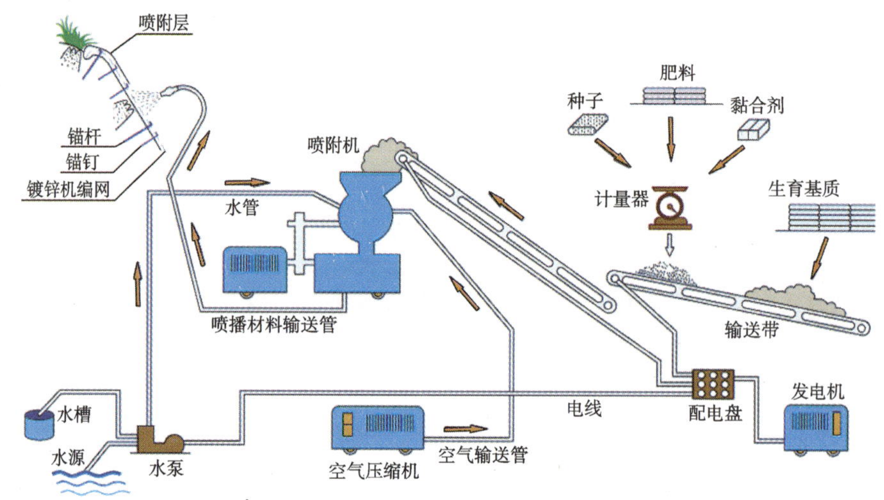

图9-5　设备连接示意图

第二阶段为清坡挂网阶段。土方工程结束后，边坡上仍会留有浮石或凹凸不平之处，这既会给施工带来安全隐患，又会增加植生基质的使用量。为此，需要人工清除边坡上的浮石，并将凹凸不平之处用土填平。然后，在边坡上锚固高强度镀锌机编网。将线径2.0mm、网眼尺寸50mm × 50mm、幅宽2.5m的镀锌铁丝网平铺在坡面上，用锚杆（主锚杆ϕ10 × 300mm、辅助锚杆ϕ10 × 200mm）将其固定。两幅铁丝网之间的重叠搭接处不少于10cm，并用钳子将接头处的铁丝拧在一起（图9-6、图9-7）。

第三阶段为基质喷附阶段（图9-8、图9-9）。使用灰浆喷射机将植生基质通过高压气流喷附到坡面上，喷附手要使喷射枪口在坡面上方有规律地、均匀地移动，以保证喷射物厚度一致且表面平整，还要与喷射机操作手保持联系，根据距离的远近调整喷射气流的压力，保证喷射物能进入锚固在坡面上的机编网下部，并使机编网因基质的挤压略微抬升，鼓起于喷射所形成的基质层的中部。喷射后表层基质紧实度以188.29kPa左右为佳，该基质硬度既适宜草本植物繁殖，也适宜木本植物栽种。

图9-6　锚网作业

图9-7　锚杆密度检查

图9-8　材料添加

图9-9　喷附施工

（四）施工概况

1. 施工时间

施工时间为：2005年4月15日~2005年8月20日。

2. 施工面积

施工面积为：150 000m²。

3. 施工进度

施工进度为：2005年4月15日人员进场，4月16日清坡挂网开始，5月9日喷附开始，8月20日喷附完成。

4. 设备材料人员使用状况

示范工程使用专用机械4套，基材60万袋（60L/袋），草种18.2t，肥料159.5t，柴油91 000L，使用人工3 500个工作日。

（五）后期管护

植生基质喷附后用遮阳网覆盖（图9-10），然后用水车进行浇水（图9-11）。水管出口处要安装专用喷嘴，使喷出的水头成雾状，以减轻水头对坡面的冲刷。

图9-10　遮阳网覆盖

图9-11　浇水管护

苗期要充分保证水分补给，在水源充足的条件下，应每天浇一次，大约10~15d左右，发芽面积就能达到80%以上。苗出齐后即可撤掉遮阳网，但应继续保证水分补给，可4~5d浇一次水，如果有降雨，则可减少浇水次数。

7月份为当地最热月份，也是幼苗生长旺盛期，需水量很大，一定要检测坡面土壤（基质）的水分状况，及时补充水分。浇水要避开中午时间，以每天上午10点之前和下午4点之后浇水为宜，这样可提高植物对水分的利用效率，减少水分蒸发。

养护期间的用水量与植物生长阶段、天气状况有关。老集路边坡厚层基质喷附施工当年的用水量比较大，为0.03~0.07t/m^2；第二年的用水量减少，为0.001~0.02 t/m^2（表9-1）。第三年除了极特殊情况外（如干旱严重等），基本不用补充水分。

养护工作除了浇水外，还要防治病虫害。如果有较大面积的病虫害发生，要及时撒药。另外要注意防火，冬春季气候干燥，坡面上的枯草很容易遇火种而燃烧。

老集路边坡植物养护用水量统计　　表9-1

时　间	用水量（t/m²）					
	4月	5月	6月	7月	8月	9月
施工第一年	—	0.021 2	0.066 5	0.072 3	0.062 6	0.032 1
施工第二年	0.006 0	0.006 9	0.015 3	0.022 3	0.000 0	0.001 5

（六）工程效果分析

1. 工程成本分析

厚层基质喷附每平方米造价为150元，详见表9-2。

厚层基质喷附单位面积造价（内蒙古地区）　　表9-2

项　目	材料费	人工费	机械费	管理费	利润	税金	合计
造价（元）	120	3.37	11.1	1.24	9.46	4.93	150.1

2. 植被恢复效果

施工1个月后的发芽率达到85%以上（表9-3）。当年植被平均覆盖度阳坡为70%，阴坡为94%，第二年植被平均覆盖度，阳坡为88%，阴坡为85%（表9-4、图9-12），表明植被恢复效果较好，能够起到保护坡面、防止水土流失、恢复生态的作用。

2005年老集路边坡厚层基质喷附施工发芽株数调查　　表9-3

样方1（播种量3 000粒/m²）				样方2（播种量3 000粒/m²）			
播种后时间	禾本科株数	豆科株数	发芽率（%）	播种后时间	禾本科株数	豆科株数	发芽率（%）
7d	0	10	0.3	7d	0	21	0.7
14d	0	325	10.8	14d	663	562	40.8
21d	1 663	974	87.9	21d	1 532	1 021	85.1
28d	1 660	974	87.8	28d	1 635	1 021	88.5

3. 坡面防护效果

厚层基质喷附施工第2年返青率大于80%。坡面没有发生侵蚀现象，植被发育良好，坡面景观达到预期效果。如果工程设计所选择的植物种群相对稳定，不发生退化现象，随着乡土物种的逐渐入侵，坡面植被有望逐渐演替为当地自然群落，使坡面生态系统趋于稳定。

厚层基质喷附技术应用试验工程效果　表9-4

工程名称	坡向	物种组合	地面平均盖度		优势物种	
			2005年	2006年	2005年	2006年
老集高速	阳坡	冰草、赖草、沙打旺、草木樨、无芒雀麦、柠条	70%	88%	冰草、赖草、草木樨、无芒雀麦	冰草、赖草、老芒麦
	阴坡	冰草、赖草、沙打旺、草木樨、无芒雀麦、紫花苜蓿	94%	85%	冰草、赖草、草木樨、无芒雀麦、紫花苜蓿	冰草、赖草、老芒麦、紫花苜蓿

第一年

第二年

第三年

图9-12　厚层基质喷附生态恢复效果

二、主要施工技术指南

（一）边坡要求

坡度不超过1:0.3的硬质岩边坡及混凝土面、浆砌片石面以及各类软质岩边坡、土石混合边坡及瘠薄土质边坡。

（二）施工方法

1. 前期准备

做好材料质检鉴定，填写好质检记录，发现问题及时向相关人员反映。现场设备摆放应根据坡面形状、现场情况综合考虑，力求达到施工最快和效果最佳。

2. 清坡

坡面作业前，在汇水坡面坡顶应修建排水沟。塌方处在所填土方未压实前，可能存在继续沉降的情况，不可进行施工。清坡后，要求坡面平整均匀、上下坡度一致，坡面局部的坡度不能过陡（一般小于60°）。坡顶过渡圆滑无棱角，坡底与台面界限清晰，无碎落浮石。外观不得有凸起、凹陷、沟槽、片状大块浮石、水泥弃块。

在沟槽及冲沟底部做台状处理，以基材包装袋装土，压实，自下至上逐级叠放，使补后面与坡面相平，并用锚杆加以固定。

3. 挂网

挂网前，确定作业坡面准确范围。坡顶的包裹覆盖达到30~40cm，可根据坡面情况适当增加。坡底达到作业边界拉线，铺网的下边缘与挡土墙上沿相距不宜大于5cm。坡头金属网铺设上下边缘整齐一致。两金属网重叠处控制在5~15cm。两幅金属网相互打结要求覆在上面的网子边缘全部打结，不可有遗漏。坡面网子边缘无突起的网丝。金属网的上下连接，需用裁下的金属丝缠绕串连，串连时保证不露一环，使接后的金属网无间断。金属网有破损处时，需对其进行连接，不可使坡面露出。如网眼大小不一，金属丝穿接困难时，可将金属丝分段进行穿接，在接头处打结。

4. 固网

锚杆规格要求为：主锚杆长300mm，直径10mm。辅锚杆长200mm，直径10mm。锚杆密度应为：（3主锚杆+15辅锚杆）/10m^2。锚杆的弯头处必须呈倒“U”形，弯头长大于30mm。锚杆弯头处呈“「”形不可用。

锚杆在网眼的最上缘垂直钉入坡面，弯头向上，将两条网丝同时固定在弯头内。在两条网子搭接处，锚杆需将两幅网的铁丝同时压住。坡头上锚杆以70°~80°角钉入，倾角背向坡面。

锚固后的金属网贴于坡面不可过紧或过松，一般在锚杆固定的中间拉起达10cm为宜。

当坡面有岩石无法钉入锚杆时可借助电锤打眼，然后放入锚杆。如坡面松散，利用现有锚杆无法完成，可用木桩钉入坡体加以固定，木桩长短根据坡面情况而定。

坡面固网结束后，施工现场不可有散落的锚杆及网材，如有应及时回收。

5. 喷附

北方半干旱地区喷附开始时间为每年5月初至7月底。基材干湿度应符合标准，各种配料的添加准确，避免漏加错加配料，定期对用量进行抽查复核。喷附材料拌和时间要求在50s以上，喷附厚度要求60~80mm。

喷射尽可能从正面进行，避免仰喷，凹凸部及四角部分要特别注意。喷附一次成型，不可反复找平。在坡面表面起伏变化较大时，可根据坡面形状来确定喷附面的形状，不必要求喷附面过于平整。

（三）前期养护

1. 准备工作

编制前期养护组织措施，落实人员、水源及器具。

2. 保墒

在半干旱地区保墒覆盖物一般使用遮阳网。在春季施工，可考虑使用无纺布加遮阳网替代单一遮阳网，有利于发芽出苗。遮阳网的铺挂时间宜早，在每幅喷附后立即进行。铺设时应顺着施工地常刮风向，以上风向边幅压下风向边幅，相搭接幅宽以5~10cm为宜。相搭接处可用钉子钉入坡体固定，或用金属丝相连接。待种子基本发芽后撤去遮阳网。摘网时间可根据阴阳坡施工季节不同而不同，过早会不利于保墒，过晚则会导致网灼伤幼苗。

3. 浇水

用高压喷雾器使养护水成雾状均匀湿润坡面基材混合物，注意控制好喷头与坡面的距离和移动速度，以防高压射流水冲击坡面形成径流冲走基材混合物及种子。

4. 养护湿润深度

发芽期湿润深度应控制在3~5cm，幼苗期依据植物根系的发展可逐渐加大到5~15cm，但要控制基材混合物内“壤中流”的形成。

5. 养护时间及次数

经过处理的种子，一般施工后一个月内能基本形成稳定的坡面植被，因此，前期持续养护时间为45d左右。每天养护两次，早晚各一次。在高温干旱季节，种子幼芽及幼苗容易被烫伤，每天应增加1~2次养护，每次湿润1~2cm即可。

第二节　黄土高原区公路路域生态工程案例分析

一、陕西闫良至禹门口高速公路示范工程

（一）路段基本特征及自然环境背景

闫良至禹门口高速公路起自西闫高速公路的终点闫良，经富平、蒲城、澄县、合阳、韩城，至秦晋交界的禹门口，是陕西通往华北、西南的

交通大动脉的一部分，全长176.89km。工程所在地（图9-13）陕西省渭南市，在地貌上属于渭北黄土台原区，地带性植被为落叶阔叶林，地带性土壤为淋溶褐土。气候属于暖温带半干旱区。光热资源丰富，气候温和，四季分明。年平均气温13℃，年平均降雨量约555mm，降水多集中在6~9月份。年平均降雪18.5cm，最大积雪厚度15cm。年平均日照2 383h，主导风向东北风，平均风速2.2m/s。

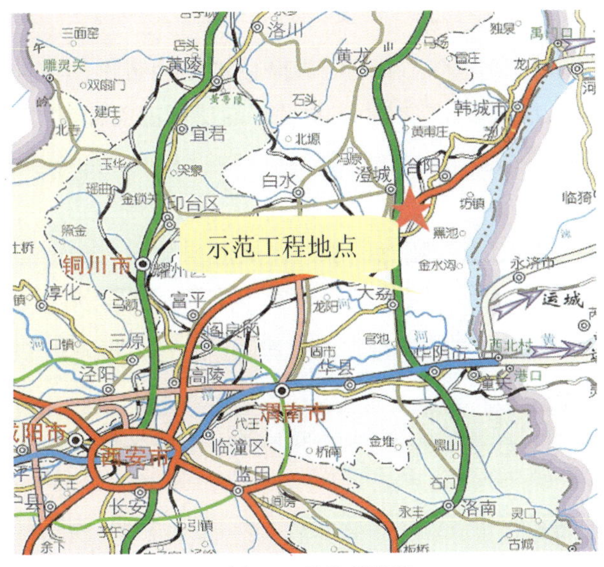

图9-13　示范工程位置

示范工程选在第十二合同段K76+000~K77+000标段（合阳县路井乡附近）两侧路堑边坡，坡面质地为黄土，硬度为25~33mm（图9-14）。经纬度位置为：N 35° 06′ 38.4″，E110° 03′ 12.3″，海拔高度为695m。

图9-14　示范工程的原始坡面

（二）示范工程设计方案

1. 植物群落设计方案

根据闫禹高速公路植被地带性特点，选取在当地经过多年培育种植的牧草为主要护坡植物，同时配以耐寒、耐旱、耐贫瘠、根系发达的灌木种，形成草灌植物群落结构。考虑到南坡和北坡的环境差异，具体选用的植物物种组合南坡是披碱草、紫羊茅、紫花苜蓿、柠条；北坡是多年生黑麦草、草地早熟禾、紫花苜蓿、柠条。

播种量经过研究和试验，确定闫禹路边坡生物防护的播种量为：阳坡2 000粒/m^2，阴坡2 000粒/m^2。其中草本种子的比例占播种量的70%，灌木种子的比例占播种量的30%。

2. 人工土壤设计方案

根据闫禹路土壤地带性特点，采用厚层基质喷附方法，边坡土壤（厚层基质）主要由当地原生土壤（最好是农田土壤）、草炭土、土壤改良剂（蛭石等）、有机肥料、速效无机肥、缓释性无机肥、保水剂等成分组成。

3. 施工技术方案

示范工程采用目前先进的厚层基质喷附技术恢复被破坏的植被，设计喷附厚度为7cm。

（三）施工状况

1. 施工时间

施工时间为：2004年8月26日～2004年9月28日。

2. 施工面积

施工面积为：50 000m^2。

3. 施工进度

施工进度为：2004年8月26日人员进场，9月14日清坡挂网开始，9月20日喷附开始，9月28日喷附完成。

4. 设备材料人员使用状况

示范工程使用专用机械2套，基材32 000袋（60L/袋），草种1.58t，肥料8 000kg，柴油3 900L，使用人工510个工作日。

（四）后期管护状况

植生基质喷附后随即用遮阳网覆盖，然后用水车进行浇水（图9–15和图9–16）。

图9-15　遮阳网覆盖

图9-16　浇水管护

养护期间的用水量与植物生长阶段、天气状况有关。由于当地春夏季气温高，边坡厚层基质喷附施工的用水量比较大，2004年10~12月3个月用水0.09t/m^2，第二年的用水量维持在较高水平，全年为0.26t/m^2。

养护工作除了浇水外，还要防治病虫害，并注意防火。

（五）工程效果分析

1. 工程成本分析

厚层基质喷附每平方米造价为130元，详见表9-5。

厚层基质喷附单位面积造价（陕西地区）　　表9-5

项目	材料费	人工费	机械费	其他	合计
造价（元）	90.32	1.87	14.74	23.17	130.1

2. 植被恢复效果

施工1个月后的发芽率达到90%以上（表9-6），植被恢复效果较好。

2004年闫禹路边坡厚层基质喷附施工发芽情况调查　　表9-6

样方1（播种量2 000粒/㎡）				样方2（播种量2 000粒/㎡）			
播种后时间	禾本科株数	豆科株数	发芽率（%）	播种后时间	禾本科株数	豆科株数	发芽率（%）
7d	0	15	0.75	7d	0	25	1.2
14d	120	475	28.8	14d	435	525	48
21d	1 248	600	92.4	21d	1 300	598	94.9
28d	1 379	600	99	28d	1 400	598	99.9

3. 坡面防护效果

边坡植被当年覆盖率达100%，植被层平均高度达35cm。第2年返青率大于85%，坡面没有发生侵蚀现象，植被发育良好，达到了既保护了边坡，又恢复了生态环境和自然景观的预想效果，取得了高速公路建设和生态环境保护并重的良好效果。坡面防护效果见图9–17~图9–19。

图9–17　当年效果（一）

图9–18　当年效果（二）

图9–19　第二年效果

二、宁夏银川至古窑子高速公路示范工程

（一）路段基本特征及自然环境背景

国道主干线青岛至银川公路（宁夏境）银川至古窑子段工程（以下简称“银古高速公路”）是国道主干线青岛至银川公路的重要组成部分，银古高速公路全长72.719km，其中改造段长43.292km，新建银川过境段长25.427km。银古高速公路自西向东穿越了洪冲积平原区和干旱草原区。路线所经地带地层组成均为第四系松散堆积物。

项目所在地区是中国日照和太阳辐射最充足的地区之一，年太阳辐射总量5 711~6 096兆焦耳/m^2，年日照时数3 000h左右，年平均气温8~9℃，昼夜温差大，年降水量300~677mm，年干燥度＞3。

洪冲积平原区自然环境优越，主要乔木树种有杨、榆、国槐等，灌木树种有沙柳、柠条、红柳等。干旱草原区和洪冲积平原区乔木树种基本相同。草原植被较丰富，一般以极度耐旱的猫头刺为主。灌木树种有柠条、红柳。草种有沙蒿、沙米等，植株矮小，主要分布在低山丘陵和缓坡上，分布不均。

（二）试验示范工程

1. 路堑边坡液压喷播试验与示范工程

（1）试验点概况

共2个边坡，总面积3 865.1m^2，坡度1:1.5，边坡土质为黄土。具体包括：K30+791~K30+943.2段左侧一级边坡1 019.88 m^2；K30+596~K30+971.5段右侧一级边坡2 846.22 m^2。

（2）试验与示范方案

防护方式：土工格室+三维网。

植物配比：阳坡为扁穗冰草+紫花苜蓿+沙打旺+柠条，比例4∶4∶1∶1；

阴坡为扁穗冰草+紫花苜蓿+沙蒿+柠条，比例4∶2∶2∶2 。

工程实施时间：2004年5月~2004年6月。

2005年5月在坡面挖鱼鳞坑进行了柠条补植。鱼鳞坑规格为 30cm×30cm×50cm，间距1m，行距1m。

（3）试验结果

从表9-7可以看出，试验坡面平均盖度达到55%以上，灌木平均密度达

到了9株/m^2。植被恢复效果较好，防止了坡面土壤侵蚀，坡面景观在一定程度上得到改善（图9–20）。坡面鱼鳞坑起到了良好的分流、截流作用，减少了雨水对坡面的冲刷。

路堑边坡液压喷播试验　　表9–7

边坡位置	总盖度（%）	植物组成	分盖度（%）	密度（株/m^2）	高度（cm）	灌幅（cm）	备　注
路堑阴坡	60	紫花苜蓿	30	28	14.4		宁夏银古路
		沙打旺	1	1	25		
		扁穗冰草	30	30	15.8		
		柠条	4	6	18.6	5	
路堑阳坡	50	紫花苜蓿	1	—	14.4		
		扁穗冰草	50		15.8		
		柠条	6	12	18.6	4	
		沙蒿	3	4	20.6	10.8	

图9–20　现场照片（一）

2. 路堤边坡鱼鳞坑栽植灌木试验与示范工程

（1）试验点概况

边坡位于K31+000～K31+450段，面积3865.1m^2，坡度1∶1.5，边坡土质为黄土。

（2）试验与示范方案

①种植方式：鱼鳞坑栽植灌木。

②规格：30cm×30cm×50cm，间距1.5m，行距1.5m。

③植物配比：紫穗槐和柽柳间植。紫穗槐栽植种苗，每个鱼鳞坑内2株，共栽植3 698株；柽柳栽植生根枝条，每个鱼鳞坑内2株，共扦插3 818

株。鱼鳞坑周围撒播草种苜蓿+沙打旺+虎尾草，其比例为：1:1:1。

④ 工程实施时间：2004年5月～2004年6月，2005年5月进行了补植。

（3）试验结果

从表9-8可以看出，紫穗槐盖度达到30%，柽柳盖度达到40%，坡面覆盖度良好（图9-21），群落立体结构良好，基本达到了边坡植被可持续的建植目标。

路堤边坡鱼鳞坑栽植灌木试验结果　　表9-8

边坡位置	总盖度（%）	植物组成	分盖度（%）	高度（cm）	灌幅（cm）
路堤边坡阴坡	60	紫穗槐	30	182.3	186
		柽柳	40	126.5	130
		紫花苜蓿	2	70	
		沙打旺	5	110	90

图9-21　现场照片（二）

第三节　青藏高原区公路路域生态工程案例分析

一、青海西宁至塔尔寺高速公路示范工程

（一）路段基本特征及自然环境背景

西塔高速公路起点位于西宁市昆仑路与同仁路交叉口南350m处，位于南川河二级阶地上，全线采用全封闭高速公路标准，路基宽度26m。

该路段位于中温带半干旱高寒气候区，海拔高度2 200m左右，昼夜温差很大，路线经过地区最低气温-23℃，最高气温39℃。多年平均降雨量370mm左右，多集中在7~9月份，占全年降雨量的60%以上，多年平均蒸发量在1 676mm左右。无霜期短，干旱严重，降水不足是制约本地生态恢复的主要气候影响因子。

当地自然土壤为灰钙土、栗钙土。当地自然植被为温带草原，但由于路段处在农耕区，主要是农田植被和退化草地植被。当地可用作中央隔离带绿篱的乡土种有紫丁香、珍珠梅、柠条、榆树、沙棘、祁连圆柏、青海云杉、刺枚、杨树、柳树、小檗、金露梅、银露梅等乔木和花灌木。

示范工程在该公路段桩号为K4+580~K5+580，路段全长度1km。下边坡分为东向坡和西向坡，坡度在30°～45°，坡长在2~4m，部分地段边坡进行了拱形支架防护。坡面土层厚度约为1m左右，土层硬度平均在25mm以上，自然植被十分稀少，坡面基本处于裸露状态。

公路中央分隔带宽170cm，两边路缘石宽15cm，路缘带宽75cm，中间回填种植土，培土厚60cm，底部铺有2cm水泥砂浆整平层。路基边坡和中央分隔带原始面貌见图9–22。

a) b) c) d)

图9–22 路基边坡和中央分隔带原始面貌

（二）示范工程设计方案

1. 边坡植物群落设计方案

在调查当地自然植被的基础上，结合本路段气候特征和边坡土壤特点，施工选用的物种和播种量见表9-9。

西塔高速下边坡客土喷播绿化种子配比方案（单位：g）　　表9-9

植物组成	老芒麦	披碱草	中华羊茅	碱茅	紫花苜蓿	柠条	总　计
每平米	0.667 9	0.531	0.653 6	1.497 8	1.198 29	54.233	58.780 6
每立方米	20.016 9	15.931 3	19.607 8	44.934 6	35.943 3	1 626.98	1 763.422 8

2. 边坡客土喷播设计方案

边坡客土喷播使用的客土由当地原生表土、过筛土、草炭土、有机纤维、保水剂、黏结剂、专用肥等构成，经适量搭配并搅拌均匀使用。

草炭：采用东北产草炭，各项指标见表9-10。

施工所用草炭基本组成分析　　表9-10

指标	全氮（%）	全磷（%）	全钾（%）	有机质（%）
数值	1.360	0.98	0.68	42.71

过筛土：本次试验采用的土壤主要是道路周边的回填土，首先经过0.3~0.4cm大小的筛子，把土壤过筛处理，然后自然降低水分到10%以下。

草甸黑土：由皇中县草甸下挖取，含水量较大，质地特别松软。含有大量当地物种、草根及根系的腐殖质，呈黑色，养分含量较高。

保水剂：主要用于吸水保水，增加基材的水分含量。

黏结剂：用来增加基材之间的黏结力，增加基材在坡面的附着能力。

复合肥：氮 : 磷 : 钾＝11:7:7。

高效有机肥：有机肥＞42%，总养分＞6%，成粉状。

粗纤维：长度约1~2cm，绿色丝状物。

秸秆：为稻草秸秆，粉碎后长度为2~3cm，可增加客土中的粗纤维含量，减少喷播物质的干裂程度。

3. 中央分隔带植物群落设计方案

从当地十几种矮乔木和花灌木中，选择祁连圆柏、紫丁香、珍珠梅、红刺玫作为中央分隔带绿篱的构建物种，并选用粗壮、高大的土球苗进行移栽，以保证其成活率。

4. 中央分隔带土壤改良设计方案

中央分隔带采用换土的方法进行土壤改良，以阻隔、降低土壤中含有的盐碱对植物生长的影响。选择盐碱含量少的种植土，与草炭土和保水剂按不同比例搅拌混合后，置换中央分隔带内原有的回填土。改土方案及混合比例为：回填土+草炭土（20%）+保水剂、回填土+草炭土（10%）+保水剂、回填土+草炭土（5%）+保水剂。

5. 施工技术方案

（1）边坡植被建植施工技术方案

①客土喷播。平整坡面后直接进行客土喷播，客土厚度3cm。

②三维土工网。平整坡面后铺设三维土工网，然后回填客土，客土厚度2cm。

③棉网状植生带。平整坡面后铺设棉网状植生带。

（2）中央分隔带绿篱建植技术方案

依照工程实施方案所设计的密度，在中央分隔带定点放线确定栽植位置，然后挖穴、施底肥、改土、定植树苗。

（三）边坡植被建植主要施工技术及施工状况

1. 客土喷播

客土喷播施工时间是2006年4月25日~5月1日，在东、西两侧边坡各选择1 200m^{2}进行客土喷播，施工总面积为2 400m^2。由于坡面土质较好，坡度也不大，因此没有铺挂网材，直接在坡面上进行客土喷附。喷播前对坡面进行了简单地清坡处理，主要是去除杂草、石块和异物，鉴于施工时为春季，坡面土壤含水量低，因此对坡面进行了浇水保墒，然后开始客土喷播。

客土喷播厚度设计为3cm，采用干法喷播一次成型。使用的植物物种为：碱茅、中华羊茅、披碱草、老芒麦、紫花苜蓿、柠条等，播种量为1 200粒/m^2。

客土材料主要利用当地的黄壤土，掺入适量的有机质、植物纤维、肥料、保水剂和黏合剂（图9-23）。主要客土材料的配比为：黄壤土为70%，有机质+植物纤维为30%。

施工设备采用叶轮式混凝土湿喷机、空压机和搅拌机（图9-24）。喷射时喷枪口与坡面基本保持垂直，距离坡面80~100cm，自上而下均匀移动，一次喷附直径小于10~14cm，尽量保证喷料的紧实度和附着力。

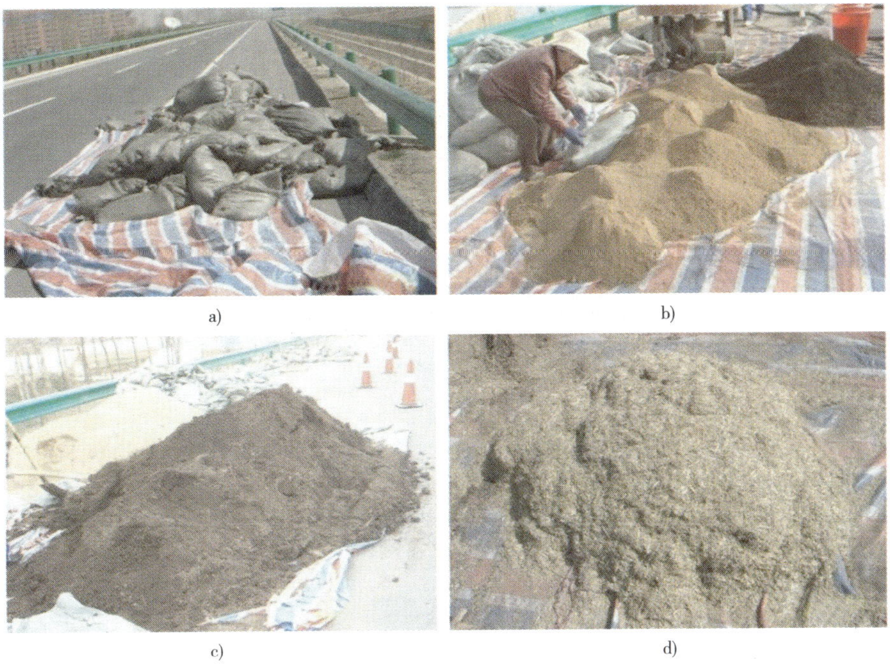

a)　b)　c)　d)

图9-23　施工所需材料

a)　b)　c)　d)

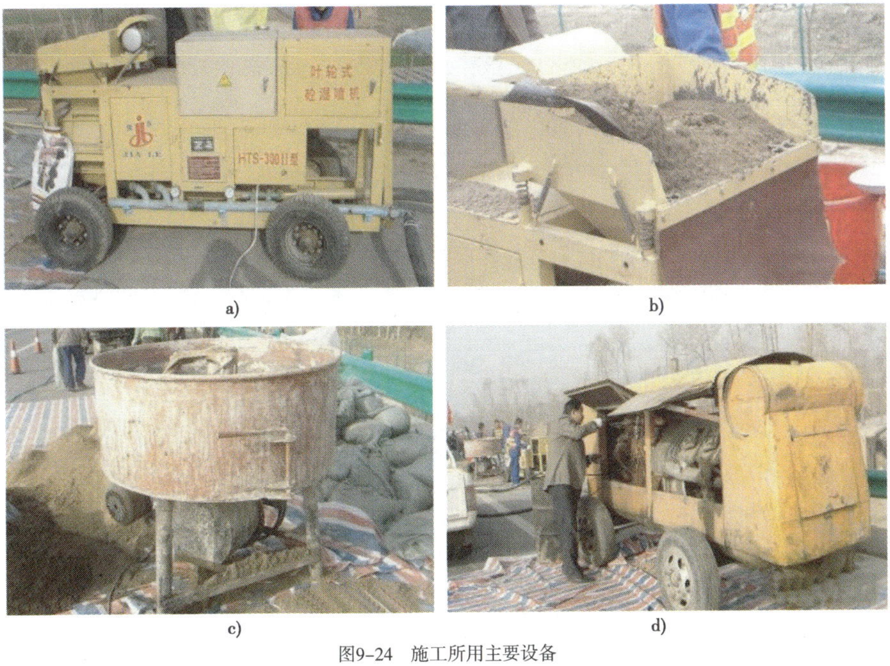

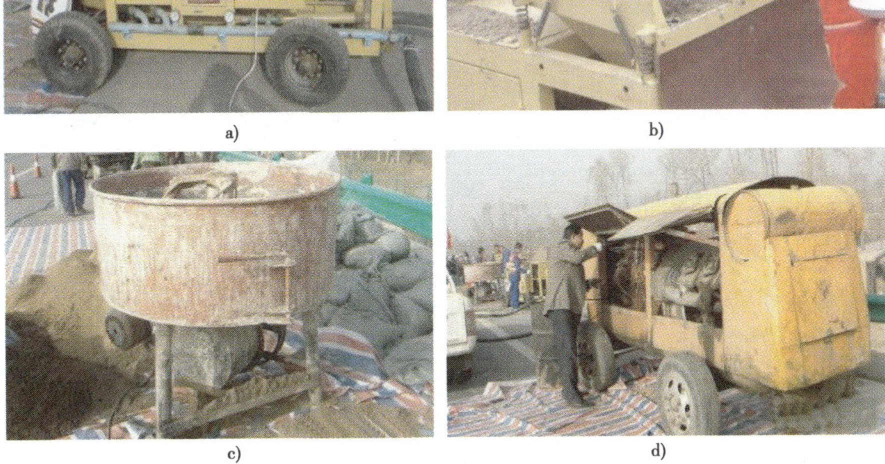

图9-24　施工所用主要设备

施工后6~12h进行浇水，然后覆盖无纺布保墒。从后期监测结果看，客土层干裂程度较低，没有发生脱落现象（图9–25）。

图9–25 喷播后客土干裂情况

2. 三维土工网

在路堤南北两侧边坡上各铺设三维土工网1 000m^2。铺设三维网之前进行了清坡处理，去除碎石、平整凹陷，并进行了底土改良，主要是翻松表土、施加有机肥。铺设三维网后采用人工覆土方式向三维网内回填客土，回填厚度3~4cm。三维网施工过程见图9–26。使用的植物物种及比例为：草种占60%~70%，灌木柠条占30%~40%。其中紫花苜蓿、老芒麦、披碱草、中华羊茅和碱茅的比例为3∶2∶2∶2∶1。单位面积播种量为3 000粒/m^2。整个施工于2006年5月1日开始，于5月9日完成。

a) b) c) d)

图9–26 三维土工网施工过程

a) 底土改良；b) 铺网固定；c) 覆土、浇水、沉降；d) 填土播种

3. 棉网状植生带

棉网状植生带总施工面积为450m^2，其中东坡200m^2，西坡250m^2。2006年4月22日施工完毕。植生带内使用的植物物种为：碱茅、中华羊茅、披碱草、老芒麦、紫花苜蓿等，使用量为2 000粒/m^2。铺设施工前对坡面进行松土处理，并将底肥（有机肥料25g/m^2，复合肥20g/m^2）与土壤混合均匀撒在坡面上，然后平整坡面进行浇水保墒。施工过程见图9–27。

a)　b)　c)　d)

图9–27　植生带铺设施工过程

（四）中央分隔带绿篱施工状况

1. 定点与放线

本段示范工程设计的株距是1m，树穴半径是30cm，树穴深度为60cm。利用较长的皮尺（至少20m）沿中央分隔带中线布置，然后按照设计株距的要求用白灰精确确定植株种植点，再用白灰以植株种植点为圆心，按照树穴设计半径撒出树穴的开挖线（图9–28）。

图9-28　中央分隔带放线

2. 树穴开挖

按照设计方案的要求进行开挖，树穴形状为圆柱体（图9-29）。开挖树穴底部尽量大，这样有利于苗木根系的生长、提高苗木的成活率。开挖的土必须堆放在中央分隔带内部，试验段开挖树穴共计923个。

图9-29　树穴开挖

3. 穴内施基肥

选用牛粪作为底肥，每个种植穴中放入约3~5cm厚的牛粪，然后在牛粪上回填一层土壤，把植株根系与牛粪隔开以免烧伤苗木（图9-30）。

图9-30　穴内施肥

4. 土壤改良工艺

土壤改良是本次示范工程的一个重要技术环节（图9-31）。试验路段树穴的土壤改良材料主要是泥炭和保水剂。本次试验泥炭的配比分为5%、10%和20%，共3个处理。每个处理均施用10g干粉保水剂，同时设无泥炭处理作为对照。

a)

b)

图9-31　穴内换土

5. 栽植技术

先按照已经挖好的树穴排放即将种植的植株，在树坑回填少量的土，把苗木根系放在适当的位置，将树苗入坑、定向、定位、扶正后，撤出土球包装物，分层填土、分层压实、再填土、提苗、使苗木根系舒展，深浅适宜。压实土壤，并再次填土压实，整平地面，随后要做好树盘。

6. 抚育管理

苗木栽植后10d内必须浇水3次，还要对植株进行淋洒。首次灌水必须灌透树坑，灌透后要及时松土保墒，对于萌芽能力特别强的苗木，要及时除芽去叶，同时对于苗木出现的一些病害要及时治理。

（五）植被恢复效果

1. 边坡客土喷播植被恢复效果

从表9-11和表9-12可以看出，客土喷播4个月后边坡草本植被平均盖度西坡为69.2%、东坡为55.4%。平均株高西坡为33.5cm、东坡为20.8cm。

西塔路路堤边坡客土喷播草本植被恢复效果　　表9-11

物种分类	西坡		东坡	
	分盖度（%）	株高（cm）	分盖度（%）	株高（cm）
草本	69.2	33.5	55.4	20.8

西塔路路堤边坡客土喷播灌木植被恢复效果 表9-12

物种分类	西坡		东坡	
	密度（株/m²）	平均高度（cm）	密度（株/m²）	平均高度（cm）
灌木	17.6	9	44	11

灌木密度西坡为17.6株/m^2，东坡为44株/m^2，平均株高西坡为9cm，东坡为11cm，表明施工4个月后植被恢复状况良好（图9-32）。

图9-32 喷播4个月后效果

2. 边坡三维土工网植被恢复效果

从表9-13和图9-33可以看出，坡面施工植被恢复3个月后（2006年8月初调查），各个坡面现存总物种数有所减少，主要是物种竞争的结果，属于正常的植被群落动态变化。有4种乡土物种逐渐侵入，表明公路坡面植被物种多样性有一定的增加。坡面植被平均覆盖度达到45%以上，坡面景观有了明显的改善，在调查期间坡面基本没有裸露。

路堤边坡三维土工网护坡施工效果 表9-13

植物种	西坡				东坡			
	密度（株/m²）	株高（cm）	分盖度（%）	总盖度（%）	密度（株/m²）	株高（cm）	分盖度（%）	总盖度（%）
苜蓿	720	10	29	50	500	12	27.5	45
柠条	100	5	6		290	8	8	
禾本科草本	970	10	21.5		800	10	13	
灰绿藜	14	5	1		14	35	<1	
油菜	4	20	<1		6	62	<1	
铁苋莲	8	15	<1		12	12	<1	
野燕麦	4	12	<1		1	10	<1	

图9-33　施工3个月后效果（一）

3. 边坡棉网状植生带植被恢复效果

从表9-14和图9-34可以看出，3个月后，西坡草本平均株高为26cm，东坡草本平均株高21cm，平均覆盖度达47%以上，说明边坡植被生长状况良好。

西塔路路堤边坡植生带护坡施工效果　　表9-14

物种分类	西坡			东坡		
	密度（株/m^2）	株高（cm）	总盖度（%）	密度（株/m^2）	株高（cm）	总盖度（%）
禾本科	212	38	35	936	42	60
豆科	72	18		148	13	
其他	20	12		8	7	

图9-34　施工3个月后效果（二）

4. 中央分隔带植被恢复效果

从图9-35可以看出，施工后第2年中央分隔带植被恢复状况良好。以

2005年5月份观测的珍珠梅地径为背景值，从表9–15可以看出，截至2006年9月份，珍珠梅的地径均高于对照。不同泥炭配比对应的植株地径明显不同，其中10%和20%泥炭配比的植株地径最大，说明泥炭对于促进植株的生长，提高植株的成活率有十分明显的作用。

a)

b)

图9–35　施工后第2年的效果

西塔高速公路不同泥炭配比植株的生长情况（以珍珠梅为例）　表9–15

时间	2005年5月	2005年11月	2006年6月	2006年9月
泥炭用量	地径（cm）	地径（cm）	地径（cm）	地径（cm）
5%	0.825	1.303 2	1.353 2	1.800 8
10%	0.813 2	1.504 8	1.867 6	2.436 8
20%	0.965 6	1.388 4	2.296	2.421 5
对照	0.802	1.184	1.312	1.516

二、青海大通至西宁高速公路示范工程

（一）路段基本特征及自然环境背景

大通至西宁高速公路所在大通县地处青海东北部，三面环山，中部谷地，平坦开阔。地势西北高，东南低，由西北向东南倾斜。境内海拔2 280~4 622m。大通水源充足，县境河流属湟水支流北川水系。大通地处青藏高原和黄土高原的过渡地带，深处内陆，属于大陆性高原气候。海拔高，日照时间长，年平均日照数2 605h，太阳辐射强。无霜期在100~120d，最长可达150d。绝对无霜期80d，年降水量为450~820mm。土壤盐碱化严重，土壤容易板结。

（二）试验示范工程内容

1. 试验点概况

试验小区位置，坡度、坡向见表9–16。各小区均采用窗体式防护（图9–36）。

试 验 小 区 概 况　　　　表9–16

桩号	小区编号	坡向	坡度
老营庄匝道边坡右侧	01–01	南偏东38°	36°
老营庄匝道边坡左侧	01–02	北偏西45°	35°
K5+800~K6+100	02–01	南偏西38°	34°
K6+310~K6+640	03–01	南偏西47°	30°
K6+310~K6+640	03–02	北偏东50°	35°
K6+640~K6+880	04–01	南偏西48°	33°
K6+640~K6+880	04–02	北偏东49°	35°
K6+880~K7+060	05–01	南偏西48°	33°
K6+880~K7+060	05–02	北偏东49°	35°
K7+060~K7+300	06–01	南偏西48°	33°
K7+060~K7+300	06–02	北偏东47°	36°
K7+300~K7+500	07–01	南偏西48°	33°
K7+300~K7+500	07–02	北偏东47°	36°

图9–36　原始边坡窗体式防护

2. 试验设计

种植前在路堤边坡路基上覆盖10cm耕作土，作为植物生长基质，施磷酸二铵30g/m^2，过磷酸钙（土壤酸化剂）50g/m^2，硫酸亚铁（土壤酸化剂）5g/m^2作为基肥。

植物配置设计见表9–17、表9–18。

各小区植物组合　表9-17

小区编号	植物组合设计	小区编号	植物组合设计
01	扁穗冰草、苜蓿	05	柠条、赖草
02	柠条、扁穗冰草、骆驼蓬	06	白刺、扁穗冰草、碱茅
03	沙棘、扁穗冰草、碱茅	07	柠条、扁穗冰草、碱茅
04	柠条、扁穗冰草、碱茅		

各 植 物 播 量　表9-18

种子名称	播种量（g/m^2）	干质量（g）	种子名称	播种量（g/m^2）	干质量（g）
紫花苜蓿	22.7	1.9	碱茅	20	0.15
柠条	38	24.5	沙棘	38	8.4
骆驼蓬	7.6	9.1	枸杞	5	—
扁穗冰草	40	2.7	赖草	栽植	
白刺	12.5	56			

3. 种植时间

种植时间为6月24日~6月30日。

4. 指标测定方法

高度：随机选取10株，测量高度，求平均值。

盖度：选取盖度有代表性的1拱，在1m^{2}样方内用对角线法测其盖度，测出两条对角线的盖度情况，取平均值。

5. 试验结果与结论

宁大路示范工程地处高寒地带，边坡土壤盐碱化严重，经分析盐分含量平均达到了0.3%，最高达到了0.95%，pH值大多在8.5以上，给植物生长带来了困难，但从表9-19和图9-37可以看出，本示范工程成功建成了柠条和沙棘灌木群落。乡土植物赖草、柠条、沙棘、披碱草得到了利用，耐盐碱植物碱茅、扁穗冰草克服了土壤盐碱化。白刺及枸杞建植效果不理想，有待于进一步研究。

各小区植被效果（观测时间：2006年9月）　　表9-19

小区编号	总盖度（%）	植物名称	分盖度（%）	株高（cm）
01-01	77.0	苜蓿	77.0	28.0
		扁穗冰草	38.4	16.0
01-02	76.7	苜蓿	76.7	40.0
		扁穗冰草	56.7	25.0
02-01	71.3	柠条	16.5	23.9
		扁穗冰草	71.3	53.0
		苜蓿	5.0	37.0
02-02	80.0	柠条	25.1	23.0
		扁穗冰草	80.0	43.0
		苜蓿	24.4	53.0
03-01	76.7	沙棘	1.0	22.0
		扁穗冰草	45.0	28.0
		碱茅	70.0	30.0
03-02	85.0	沙棘	70.0	70.7
		扁穗冰草	40.0	20.0
		碱茅	25.0	15.0
04-01	61.7	柠条	4.8	20.4
		扁穗冰草	38.0	30.0
		碱茅	47.0	29.0
04-02	73.3	柠条	16.9	20.0
		扁穗冰草	30.0	34.0
		碱茅	45.0	31.0
05-01	60.0	柠条	12.3	24.0
		赖草	40.0	90.0
		碱茅	13.0	40.0
05-01	60.0	扁穗冰草	20.0	45.0
		披碱草	10.0	80.0
05-02	66.7	柠条	6.7	28.0
		赖草	50.0	70.0
		碱茅	30.0	46.0
06-01	66.7	白刺	10.0	11.0
		扁穗冰草	43.3	40.0
		碱茅	36.7	15.0

续上表

小区编号	总盖度（%）	植物名称	分盖度（%）	株高（cm）
06-02	62.7	白刺	0.1	11.2
		扁穗冰草	30.0	45.0
		碱茅	50.0	17.0
07-01	76.7	柠条	13.3	20.4
		扁穗冰草	53.3	30.0
		碱茅	63.3	29.0
07-02	70.0	柠条	23.3	20.0
		扁穗冰草	36.7	34.0
		碱茅	56.7	31.0

a)

b)

图9-37　试验后边坡恢复效果

综上，本试验所用草本植物抗盐碱能力均较强，保证了植被覆盖度，所用灌木种均为当地乡土种，适应性良好。另外在播前改良土壤，施足量有机肥和氮肥、磷肥，少量使用钾肥（土壤中钾含量高）。使用土壤酸化剂降低土壤pH值。播种时间最好在5月份以后雨水较多的时期，既减少了养护管理费用，也可达到良好的植被恢复效果。

第四节　西南区公路路域生态工程案例分析

一、湖北沪蓉西试验示范工程

（一）路段基本特征及自然环境背景

湖北沪蓉西高速公路全长约320km，工程所经区域地形地貌复杂，属重丘、中低山区，地势西南高，东北低，自西向东呈梯级下降。公路沿线地貌为江汉平原向鄂西山区过渡的地带，绵延起伏，沟壑纵横。

沿线所经宜都市、长阳县，年均气温14~16.7℃，极端最低气温为-13.8℃，最高气温41.2 ℃。无霜期240~273d。年均降水量1 338~1 600mm，年平均日照1 571~1 704.5h。全年春秋短，冬夏长；夏季多梅雨，初冬至早春冷空气及寒潮频繁。主要气象灾害为干旱、暴雨和寒潮。

本公路工程沿线土壤类型多样，以黄棕壤面积最大，石灰土次之，再次是黄壤、水稻土、棕壤、潮土等。土壤有机质含量中等，土层厚度、土壤类型成交叉垂直分布。

项目区域内林草覆盖较高，宜都市项目区内林草覆盖率达到72%，长阳项目区内林草覆盖率为66.1%。植被资源十分丰富、种类繁多，乔木300多种，灌木200多种，古老珍稀树种10余种。项目区分布较为广泛的是马尾松林，经济林果主要有柑橘、茶叶、油桐、板栗。主要造林树种有马尾松、杉木、柏木、紫穗槐、意杨及栎类。

（二）示范工程试验内容

1. 客土材料试验

（1）试验区概况

试验区设于沪蓉西高速公路宜长段ZK6+320~ZK6+750砾岩上边坡，面积1 972m^2，质地为硬质砾岩，坡比大于1∶0.5。原始边坡见图9-38。

（2）试验设计

①施工方式。种子掺入式客土喷播，客土材料为黑土、黄土、泥炭土、菌渣、发酵树皮碎末、复合肥、磷肥、碳胺、水泥、秸秆等。客土前进行坡面处理，包括坡缘加设简易砌砖截水沟，集中汇流处做水泥槽纵向排水沟，平台设置横向排水沟。客土厚度为12cm，客土后用无纺布覆盖。实施时间为2005年9~11月。

图9-38　原始边坡

②客土材料设计。客土材料设计详见表9-20。

客土材料试验设计　　表9-20

小区编号	基材组合	植物组合
1	自然土0.4m^3	白三叶+狗牙根+高羊茅+荆条+马棘+银合欢+盐肤木+刺槐
2	自然土0.4m^3+复合肥1.5kg	
3	自然土0.4m^3+复合肥0.6kg+磷肥1.2kg	
4	自然土0.4m^3+复合肥1.2kg+磷肥1.2kg	
5	自然土0.4m^3+泥炭9kg+复合肥0.6kg+磷肥0.6kg	
6	自然土0.4m^3+菌渣12kg+复合肥1.2kg+磷肥1.2kg	
7	自然土0.4m^3+菌渣15kg+复合肥1.2kg+磷肥1.2kg+水泥4.5kg	
8	自然土0.4m^3+菌渣18kg+复合肥1.2kg+磷肥1.2kg+水泥6kg	

（3）试验结果

在2006年8月进行了观测。从表9-21可以看出，以狗牙根、高羊茅、白三叶为主的草本植物群落已经形成，几次强降雨后未出现客土垮塌现象，但缺乏已播种的木本植物。草本植物的盖度基本随基材中肥料比例的增加而增加。施工后效果见图9-39。

客土材料试验结果　　表9-21

小区编号	总盖度（%）	主要植物
1	55	白三叶、狗牙根、狗尾草
2	50	白三叶、狗牙根、高羊茅、狗尾草
3	80	白三叶、狗牙根、高羊茅、狗尾草
4	70	狗牙根、高羊茅、狗尾草
5	70	白三叶、狗牙根、高羊茅、狗尾草、灰菜
6	75	白三叶、高羊茅、狗尾草、灰菜
7	90	狗牙根、高羊茅、狗尾草
8	87	白三叶、狗牙根、高羊茅、狗尾草

a)

b)

图9-39　施工后效果

（4）试验示范工程评估

由于路堑边坡坡度太大，边坡风化程度极低、透水性能极差，植被立地条件很差，客土材料极易受雨水的冲刷而垮塌，给施工带来了极大的困难，可见边坡排水设施至关重要。边坡植被以草本植物占绝对优势，木本植物群落的建立需采取合理的管护措施并补植、补播。

2. 客土厚度和客土方式试验

（1）试验区概况

试验区设于沪蓉西高速公路宜长路段YK6+052~YK6+223砾岩上边坡，面积1248m^2，质地为硬质砾岩，坡比大于1∶0.5。原始边坡见图9-40。

图9-40 原始边坡

（2）试验设计

①施工方式。种子掺入式客土喷播，客土材料为黑土、黄土、泥炭土、菌渣、发酵树皮碎末、复合肥、磷肥、碳胺、水泥、秸杆等。客土前进行坡面处理，包括坡缘加设简易砌砖截水沟，集中汇流处做水泥槽纵向排水沟，平台设置横向排水沟。客土后用无纺布覆盖。实施时间为2005年9~11月。

②客土厚度和客土方式设计。详见表9-22。

客土厚度和客土方式试验设计 表9-22

小区编号	设计客土厚度（cm）	客土方式	小区编号	设计客土厚度（cm）	客土方式
1	15	双层网客土喷播	4	12	单层网+木条+稻草加筋客土喷播
2	12	单层网+木条客土喷播	5	12	单层网+植生袋客土喷播
3	8	单层网客土喷播			

（3）试验结果

从表9-23可以看出，除个别小区外，其余小区均达到良好的植被盖度。大多数小区已初步建立灌木群落。单层网+木条+稻草加筋客土喷播植被质量最好。施工后效果见图9-41。

客土厚度和客土方式试验结果　　表9-23

小区编号	总盖度（%）	主要植物	小区编号	总盖度（%）	主要植物
1	50	马棘、狗牙根、狗尾草、灰菜	4	75	马棘、盐肤木、狗牙根、狗尾草、灰菜
2	35	马棘、狗牙根、狗尾草	5	70	狗牙根、狗尾草、灰菜
3	30	马棘、狗牙根、狗尾草			

a)

b)

图9-41　施工后效果

（4）试验工程效果评估

边坡过陡是客土喷播建立森林化植被的最大限制因素。木本植物的最小生存土层厚度为10cm，而在坡比大于1：0.5的边坡上，单层铁丝网的最大客土厚度不宜超过10cm，否则雨季土壤水分过于饱和时容易产生滑塌现象而失去植物生存的立地条件。另外由于以草本植物为主的边坡植被已经建立，其根系固定了土壤，减少了雨水对坡面的冲刷，保证了客土的稳定，为木本植物的生长奠定了良好的土壤及水分条件，通过补播、补植等养护手段，木本群落会逐渐建立。

3. 绿篱建植试验

（1）试验区位置

试验区位于K0+400至4号桥头之间。

（2）试验设计

沿两侧隔离栅按间距15~20cm共栽植3年生火棘和马甲子（铁刺篱）共计19 500株，栽植时间为2005年11月。2006年4月份用20 000株1年生马甲子苗进行了密植补栽，同时按40~50cm间距栽植了6 000多株1年生野蔷薇苗。

（3）试验效果

从表9-24可以看出，马甲子和野蔷薇应用效果较好，成活率较高，生长速度较快。施工后效果见图9-42。

绿篱建植效果　　表9-24

编号	植物名称	苗木来源	成活率（%）	高度（cm）	灌幅（cm）	备注
1	火棘	四川达州	22.4	60	80	三年生苗
2	马甲子	四川达州	65.6	110	95	三年生苗
3	马甲子	湖南永州	50	40	40	一年生苗
4	野蔷薇	河南南阳	77.6	60	80	一年生苗

a)

b)

图9-42　施工后效果

（4）试验示范工程评估

绿篱建植试验由于当年所用苗木起苗至定植间隔时间较长，导致部分苗木成活率较低，另一方面人为破坏较为严重，影响了试验效果，但在2006年秋季已初步起到隔离作用，经过补植，植物密度可达到建植要求，绿篱建植试验可达到预期建植目标。

二、云南安楚路试验示范工程

（一）路段基本特征及自然环境背景

安楚高速公路是中国通往东南亚、西出印度洋的重要国际通道，总投资38.5亿元，主线全长129.93km，起于安宁市和平村，止于楚雄市达连坝。安楚地处滇中高原中部，金沙江与红河水系分水岭地带，属低纬山原季风气候北亚热带气候类型。无霜期250d，年平均气温14.8~17.1℃，极端最高气温33.0~34.2℃，极端最低气温-7.0~-4.8℃。多年平均降水量829.4~908.1mm，80%~90%的降雨量集中在每年5~10月，尤以6~8三个月的降水量最多，约占全年降水量的60%；11月至次年4月的冬春季节为旱季，降水量只占全年的10%~20%，甚至更少。年温差小，日温差大。本区植被为常绿阔叶林带，原生植被保存极少，多次生林，主要为亚热带常绿栎林及松林，以幼年松林及松栎混交林占优势。

（二）岩质边坡客土喷播试验示范工程

1. 试验区概况

试验区共3个边坡，总计面约12 000m^2，坡比1:0.75，边坡土质为弱风化紫色砂岩，岩体破碎。具体包括：K75+420～K75+610左边坡3 020.25m^2，二级坡；K75+420～K75+610右边坡3 507m^2，三级坡；K75+740~K75+980右边坡约5 600m^2，三级坡。原始边坡见图9–43。

图9–43　原始边坡

2. 试验设计

客土方式试验：混凝土格+挂网+填土喷播1 000 m^2；废旧轮胎+回填客土1 000 m^2；厚层客土喷播3 000 m^2；土工格室+填土+喷播 3 000 m^2。

（1）混凝土格+挂网+填土喷播

混凝土格形式：宽度（25cm）×厚度（30cm），埋入土中5cm；植草面积：2m×2m；镀锌铁丝网规格：2mm×6cm×6cm；填土类型：当地黄土+腐殖土+农家肥。土壤回填后进行表层湿法喷播种植。施工后效果见图9–44。

（2）废旧轮胎+回填客土

将轮胎通过锚杆固定于坡面上，轮胎间用铁丝绑扎牢固，轮胎内回填改良土壤，并以灌木栽植与湿法喷播相结合方式进行植被建植。锚杆规格：主锚16mm，长度1.5m，成品字形布置。辅锚12mm，长度100cm，每隔一个轮胎打植一根，主锚与辅锚比例为1:2。施工后效果见图9–45。

图9–44　施工后效果（一）

图9–45　施工后效果（二）

（3）厚层客土喷播

通过打锚杆+挂铁丝网+喷改良土壤营造植物生长的基础，在此基础上通过喷播建植边坡植被。锚杆规格：主锚16mm，长度100cm，间距1.5m×1.5m；辅锚12mm，长度80cm。施工后效果见图9-46。

图9-46　施工后效果（三）

（4）土工格室+填土+喷播

通过在边坡上挂土工格室，再填土，结合湿法喷播建植边坡植被。

3. 试验示范工程评估

多种防护方式结合为边坡综合防护起到了示范作用。采用了混凝土格、轮胎、土工格室及客土喷播方式等固定土壤，以实现以边坡植被建植。其中，在客土方式试验中，土工格室和轮胎是较好的防护方式。土工格室运用已较为广泛，轮胎防护值得推广运用。混凝土格防护由于混凝土肋间距太大没起到预期的防护效果。厚层客土喷播植被连续性好，起到了良好的防护效果。

附　图

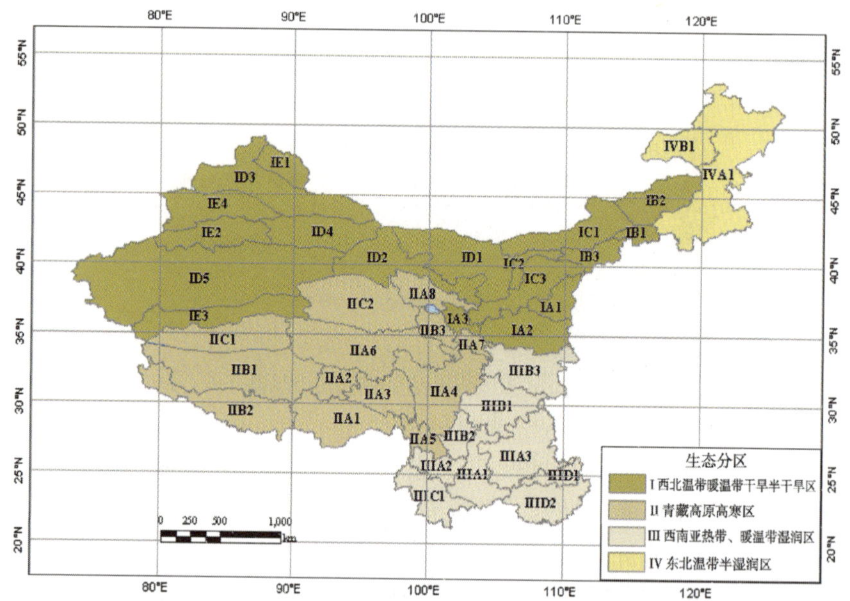

附图1　西部公路生态恢复植物生态分区

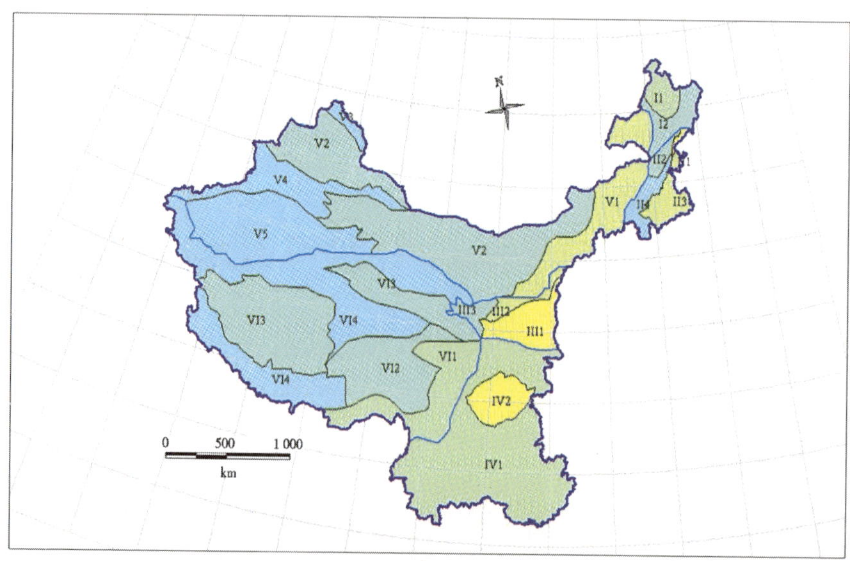

附图2　西部生态工程技术区划图

附图3　转子式客土喷播机示意图

附图4　泥浆式客土喷播机示意图

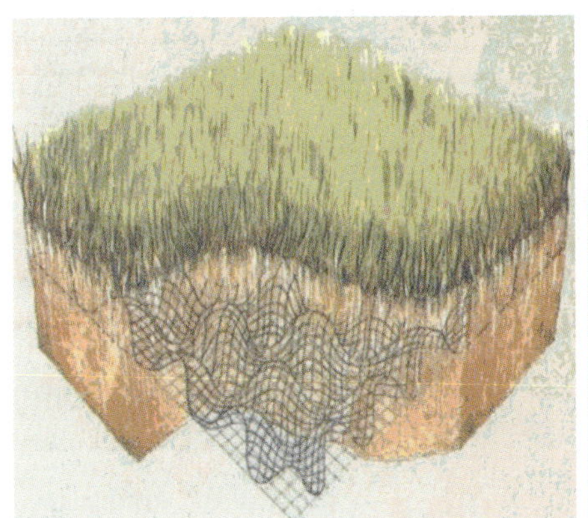

附图5　三维网护坡机理示意图

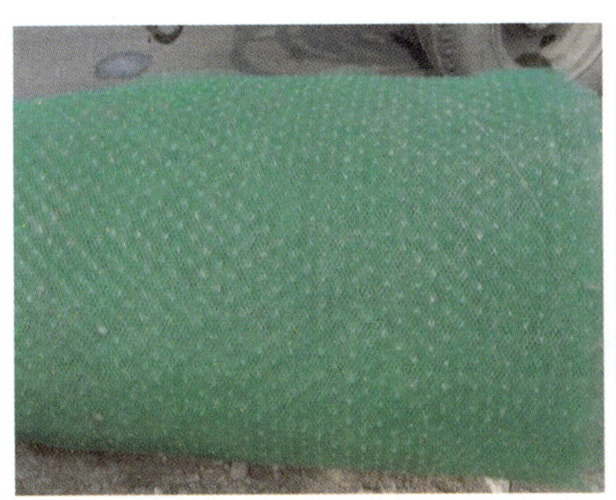

附图6　常用的绿色和黑色三维网

附图7　点状分布的纤维棉植生袋

附图8　防护骨架内错位码放植生袋

附图9　手持式播种器

附图10　手推式播种器

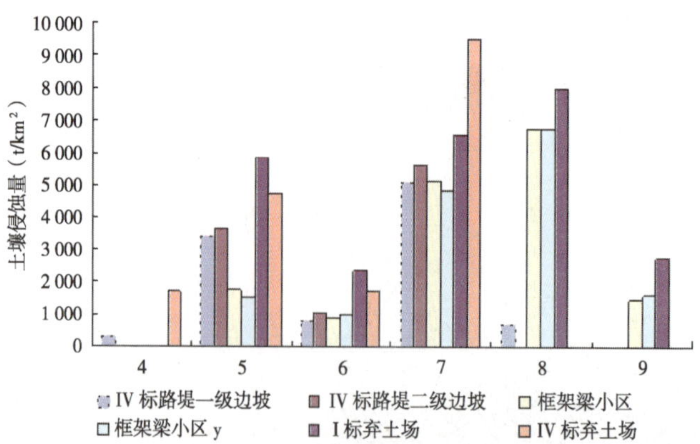

附图11　同观测小区同期土壤侵蚀量对比

参 考 文 献

[1] 安保昭．坡面绿化施工法[M]．北京：人民交通出版社，1988.

[2] 白史且，胥晓刚．高速公路绿化工程技术[M]．北京：中国农业出版社，2005.

[3] 单炜，罗光裕，范永德，等．高速公路绿化工程[M]．哈尔滨：东北林业大学出版社，2005.

[4] 傅伯杰，陈利顶，马克明．景观生态学原理及应用[M]．北京：科学出版社，2001.

[5] 高民欢，李辉，张新宇，等. 高等级公路边坡冲刷理论与植被防护技术[M]．北京：人民交通出版社，2005.

[6] 高速公路丛书编委会．高速公路环境保护与绿化[M]．北京：人民交通出版社，2001.

[7] 贺仲雄．模糊数学及其应用[M]．天津：天津科学技术出版社，1985.

[8] 江玉林．公路路域环境生态恢复研究与实践[M]．北京：中国农业出版社，2004.

[9] 中华人民共和国行业标准. JTJ 003—86　公路自然区划标准[M]．北京：人民交通出版社，1986.

[10] 交通部公路司．新理念公路设计指南[M]．北京：人民交通出版社，2006.

[11] 毛文永．生态环境影响评价概论[M]．北京：中国环境科学出版社，1998.

[12] 山寺喜成，安保昭，吉田宽．恢复自然环境绿化工程概论[M]．北京：中国科学技术出版社，1997.

[13] 杨航宇．公路边坡防护与治理[M]．北京：人民交通出版社,2002.

[14] 杨俊平．景观生态绿化工程设计与管理[M]．北京：人民交通出版社，1999.

[15] 袁聚云，徐超，赵春风，等．土工试验与原位测试[M]．上海：同济大学出版社，2004.

[16] 赵剑强．公路交通与环境保护[M]．北京：人民交通出版社，2002.

[17] 周德培，张俊云．植被护坡工程技术[M]．北京：人民交通出版社，2003.

[18] Bureau of Land Management (BLM),. BLM: Falcon to Gonder 345kV Transmission Project Draft Environmental Impact Statement. US Department of the Interior, Battle Mountain, Nevada.2001.

[19] Gray D H,Sotir R B. Biotechnical and soil Bioengineering ,Slope Satbilization. New York: JOHN WILLY&SONS INC.1999.

[20] Gray D H,Sotir R B. Biotechnical and soil Bioengineering , Slope Satbilization, A Practical Guide for Erosion Control.New York: JOHN WILLY&SONS INC.1999.

[21] Nilaweera N S.Effects of tree roots on slope stability:the case of Khao Luang Mountain area,So.Thailand.Dissertation No.GT-93-2.Bangkok: Asian Institute of Technology.1994.

[22] Saaty A L. The analytic hierarchy process. McGraw Hill,Inc.1980.